岡倉登志＝著

曾祖父覚三 岡倉天心の実像

宮帯出版社

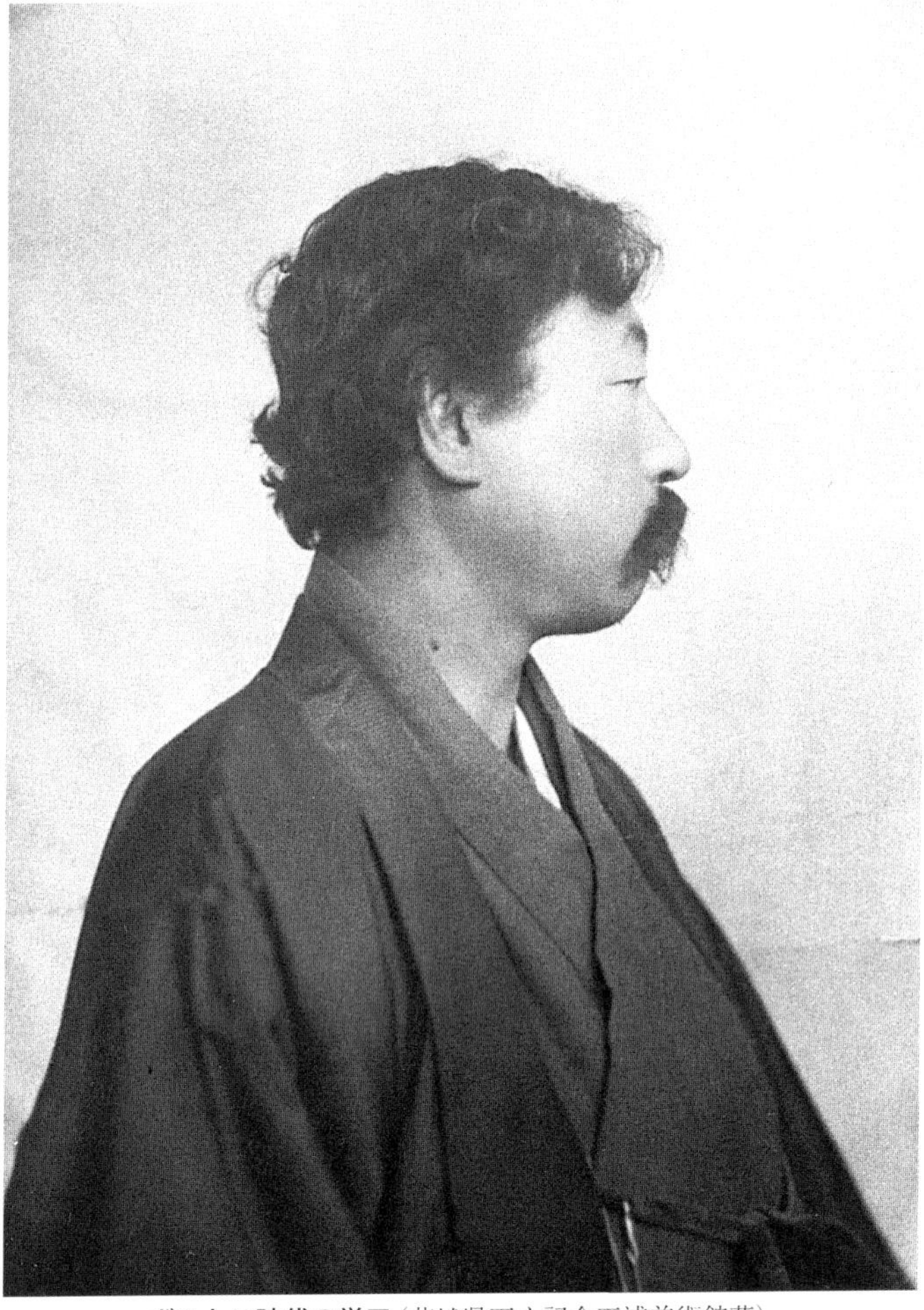

ボストン時代の覚三（茨城県天心記念五浦美術館蔵）

本扉挿図：文化人切手 岡倉天心

1949～52年に日本を代表する文化人18人の一人として福沢諭吉、夏目漱石、森鷗外、樋口一葉、菱田春草らとともに選ばれた。

中国出張中、スクリーン映像を見る覚三（右端・茨城県天心記念五浦美術館蔵）

愛馬「若草」号に乗って東京美術学校に通勤する覚三（日本美術院蔵）

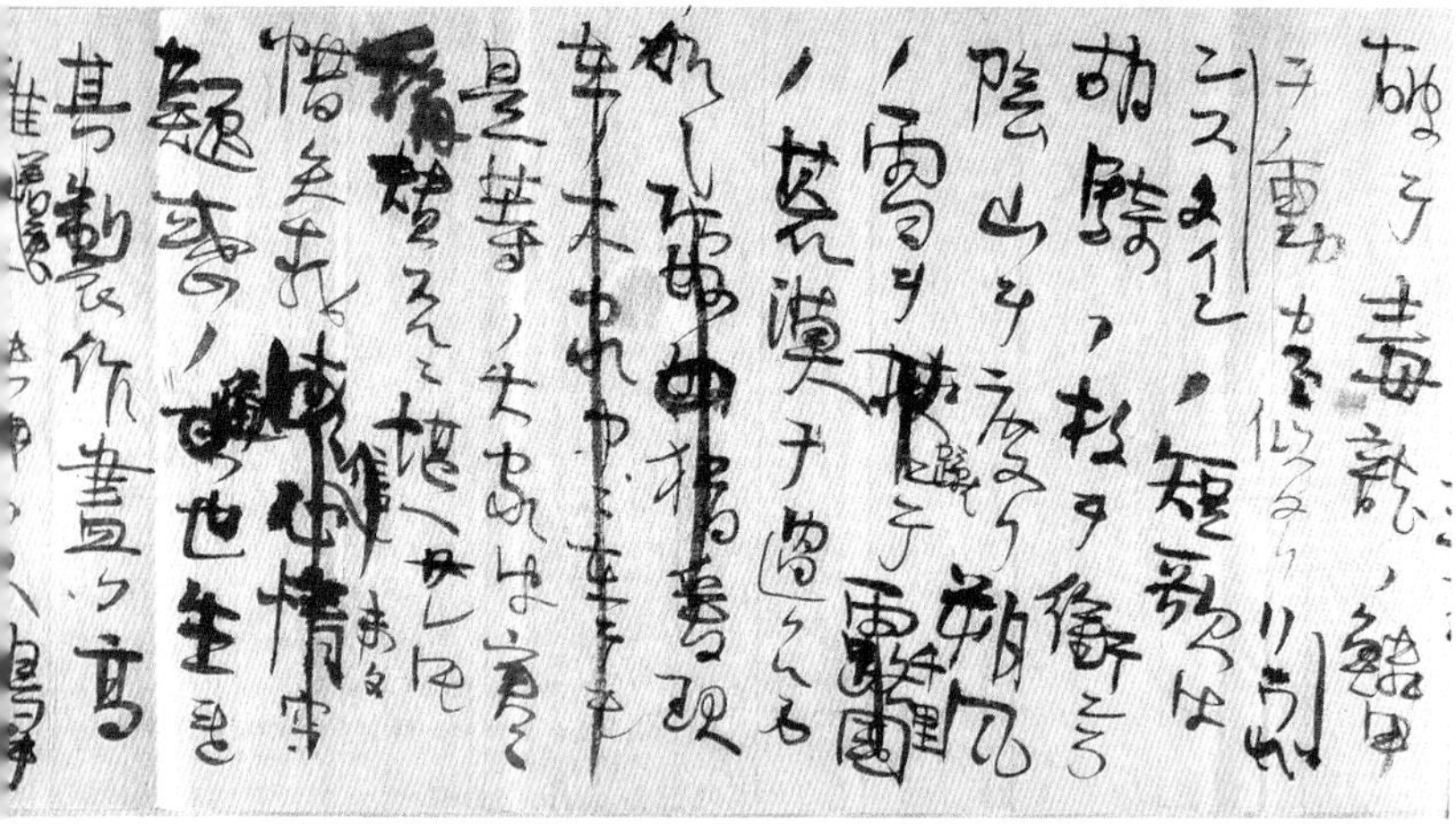

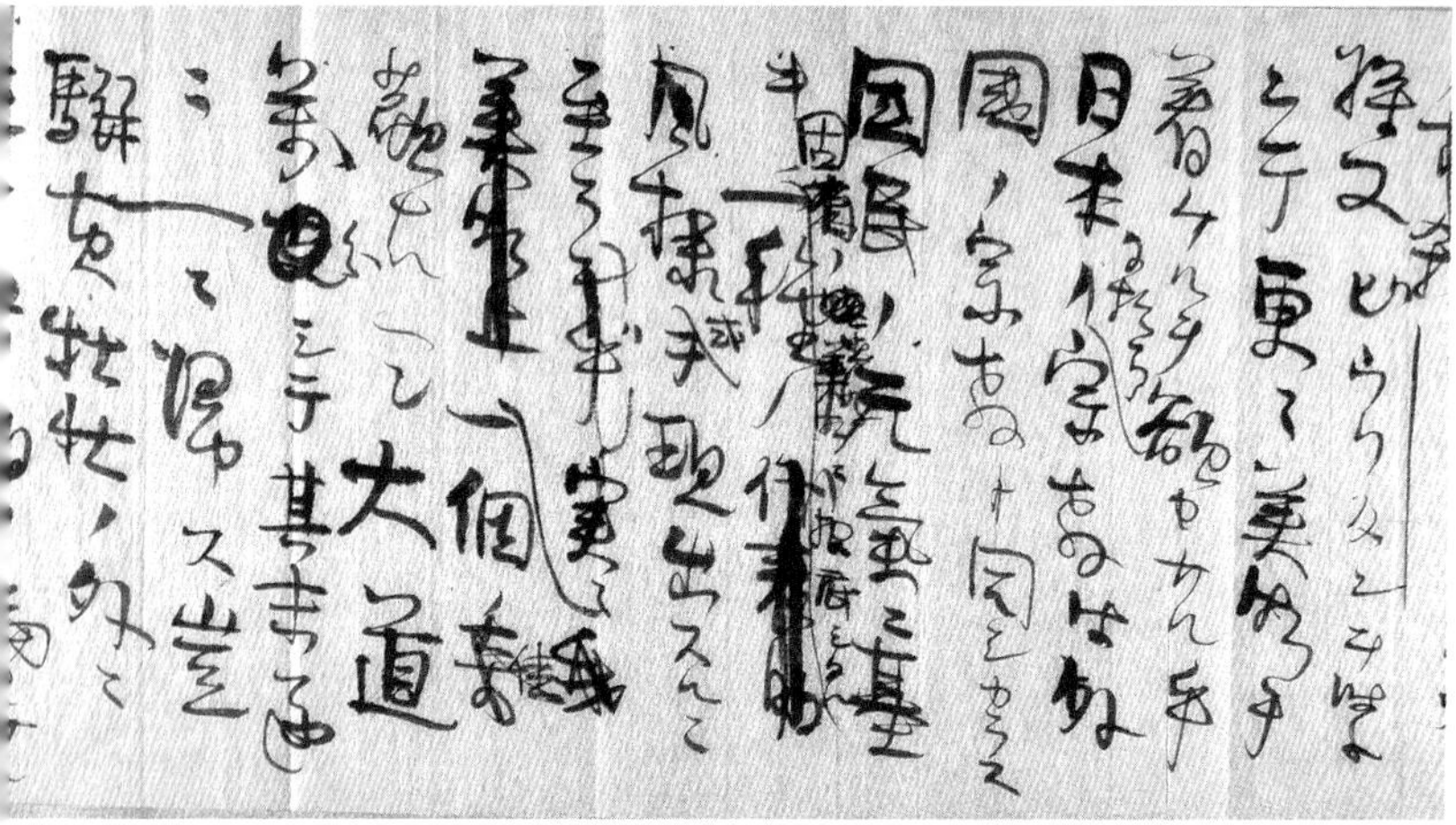

（茨城県天心記念五浦美術館蔵）

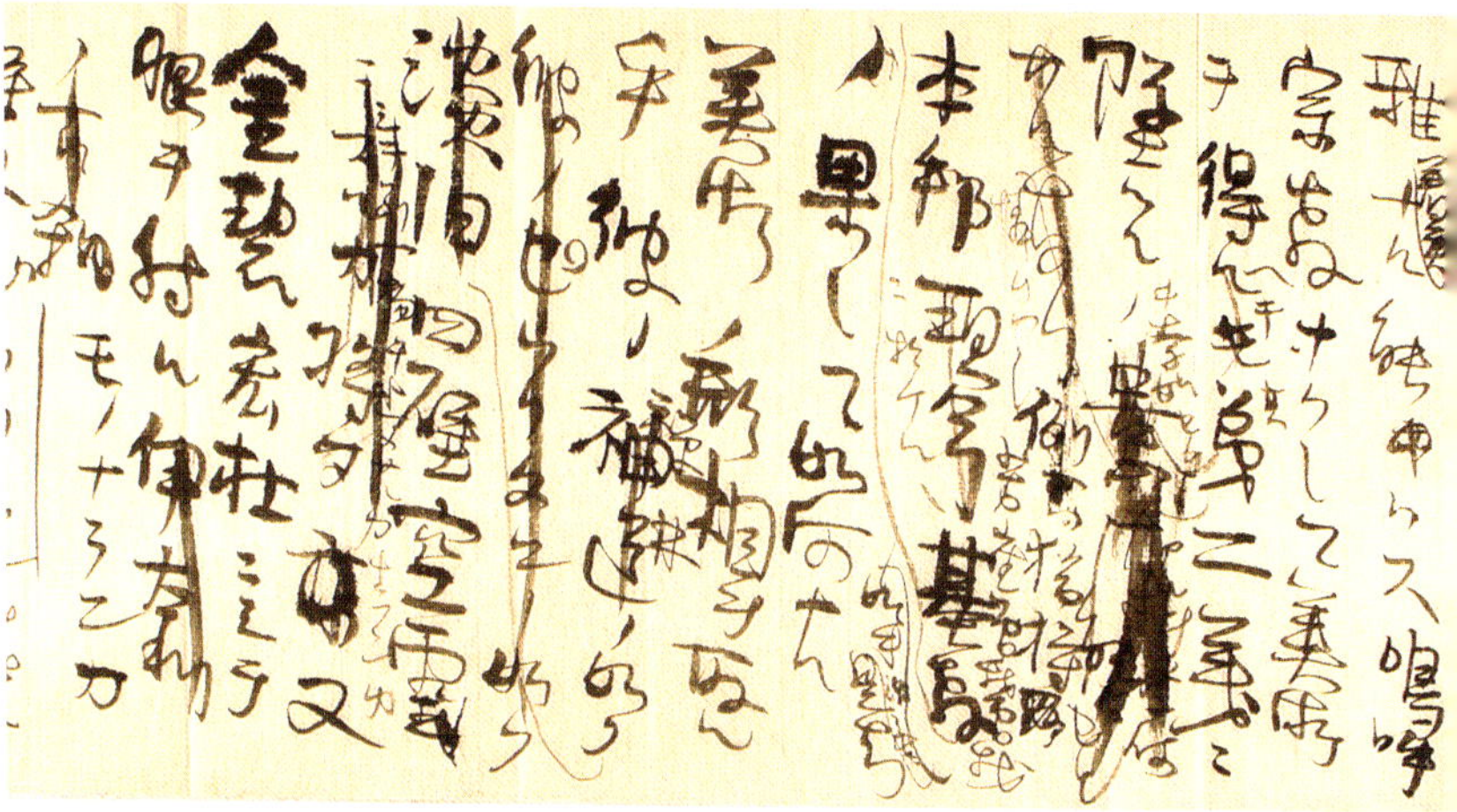

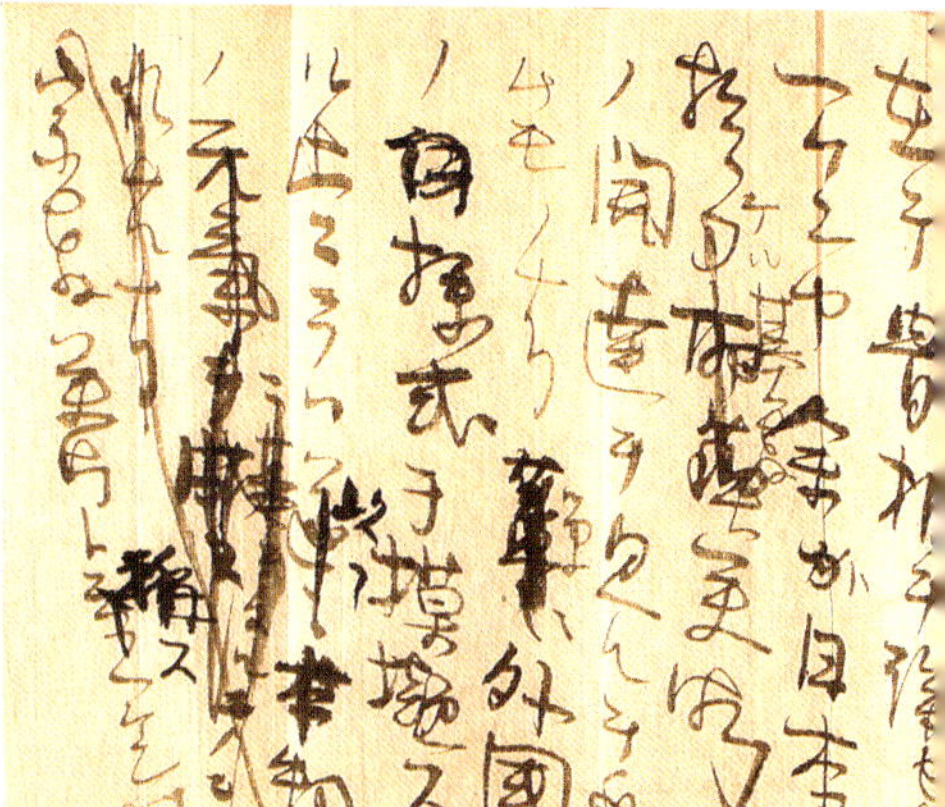

岡倉覚三「欧州見聞と宗教美術に関する草稿」

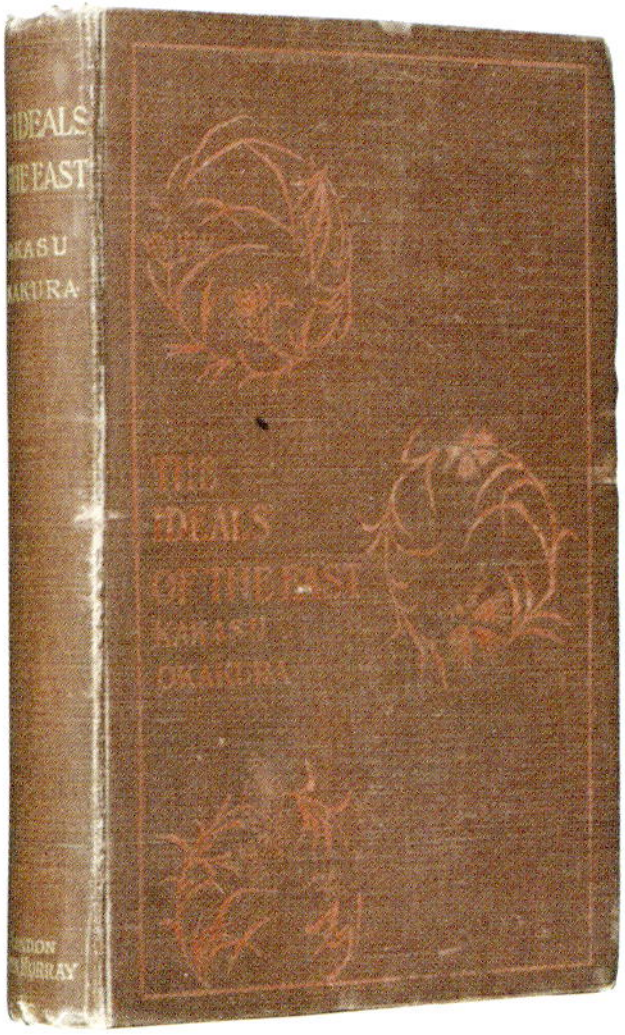

The Ideals of the East,1903（初版）

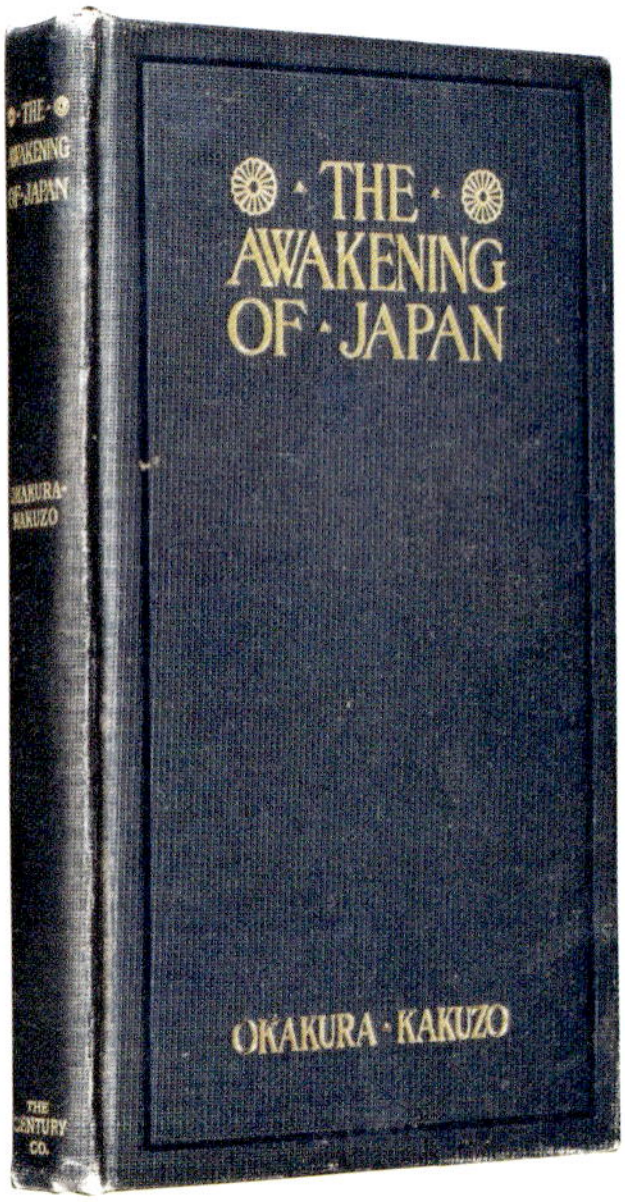

The Awakening of Japan, 1904（初版）

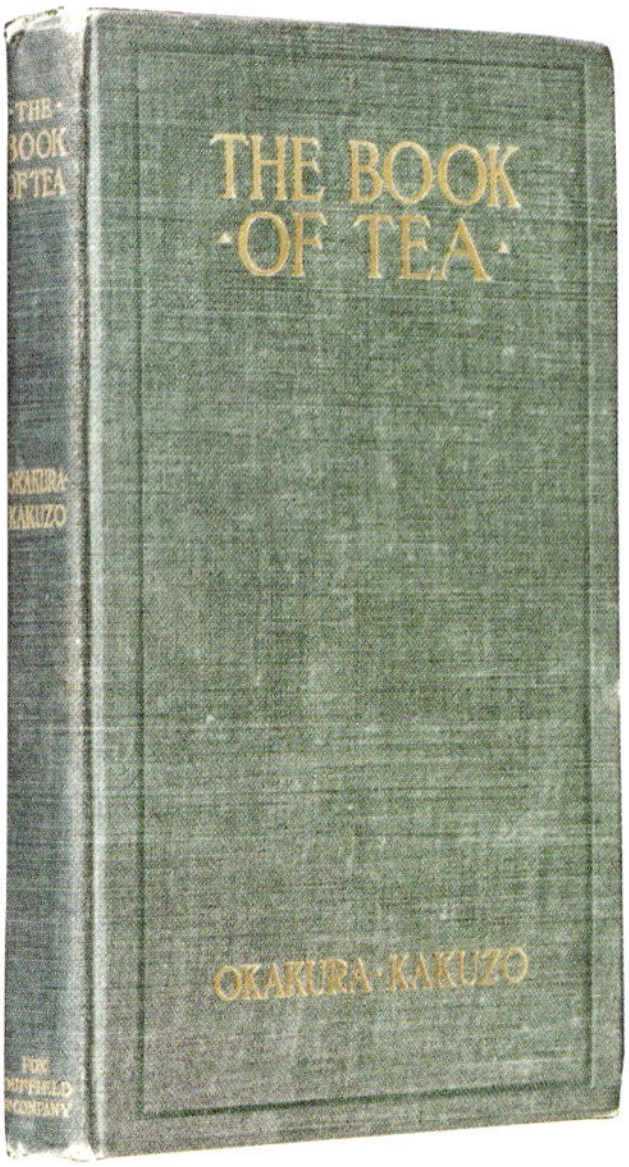

The Book of Tea, 1906（初版）

英語で出版された覚三の主要著書（茨城県天心記念五浦美術館蔵）

ボストン時代に愛用していた覚三(吐翠)作 竹茶杓 銘「樂々浪」
(茨城大学五浦美術文化研究所蔵)

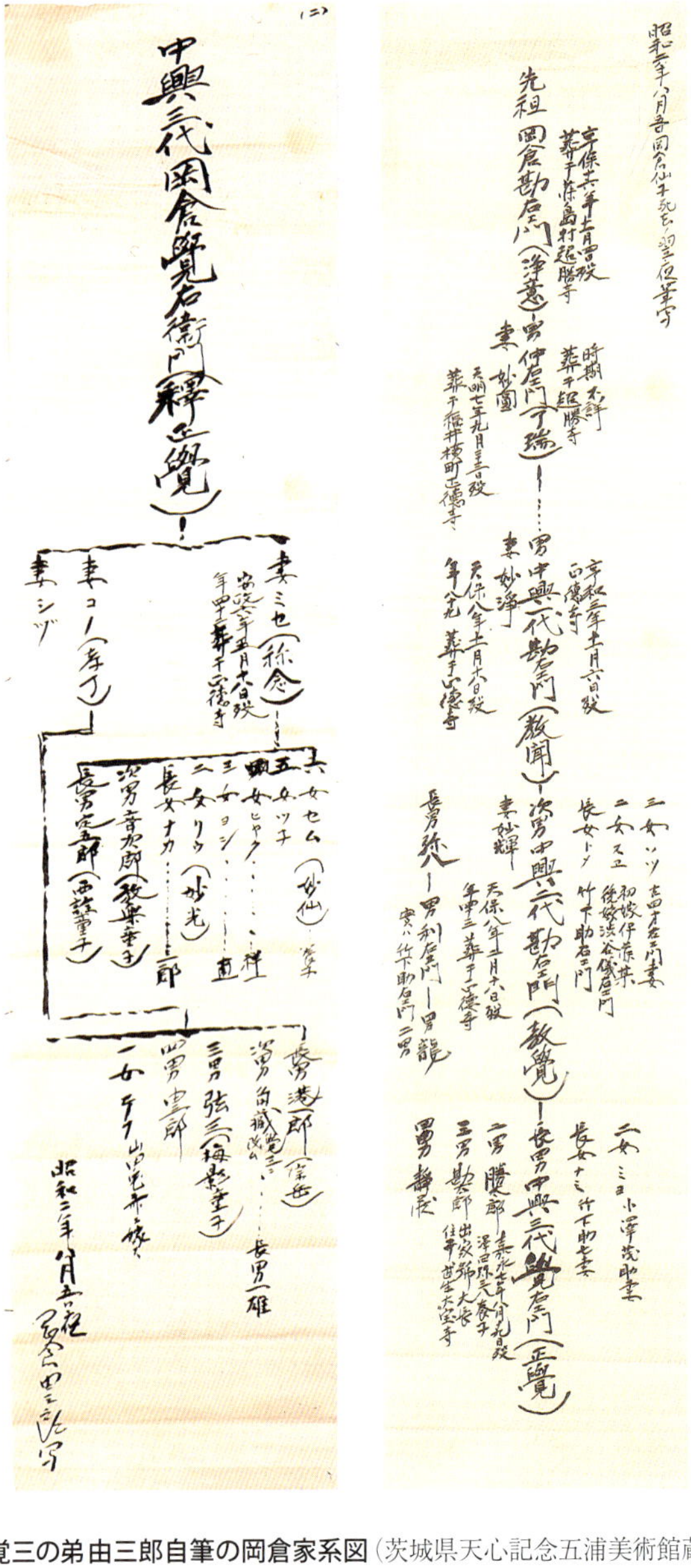

覚三の弟由三郎自筆の岡倉家系図（茨城県天心記念五浦美術館蔵）

序

美術界巨星の死 *1913.9*

一、龍岡町の橋本邸

大正二年（一九一三）九月三日午前八時半ごろ、上越本線の上り列車が上野駅に到着した。しばらくして、貨物車両から棺を想像させる長方形の箱が男たちの手で運ばれた。その場に居合わせた横山大観は、『大観画談』の中で、「先生の御遺骸は、貨車一台を借り切って東京に送られた」と記している。この箱には棺が納められ、遺骸は岡倉覚三（号天心* 一八六三〜** 一九一三）のものであった。

白木の棺は、東京大学総長を務め東京美術学校校長も兼務したことのある浜尾新（喜劇王古川ロッパの叔父で開成校時代より覚三を可愛がってくれた）、東大の一年後輩で文部大臣・外務大臣を歴任した牧野伸顕（覚三と満州で会っている吉田茂元首相の岳父）をはじめ、高村光雲（木彫家で高村光太郎の父）、横山大観ら美術院関係者、覚三とともにフェノロサの通訳をした国際法学者の有賀長雄ら百名以上に上野駅で出迎えられた。その後、上野駅から三キロ足らずに位置する龍岡町（現在の湯島四丁目）の橋本秀邦邸に運ばれた。上野にも近い田端一四七（現在の滝川）に覚三の東京の家があったが、手狭であるとか他の理由から、弟子たちや覚三の息子一雄が相談した結果、覚三が敬愛していた橋本雅邦が五年前まで住み、今では子息で美術院同人の秀邦の邸が通夜の場として選択された。五浦に引っ込んだ覚三が上京した際にここを定宿にしていたことは、覚三の書簡からも明らかである。覚三が亡くなる一ヶ月前にも、文部省の古社寺保存会の会議に出席するために上京し、この家に滞在していた。

雅邦は、川越藩の絵師の息子に生まれ、自らも絵師となり、「龍虎図屛風」「白雲紅樹図」などの名画を残しているが、雅邦邸は、川越の喜多院で知られる徳川家光の乳母だった春日局《つぼね》の墓所のある麒祥院と目と鼻の先にあった。橋本邸は、新潟の高田城主であった榊原家の敷地内にあったが、覚三が息を引き取った赤倉（現在の妙高市）は、高田に近かった。一雄が二年前まで勤務していたのも高田であり、ここで知り合った孝子という女性と結婚し、古志郎が誕生した。覚三の妻基は武家の出でない孝子との結婚に反対し、母子関係がギクシャクしていたことも、田端で通夜が行われなかった理由の一つであろう。覚三はこの母子関係を心配していたが、鶯谷の料亭で結婚披露宴が催せて安堵していた。

ところで、現在も赤倉には、覚三を敬愛した故平山郁夫画伯（東京藝術大学長を二期、日本美術院理事長を務めた）御墨付きの「岡倉天心火葬の地と伝えられている」という文字が刻まれた石碑が建っているが、実際は、橋本邸での通夜の翌日、東京の町屋で火葬された。また、明治十七年十月に施行された『墓地および埋葬取締まり規則』により、死後二十四時間を経なければ火葬はできないことになっていた。近年の「天心は赤倉をバルビゾンにしたかった」と同様に、「赤倉で天心火葬」も、けっして悪気からではなく、「天心の遺灰は山荘内の『月見の池』に撒かれた」の言い伝えとともに、天心（覚三）への敬愛心から出たもので、「終焉の地としての赤倉」を強調したかったのであろう。

橋本邸での通夜は二日間あり、出棺は九月五日の午前中に行われた。目指すは雅邦翁の時と同じ町屋の火葬場であった。棺は八瀬童子のような白木綿の衣服に白地雲斎（綾織の綿布）の袴に藁草履《わらぞうり》という出で立ちの門下生二十余名が担いだと報じられている（六頁写真参照）。火葬場で荼毘《だび》に付された後には故人と所縁の日本美術院があった谷中の斎場で葬儀が行なわれたが、長年「公式の」天心伝とされてきた斎藤隆三『岡倉天心』（復刻版、一九六〇年）によれば、「霊柩の前に、単に「釈天心」と記された位牌が安置されただけであった。読経はわずかに五、六分の短さ、そうして列席の大衆をして無限の緊張を覚えしめた。会葬せるもの一千人という」。その後の研究では、参列者数は六百名とされ、漱石も参列している。なお、本格的な葬儀は、十一月十六日に今風に言えば偲ぶ会として、かつて覚三が追放された東京美術学校の大講堂で実施された。法隆寺の佐伯定管主をはじめ大西興福寺管主、若手では佐伯良謙（後に法隆寺管主）ら立派な僧侶の読経の声がこだまするほどに盛大であった。また、ボストンのガードナー美術館の音楽堂では仏式の追悼会が四十九日に相当する十月二十日に開催されたと伝えられている。

谷中斎場を後にした骨壺に納めた遺骨は、覚三が父親のために建てた五輪塔の墓のある染井に運ばれた。覚三の墓は、覚三の中国調査での協力者で、私生活でも縁の浅からぬ早崎稉吉が考案したものである。それは、方形の石の正面に戒名の釈天心の三文字が刻まれ、その上に芝を植えて土饅頭を築いた中国式のものであった。釈天心の戒名は、本人の遺言によったのであ

天心の墓と筆者

ろう。ちなみに、覚三の身内の戒名は、簡潔なものが多い。父親は、釈澤覚、兄は釈宗岳、母は釈尼孝了というように、いたってシンプルなものである。

二、赤倉での葬送

覚三が昇天したのは、九月二日の朝七時すぎであり、その日の晩には、田口駅（現在の妙高高原駅）まで棺は運ばれ、貨物車両に乗せられていた。したがって、『父天心』にみられる一雄の次のような記述には、明らかに記憶違いがある。

二日夜、しめやかに通夜***が行われた。雨戸を開き放った座敷へは、残暑の頃とはいいながら、妙高おろしが吹きすさんで、いささか肌寒さを感ずるくらいであった。三日の朝が明けた。たぶん大観

谷中斎場に運ばれる棺

あたりの知恵でもあろうが、裾野の花から桔梗、萩、女郎花、尾花をおびただしく刈らせて、それを無造作に寝棺の上へ投げかけた。そして山荘に集まった一同は、自然の秋草に飾られた棺を守りながら、田口駅まで粛条たる裾野の細道をたどり下りるのであった。この光景は絵の趣であった。

おそらく実際には、覚三の棺は、夕方か日暮れ頃までに運ばれたであろう。その時間や光景を示す描写はないが、現在では唯一の葬式の目撃証言を紹介しておこう。証言者は、後藤はつのという名の二〇一〇年現在百七歳で制作もされている児童画家で、五歳の時に毎朝豆腐を赤倉山荘に届け、覚三に気軽に声をかけてもらった記憶を持っている。

赤倉の葬式では、丸い棺桶に入れて運ぶのが普通でしたが、天心さんの時には、長い箱でものめずらしかったです。お棺の上には、赤い実のついた「まゆみ」がいっぱいつけられました。それを白い着物を着た人が担いで、長い行列が『大丸サン』〔現存する旅館のことか〕とその前の池との間の道を来て、家の前〔現在の湧井旅館〕の真ん前にある共同風呂の前にある高段を通った。細い山路を一里半〔六キロ〕も担いだのですから、担ぎ手はさぞ大変だったことと思います。

もちろん、九十年以上も前の少女時代の思い出話であるから、記憶違いや、何かで読んだことが「事実」になった部分もあるかもしれないが、真っ白な着物を着た人々が長い箱型の棺を担いだ部分は他の証言から事実であろう。

三、五浦へ分骨

覚三は、赤倉で亡くなったが、ここを死に場所に選んだのではないかと思わせるふしがある。病床で最晩年のプラトニック・ラブの相手である「宝石なる声の主」プリヤンバダに宛てた一九一三年五月十七日付の手紙に、「私たちが白雲を頂く高山の頂で相会し、そこでアジアの統一について、あるいは東洋をより密接な結合体にすることについて書き暮らすことができたら、どんなに楽しいことでしょう」と書かれているからである。妙高山をヒマラヤになぞらえたともとれ、それは、近々自分が昇天し、雲になることを想像して、「雲をみながら天に感謝しています」という文脈の手紙と併せて、もっとも天に近い、霊験を感じさせる妙高山の裾野にある赤倉の地に重病をおしてやって来たと解釈すればのことである。

しかしながら、亡くなる一ヶ月前にプリヤンバダに宛てた手紙に付された英詩 *An Injunction*『戒告』（英文、全集7 三八九頁）には、埋葬の場所が示されている。これは、「偶成」と題された辞世の句「我逝かば花手向けぞ浜千鳥」と符合している。

私が死んだら　鐘を打ち鳴らしてはならない
幟のぼりをたててはならない
寂しげな浜辺の松葉の下にひっそり埋めておくれ
かの人の詩をわが胸にのせて
私の挽歌を浜千鳥に歌わせよ
記念碑を建てなければいけないならば
水仙を少しばかりと香しい梅樹を植えよ
はるかな未来の白い霧の夜に
甘い月光のなかに響くかの人の足音を私は聞くかもしれない

天心が永遠の眠り場所に選んでいたのは、まさに五浦であった。妻や、弟、息子らは、出来る限り故人の遺志を活かした土饅頭の墓所を設け、天心の骨を分骨したのである。天心は、自分の葬送と埋葬場所を『戒告』で指示しているのであるが、青年期に書いたと思われる英詩は、「私が死んだら」ではじまるものがある。『岡倉天心全集』7巻の解題執筆者、詩人の大岡信は、「『偶成』や“An Injunction”(『戒告』)の元に当たるものとも考えられる」と記して引用している。

[No　Title]
When I die,bury me under the open sky
Where birds shall sing and insects carol in the grasses above my head,
Let my death be a simple one,for my life has been simple.
私が死んだら、青空の下に葬っておくれ
私の頭上で小鳥は歌い、虫たちは鳴くだろう。
私の死(葬儀)を単純なものにしなさい。わが生が単純なものだったのだから。

＊　覚三が書簡や漢詩などで天心の号を最初に使用するのは、管見では一八八七年五月の九鬼隆一宛の書簡である。号の由来としては塩田力蔵が「我が岡倉先生」(平凡社版『岡倉天心全集』別巻所収)の「胸部の瘢痕の形説」とその変形が一般的だが、私は世の中に出て混沌を痛感した覚三が「天(神)に心をまかせる」とい

う意味で考えついたのではないかと思う。漱石の「則天去私」と同じような意でもある。

＊＊　生年について　最近では二月十四日生まれの有名人に覚三の名前がみられるが、西暦が一般化していない幕末や明治には、文久二年十二月二十六日生まれである。石川屋という大店で慌ただしい年の瀬に生まれたという状況を示すには、旧暦を用いた方がよい。人間の生き方を考える基準に新暦を使うと旧暦の風習も新暦に置き換えてしまう。要するに、文久二年は、十月を境目として二年間に跨っている。覚三自身、英語で出版した *The Awakening of Japan* の奥付の問い合わせに「自分は一八六三年生まれである」と返事している（ギルダー宛一九〇四年七月四日付『岡倉天心全集』6、一六九頁）。

＊＊＊　岡倉覚三の通夜について　一雄の『父天心』（聖文閣、昭和十四年）における回顧談の記述が日本美術院の理事斎藤隆三『岡倉天心』（復刻版昭和三十五年、二三五頁）にそのまま紹介され、「事実」になった。すなわち、一雄は二十五年前を思い出して「二日夜しめやかな通夜が行われた」「三日の朝が明けた。（中略）田口駅では零時幾分かの上り列車に棺を乗せた。午後八時には上野駅に到着した」と書いた。

曾祖父覚三 岡倉天心の実像

目　次

第五章　インド 1901〜12　203

第一章

誕生から大学卒業まで *1863～80*

大学卒業当時の覚三（日本美術院蔵）

一、覚三のルーツと環境

幕末に生を授かる

岡倉覚三が生まれたのは、文久二年の暮れも押し迫った十二月二十六日である。文久元年が一八六一年二月十九日にはじまるから、西暦に直すと一八六三年二月十四日となり、多くの伝記に見られる一八六二年は明らかに誤記である。覚三自身が *The awakening of Japan* の奥付原稿に「私の生まれは一八六三年です」と書いていたにも関わらずにである。父親の岡倉勘右衛門の本名は、覚右衛門であり、勘右衛門は、一家の長が継承した名前のようである。過去帖や碑銘に複数の勘右衛門の名が見られるのは、そのためであろう。また、横浜時代には金右衛門とも名乗っていた。

覚右衛門は、福井藩士でも士族ではなく、下級の卒であった。卒のなかでも下級の郡奉行の組の者という身分であったが、算盤の才と実直な人柄により、三十五歳にして中級卒となり、八石二人扶持《ふち》の給禄を受ける身になった。さらに時代の動向を読みとる能力をかわれてか、江戸日本橋にある福井藩藩邸勤めになった。この後に横浜の石川屋を仕切る「貿易商」の役目を果たし、さらに日本橋でいわば福井藩御用達の旅館を営んだ。福井藩の若き藩主松平慶永（春嶽）は、開明的であり、西洋馬術を採用し、熊本から横井小楠を藩政顧問に招請したし、安政二年に藩校明道館を開校するが、ここでの若き学監には橋本左内がいた。

覚三の当初の名前は、覚三ではなくて角の蔵で生まれたから角蔵であったといわれているが、当時の人別帳には覚蔵とある。成人後に本人も語っていることだが、覚という字は岡倉家の男子の名にしばしば使用された漢字であり、父親の一字をとったものであろうが、壮周『壮子』の大覚に由来しているとの説もある。悟りあるいは仏陀を意味する仏教用語の大覚とも関係があるのかもしれない。また、次男なのになぜ三なのであろうか。弟の由三郎の場合には三男が乳飲み子で亡くなったので実質三男だから三郎であった。覚三の三は、成長した本人が『老子』に見られる「三宝」(愛・倹約・人の前に出ない徳)から採用したとの説もあるが、筆者は、「東アジア美術における宗教」という覚三の論文中の「天地人の三元――天は無限で、地は有限、人はその中間」という三元論に依っているとの説を採用したい。

勘右衛門は、松平春嶽の命によって、横浜の中心地(現在は天心生誕の碑が建っている横浜開港記念館前の本町一丁目)で生糸商を営んでいた。生糸商というよりも、福井藩の名産である羽二重を中心とした貿易商をめざしていたといえるかもしれない。藩財政のためでもあったろうが、十五代将軍の信任が篤かった春嶽公が、今風にいえば幕府の政治的総裁職に就いていたので、藩が動乱期を生き抜くための対策の一つでもあった店の間口は十間以上あったとされている。一間の原義は柱と柱の間の意であるが、西洋風に言えば一・八二メートルである。だから、十八メートルくらいはあったであろう。奥行も相当広く、一説では十五間あった。土蔵も数棟はあった。

この大店はよく繁盛していたものの、覚三が十歳の時に店は閉じられてしまった。それは藩がなくなってしまったこともあるが、生糸輸出額の激減が直接の原因であろう。

生糸の輸出は覚三が誕生した頃がピークに当たり、年間出荷高は、二万五八九一梱包であった。それはヨーロッパで蚕の病気が蔓延したために不作であったのに加えて、中国産は日本産よりも劣悪であるとの評価が定着したからである。ところが、幕府が蚕の生産と輸出を抑制したことによって、文久三年から四年にかけての年出荷量は、一万五九三一梱包にまで激減した。以後、明治の御維新後も、あまり回復が見られなかったのである。普通ならば、石川屋の店じまいは、一家浮沈の危機になるのだが、幸いに藩が勘右衛門の功に報いる計らいをしてくれたので、岡倉家は、福井藩ゆかりの地である日本橋蠣殻町で旅館を開業した。宿泊客はもっぱら福井の人であったので、日本橋で聞いた福井の話は覚三の将来に少なからず影響を及ぼした。一八七四年(明治七)には、この家から編入した東京外国語学校に通った。

ところで、横浜は覚三が生まれる直前より、めまぐるしい変化をみせはじめていった。一八五四年一月にメリケン(アメリカ)のペリーが艦隊を率いて浦賀沖に到来し、「たった四杯(隻)で夜も眠れず」の状態にして以降、日米通商条約、日露通商条約、日仏修好通商条約などが相次いで締結され、三百年以上も続いた鎖国時代が幕を閉じることになり、ペリーの来航から六年後に長崎、函館とともに横浜の港が開かれた。江戸幕府に近すぎるということで当時百一軒しかなかった寒村の横浜が選ばれたという次第である。それからわずか三ヶ月後には、千軒を超える家が立ち並ぶようになった。

万延元年（一八六〇）には、アメリカが日本からの派遣団を受け入れるという画期的な出来事があった。つまり、新見《しんみ》豊前守以下七十七名がちょんまげ姿でサンフランシスコ、パナマを経て、ワシントン入りしている。覚三がサンフランシスコを皮切りにアメリカ大陸の地を踏むのは、それから四半世紀後のことである。この一八六〇年から明治天皇が王政復古の大号令を発した一八六八年までの八年間は、明治維新開始期に勝るとも劣らないわが国にとって重要な時期である。覚三は、そのことを一九〇四年に英文著作 *The Awakening of Japan* の七章で、「一八六〇年の井伊の死から王政復古までの八年間は、つぎつぎに起こる政治的変化、国民の示したエネルギーの豊かさは、記憶すべきものがある」と述べ、「龍のような変化」とたとえている。

開国をめぐっては国論が分裂し、横浜に近い生麦村では一八六二年に生麦事件が起きた。これは島津久光公の行列護衛の薩摩藩士が行列に礼を失したとしてリチャードソンという英国人商人を斬った事件である。代理公使ニール中佐は、幕府との交渉にあたり犯人処刑と多額の賠償金を要求、幕府はその責任において善処すると約束した。しかしながら、幕府はすでに無力であり、薩摩藩の公武合体運動の指導的人物たる島津久光に遠慮して約束を実行する意志がなかった。そこでニールは直談判を決意し、ついには一八六三年八月、英国艦隊と薩摩藩軍との砲撃戦となった。

教育熱心な父親――英語の英才教育

こうした状況下で欧米人と商いをするには、それなりの苦労があったであろう。しかしながら、勘右衛門は、開明的な藩主の命を受けていたこともあるが、下級武士とはいえ、もともと勘定方の仕事もしていて商売に向いていたために、商才を発揮した。また、彼は時代の流れにも敏感であり、息子たちに幼少時代から英語を学ばせ、覚三の英文著作は一世紀後も刊行されているロング・セラーであるし、弟由三郎は、大正から昭和前半期に活躍した英語学者になった。五歳年下の幼少時には火消しにあこがれた闊達な弟は、音声学の大家となるのだが、「兄の英語は陰で聞いていると欧米人が話していると思わせた」と回想している。

父 勘右衛門
（茨城県天心記念五浦美術館蔵）

明治維新前後の横浜には、いくつもの英語学校＝塾があったが、居留地にあったローマ字の表記法で有名なヘボン（ヘップバーン）の塾と、伊勢山下のジェームズ・バラー先生の塾と高島学校の評判が高かった。正確にいえば、ヘボン夫妻が帰国するにあたって、後継者に指名されたのがバラー夫人であった。日露戦争時に大活躍した高橋是清は、ヘボン塾とバラー塾の双方で英語を学び、青年時代は英語教師であった。覚三は、バラー塾に通い、

大灯籠と筆者（左）

バラー夫人の弟ジェームズ・バラーに教えを受けた。バラーは宣教師であったが、天心は有島武郎や植村正久のようにキリスト教徒にはならなかった。物心ついたころより青い目の人々と交わった覚三は、幼少期にすでに彼らの話していることが理解でき、コンプレックスをもつことも、忌み嫌うこともなかった。同じく下級武士の子息であり、英語を学びキリスト教徒にもなった内村鑑三が「外国人嫌い」であったことと異なっていた。覚三が宣教師に英語を習いながらキリスト教に改宗しなかったことを不思議がる人もいるが、これには福井出身の両親や親族が熱心な仏教徒であった環境が関係しているであろう。

　母の出自については、妻と同じく福井の三国出身で、一八三四年に濃畑（または）野畑家という名主クラスの家で生まれたことと、父親についてわずかに知られている。朝鮮出身の継体天皇が祀られているとされる三国神社には、このの父が数名で寄贈した大燈籠が現存している。このの父については、由三郎は、こう書いている。「父であった人は、どう云う動機からか、今は不明であるが、一年の大半を諸国の神社仏閣への遍路の生活で、法悦に浸りつつ、娘と二人きりの静寂の歳月を送ってゐた求道者であったと聞いた」。これは由三郎が父から伝え聞いた話を記した以外の何物でもなく、美化された部分があろうが、三国の郷土史家に伺った濃畑家の話の中にも、同様な内容が含まれていた。

濃畑家に関するほとんど唯一の記録は、大正八年に由三郎が見つけた母方の家系について記された次のような父の手記である。

しずがたけ
天正の頃（一五七一〜九二）、加賀の国大聖寺の城主佐久間玄番の正信守に仕え、賎が嶽の敗（一五八三）後、浪人として越前坂井郡竹松郁に移り、芦原《あしはら》を開墾して竹田川に橋梁を架設した。（中略）そのころの中に一軒家なるを以て野畑と人の呼ぶにまかす。遂に姓とす。（中略）父あり。物知り弥平といへり。よって所役人になれり。後代々郁役を勤む。その地三国湊（福井から北西約二〇キロに位置し、北前船で栄えた）に接近するが故に四日市町と唄う。一女すなわち、覚三・由三郎・蝶の母なり。

フェノロサが何かに書いていたが、明治の日本人は、信仰上は伝統保持者、すなわち仏教徒が多かった。それはもちろん二百六十年余の徳川時代に仏教が保護され、武士にも農民にも、仏教が染み込んでいたためである。福井における岡倉家の菩提寺は、西超勝寺といい、越前・能登・加賀にわたる一向一揆の拠点寺である。言い換えれば、蓮如所縁の、代々西本願寺直系の人物が住職を務めていた。神奈川に出てからの菩提寺は、長延寺である。安政六年（一八五九）にはここにオランダ領事館が置かれていた。母親の死後にこの寺に預けられた覚三は、住職の玄導和尚に漢学を習った。最初は『大学』を、次いで『論語』『中庸』『孟子』という漢学の常道をたどった。家に戻ってからは、病弱の兄、港一郎からも教えを受けた。

ところで、一八五九年福井藩の橋本左内が小塚原で処刑された。覚三の乳母に左内の姻戚にあたり、左内をいたく崇拝していた「つね女」がいた。この乳母から聞いた話が記憶として残り、

玄導

成人してから学んだ佐内の「ロシアがアジアで勢力を伸ばすから、日本はロシアと協力しなければならない」とか、「日本の独立には沿海州、満州、朝鮮の併合が必要である」との世界情勢の把握の仕方は、日清戦争以降の天心の考え方に影響を及ぼしていたかもしれない。

左内はイタリア国でいえば、マッツィーニのような人物であろう。マッツィーニは、ガリバルディ、カヴールと並ぶイタリア統一運動の英

傑であり、共和主義者として活動した。ちなみに、覚三は「西郷は日本のガリバルディ」としている。左内は共和主義者ではなかったが、日本の政治の安定と国際社会を見据えての発展を考えていたから、もし生きていたならば、春嶽公が一八六六年に八月に急逝した家茂の後継者たる十五代将軍慶喜とともに推進した大政奉還に賛成していたであろう。

一八六八年の御維新でミカドの代となったが、第二次世界大戦後の象徴天皇制が最終的にはアメリカ占領軍によってもたらされたように、明治のミカドによる支配体制の誕生に外国、なかでもアメリカの軍事的圧力が働いていたことは軽視されがちである。この年に生まれた弟の由三郎は、幼少時は江戸火消しにあこがれていたが、言語学者、英文学者として名を成した闊達者で、彼の存在は、覚三にとって死ぬまで頼もしいものであった。明治四年（一八七一）には新政府となり、藩が廃止されて県が置かれた。この行政上の変更により、前述のように勘右衛門は日本橋に旅館を開業し、そのおかげで覚三は高等教育が受けられ、エリート街道をまっしぐらに歩むことになる。

二、東大時代

文学・演劇好き

東京外国語学校に入学した後、明治八年（一八七五）に十三歳で東京開成学校に入学した覚三は、校長の浜尾新に目を掛けられた。覚三たち東大文科一期生は、明治十三年七月に大学を巣立ったが、浜尾は加藤弘之総長に次ぐ副総長の地位にあった。覚三が文部官僚となり、明治二十三年に二十八歳で東京美術学校の校長に就任したのも、浜尾の後ろ盾を無視できない。話を明治十年四月の三年進級時に戻すと、学制改革により東京開成学校が東京医学校と合併して東京大学になった結果、覚三は、わが国最初の総合大学に入学することになった。九月より授業が開始されたが、この時の覚三の所属は、文学部第二年級第一科であった。この専攻は、専ら、政治学、理財学を学ぶところであるが、覚三は、同窓生が証言しているところでは、英文学や漢文、和文など主専攻以外の授業に多く出席していた。覚三と欧米文学については後述されるが、ここでは覚三の文学好きについて、とりあえず、神田小川町の牛飯屋でのエピソードの紹介に留めておきたい。

後に早稲田大学の学長となった高田早苗と、日本におけるシェークスピア研究の先駆者坪内逍遙が「スコットの『アイヴァンホー』はいいな」とか熱弁をふるっていたところに、同級の親友福富孝季*と一緒に入ってきて同席した覚三は、英訳で読んでいた「ユゴーの『レ・ミゼラブル』がいいよ」とか、「デュマの『モンテ・クリスト伯』も捨てがたいね」とか発言している。それは、高田の回顧録『半峰昔ばなし』によるものであるが、覚三の英文ノート（全集8）にも、『モンテ・クリスト伯』（*Le Comte de Monte-Cristo*, 1846）の読書メモ（7th, June, 1878）や『レ・ミゼラブル』（*Les Misérables*, 1862）の構成に関する覚書が記されている。また、坪内、高田と行動をともにしていた市島謙吉の証言もある。

次に、演劇愛好について簡単に述べておこう。

覚三は、歌舞伎はもとより、シェークスピアの戯曲にも学生時代より親しんでいた。そのことは、*The Book of Tea*（『茶の本』）においても、「茶碗の中の嵐」の嵐に'tempest'を、その前にある「大騒ぎ」に「空騒ぎ」'much ado about nothing'とシェークスピアの戯曲の題名を盛り込んでいることからも類推される。

演劇好きが高じて、覚三は、二十六歳の時（一八八九年）に高田、坪内や後述される「根岸党」の面々、森田思軒、森鷗外、饗庭篁村（アラン・ポーの訳者）に山田美妙らを加えて演劇の革新を図ろうと「日本演藝協会」を発足させた。同会の伎藝委員には、九世市川団十郎、五世尾上菊五郎らが参加していた。この年は、歌舞伎座が東銀座の現在の場所で開設された年であり、「暫く」「助六」などをはじめとする団菊時代の幕開けを予見させる時期であった。それから一世紀以上を経た現在も、団菊祭が継続していることは、この二人が歌舞伎の伝統と革新に果たした役割の大きさを物語っていよう。演劇革新に関していえば、覚三が最初に構想したオペラ戯曲は、勧進帳であり、一八八七年六月に欧州旅行中にメモしたものも残っている。もっとも、欧州旅行日誌に使用したノートを数年後にも使用しているので、この最初の戯曲案の執筆時期が数年ずれる可能性もある。

また、余談になるが覚三が晩年に執筆した戯曲 *White Fox*（『白狐』一九一三）は、「鶴の恩返し」として知られる民話をベースとした『夕鶴』の戯曲と演出を担当した木下順二によって本邦初訳されたが（全集1）、『夕鶴』を最初に演出した岡倉士朗は、由三郎の息子であり、覚三の甥である。

教養を磨く

幼少時から英語を学んでいた覚三にとり大学で西洋哲学（フェノロサから）文学（ホートンから）を学ぶだけでは物足りなく、余暇を外国文学の英文での読書以外にも活用した。とりわけ、幕末生まれの覚三には、俳諧を趣味とした父親の影響もあってか、江戸趣味のところがあった。幸いにも東京の文化の中心近くに居住していた利点を活かして、日本画、茶道、琴、漢詩などを一流どころから習い、江戸的教養を身につけていった。

日本画は、当時全盛を誇っていた文人画を上野公園近く（下谷）で教えていた奥原晴湖の春暢家塾に通って修得した。覚三の腕前の程は、展覧会に俊才の弟子の作品と並べられるとはるかに見劣りするが、絵を習ったことは、海外に旅行に行った折のスケッチなどには役立っているといえよう。奥原晴湖は、男勝りの「女傑」であり、長州藩の桂小五郎改め木戸孝允、廃藩置県を断行したような男を相手に酒を呑みながら論争したという。覚三が師に献じた漢詩「晴湖女史」にも、それが詠われている。その前半部の「早涼吹徹越羅裙　明月清秋酒半醺」は、越国のウス衣を着た晴湖が秋の名月を眺めながら酒を酌み交わしている姿である。

奥原の住んだ下谷には多くの漢詩塾があった。たとえば、大沼枕山、小野湖山、鈴木松塘ら

奥原晴湖

森 春濤

が人気を博していたが、覚三が入門したのは、名声を轟かしていた枕山と同門であるが、個性が色濃く、玄人好みともいえた森春濤の主催した茉莉吟社であった。親友の福富孝季も一緒に学んだ。ちなみに、森春濤の息子は、後年伊藤博文の詩友として知られた森槐南であり、覚三と同い年で親交を結んでいた。伊藤がハルピンで凶弾に倒れたとき、槐南も重傷をおっている。覚三は、茉莉吟社で漢詩も上達したが、十四か十五歳で酒を覚え、酒量は増す一方で五合酒が日常茶飯事であった。ところで、覚三の後半生にあって漢詩を作詩することは、日記の代わりの役割も果たし、ときには、英詩をしたためるための草案が漢詩であった。一例をあげれば、晩年の一九一三年五月にインドのプリヤンバダ＝バネルジー夫人宛の手紙に追伸の形で付けた英訳された漢詩は、覚三の孫で筆者の父古志郎が指摘したように、相聞歌になっていた。

相逢如夢別経年　相ひ逢ふこと夢の如し　別れて年を経たり
手撫孤松思悄然　手に孤松を撫し　思ひ悄然たり
巌上側身夜蕭颯　巌上に身を側てば　夜は蕭颯
流星一点入南天　流星一点　南天に入る（『祖父天心』二九頁）

そのほか、琴は、加藤桜老という名士に習っていたが、大学卒業後の最初の職場である文部省の音楽取調掛で、少しは役立ったのであろうか。むしろ、笠間藩で儒学を教授し、高杉晋作とも交流のあった加藤からは別の領域での影響を受けていたかもしれない。また、名著『茶の本』には伯牙と龍門の琴の話が出てくるが、これは加藤桜老から聞いたものであろうか。

覚三は、薩摩琵琶（室町時代に薩摩で始まったもの悲しい音色の琵琶）の調べも好んだようで、音楽取調掛時代に「聴薩摩西幸吉君弾琵琶」を残している。西幸吉は、当代の薩摩琵琶の名人で西南戦争では西郷の陣で琵琶を奏でたし、明治天皇の前で「御前演奏」も行っている。西は音楽学校にも関係していたので、覚三は西のために琵琶のための作詞を試み、同僚だから年長者に君を用いたのであろう。

『茶の本』の著者は、もちろん茶道の心得があった。伝記作家によって多少の相違が見られるが、江戸千家流の茶を定期的に習っていた。その場所、下谷（池之端）に現在も茶室一円庵が存在するが、十三歳前後で覚三の幼な妻となる基（子）の方が熱心に茶道にいそしみ、二人の「見合い」が山王の茶会であったとする説もある。晩年の覚三は、結婚についてブリヤンバダに宛てた書簡で、次のように述べている。「私は古くからの慣習に従って結婚しました――（数え年で）私が一七歳、妻が一四歳でした」。

フェノロサやモースとの交流

東大在学中の体験の中で、教室外でのフェノロサやモースら御雇い外国人との交流が覚三の後半生に与えた影響は少なからずあり、重要な体験のひとつといえよう。学外における覚三が通訳や助手としてフェノロサの日本美術の研究・調査やコレクションを助けたことについては、覚三自身の証言も見られるが、モースと覚三の交流については、一緒に写っている写真があるものの、謎の部分が多い。

フェノロサがモースのお陰で東大教授として文部省に雇われたのは明治十一年（一八七八）で、この時、覚三は東大二年に編入していたから、両者の交流は、ほとんどフェノロサ来日以来の付き合いであった。東大時代の関係の一端については、雑誌『太陽』に掲載された覚三自身の半ば愚痴めいた回顧談に垣間見られる。

〔当時のフェノロサは〕日本の書物はちっとも読めぬゆえ、種々の書物を調べてくれと頼まれ、よく使われたものである。当時は書生であったから、五月蠅い〔草稿では夏蠅〕と思ったこともある。やれ探幽の経歴を調べてくれの、四条派の沿革を精査してくれのと使われたものである。有賀君〔国際法学者となる有賀長雄のこと〕などもその中の一人で、時折洋食くらいのご馳走にありついたものである。

（「日本美術界の恩人・故フェノロサ君」）

覚三が教室でフェノロサから学んだのは、哲学と理財学〔経済学〕であったが、とりわけ、ヘーゲル哲学とスペンサー流の社会進化論であった。むしろ、通訳として狩野派の画家に会ったり、関西方面への古社寺調査に出かけた折の見聞から学ぶものが多かったであろう。これらについては、既刊の天心〔覚三〕伝やフェノロサ伝に言及されているので、ここでは繰り返さない。

フェノロサ

フェノロサと覚三との交流は、むしろ東大卒業後に深まっていった。覚三の勤務先に予定されていた文部省からの辞令が発令される直前に、覚三は、フェノロサの京都や奈良あるいは滋賀への古社寺を訪ねる旅に同行していた。これは、晩年までの覚三の古社寺保存の活動、のちの国宝・重要文化財保護法の制定に繋がるものである。また、明治十七年〔一八八四〕とされる有名

日光でのモースとビゲロー

なエピソードである夢殿開扉**も、この時の調査の流れの中で位置づけられる。明治十九年から二十年にかけての欧米視察旅行時代準備期を含む美術学校時代の交流については、次章に改めて述べる。

　モースと覚三の関係について言及されることは、ほとんどないし、筆者自身もしかるべき資料をもっていないが、一緒に写っている写真があるし、ビゲロウやフェノロサとともに私的な交流が見られた。したがって、覚三の考古学・古代史への関心や博物館への関心の第一歩は、モースの手ほどきによるものであるとの憶測はあながち的外れではなかろう。少なくとも、覚三がモースから影響を受けたことは確かである。モースは、メーン州ポートランド出身で、独学で進化論や海洋生物学を学んだ学者であった。来日以前のモースが拠点にしていたのは、フェノロサの故郷セーラム（現在ではボストンから電車で三十分ほどの町）であった。

一八七四年にカリフォルニアに旅行してからモースは日本への関心を持ちはじめていた。とりわけ、日本近海には数十種の腕足類が生息していると知らされてから、日本に行きたいという思いは募るばかりであった。ついに夢を実現させるときがやって来た。モースが横浜に上陸した一八七七年六月十八日は、彼の三十九歳の誕生日であった。

モースは、早速、日本での調査を行う許可を得るためにデイヴィッド・マレー（モルレーとも呼ばれていた）というアメリカ人に会いに行った。実はこの人物こそが当時の文部行政の事実上の指導者であり、人格と学問の力を認められたモースは、三ヶ月後に開校を控えていた東京大学の理学部動物学・生理学教官として二年契約を結び、教壇に立つことになった。覚三は、理学部ではないから、モースの授業を直接に受けていなかったかもしれないが、フェノロサを介してお雇い外国人の官舎であった本郷の加賀屋敷とか、日光のフェノロサの別荘などでモースと親しく会話を交わす機会を持ち得た。来日後すぐに大森貝塚を発見し、古墳調査を実施した「日本考古学の父」ともいえるこの人物と身近にいるときは、覚三の至福の時であったであろう。

モース

もしモースが東大教官に採用されていなけれ

ば、覚三とフェノロサとの交流も生まれなかった。すなわち、マレーの厚い信頼を受けたモースは、政治学・哲学教官としてフェノロサを東大に迎え入れたキーパーソンとなった。その経緯はドロシー・G・ウェイマンが著したの『モース伝』に詳しい。それによれば、覚三が入学した文科一類には、開設時に肝心な政治学と哲学の教官がいなかった。その採用人事に関わりフェノロサを推薦したのがモースだったのである。着任した年の秋に一時帰国する前にモースは、マレーから物理学と政治・哲学の担当教員を探すように頼まれていた。そこで母校に顔を出したところ、大学総長で化学者のエリオットと美術史教授のノートンからある人物を紹介された。ちなみに、ハーヴァード大学では、現在まで美学・美術史が哲学の分野に属している。帰国後に推薦状が添えられたその人物の履歴書が東京大学に郵送されてきたので、モースは、専門違いの人事であったが、十五歳年下のフェノロサを推挙した。かくして、フェノロサは、月給三百円という破格の高給で東京大学に雇用されることになった。

先にモースと覚三の関係についてはしかるべき資料がないと書いたが、モースが帰国後に館長を務めたセーラムのピーボディー博物館のモース・コレクションのなかに二点、覚三関係のものが存在する。一つは覚三の法要に用いられた切子燈籠であるが、もう一点はモースに贈った鰹節である。トコロテンを押し出す道具や醤油瓶などとともに日本の食文化を知るためのこのコレクションは、一九〇四年以降ボストンで活動したかつての弟子(覚三)にモースが直接持参させたものかもしれない。

ブービー賞の卒業

覚三は、同級生の中でも最年少であったから、優秀なエリートたち八人のなかでブービー賞(ビリから二番)であってもさほど恥ずかしいことではない。ここで文学部で哲学、理財学、政治学のうち二科目を専修科目(覚三は政治学と理財学専攻だから今なら政経学部)とした八名は覚三以外では、席次一番が兵庫県出身の秀才和田垣謙三、二位は福岡出身で後に母校(東京帝大文系)の学長を務めた後、大東文化大学の前身大東文化学院第二代学長となった井上哲次郎であった。井上は理系の同期生の森鷗外が著わした『雁』の主人公の友人岡田のモデルとされ、特待生を狙うガリ弁でなく、東大の文学会創立メンバーとなったり、夜も十時過ぎまで外出していたバランス感覚のとれた書生＝大学生であった。

井上哲次郎

前述の福富や覚三は学生生活を楽しみ広い教養を身につけるタイプであり、下位を争っていた。とはいえ、彼らが超エリートであったことは卒業後の進路からも語らずもがなである。残りの四人は国府寺《こうでら》新作が教育学者で学校管理法や哲学概論の本(和田垣、井上との共著)を著わし、木場定長《こばさだおみ》は文部官僚から衆議院議員、千頭清臣《ちかみきよおみ》は高知出身で、覚三も支持していた政治家谷《たに》干城《たてき》を崇拝し、栃木・宮城などの知事になるが、新聞『日本』の相談役でもあった。中隅敬蔵（造）は経済学者で一八九三年に専修大学の前身専修学校から『経済汎論』を刊行している。ちなみに、覚三も二十歳のときで同校で漢文を教えていた。

幻の「国家論」とは

ブービーの言い訳めいた逸話はすっかり独り歩きして有名になったが、もともとは夕げの席で息子の一雄に覚三が語った話とされている。

ママさん（覚三は妻をこう呼んでいた）の焼き餅から二ヶ月かけて書き上げた「国家論」を火にくべられて途方にくれたおいらは、提出日まで二週間ほどで急遽「美術論」を書きあげた。

これが事実とすれば、一雄を身ごもっていた基のヒステリーが覚三の進路を決めたということになる。「ソクラテスの妻」でなくても悪妻がひとりの巨人を生み出す契機になったのである。「国家論」を本当に書きあげていたのかどうかも謎であり、むしろフェノロサの通訳や助手の仕事をするうちに、覚三の関心が政治よりも美術の方に移っていったのではとの憶測も可能だろう。なぜならば、覚三の英語力を持ってしても、英語で国家論をまとめるのは容易ではなかったはずである。いくら早熟で聡明であっても、論文執筆時の覚三は十八歳であり、国家論という難解なテーマに挑戦したが、行き詰って急遽テーマを変更したとも推測される。なぜなら、一般的には、論文を作成するプロセスでノートに覚書を書き留めていたはずであろうから、国家論の構想が完成していたとすれば、同一テーマで書き直す方が自然な選択といえよう。そうした立場に立って、以下では「国家論」は「覚三にとって、もともと本人が満足のいく出来ばえではなかった」という新説（珍説？）の提起をしてみたい。

いったい覚三は、どのような国家論を書こうとしていたのであろうか。その手がかりとなるのは、遺っている英文ノートのみである。このノートにはわずか一頁ほどであるが、Theories of State というメモがある。『岡倉天心全集』編集者は、これを講義ノートの一部と推測しているが、その理由は、その前にある「労働組合論」「貨幣論」「銀行論」などが卒業年度の必須科目のノートであるからである。その整理の仕方（人物とその特徴をまとめている）からは、講義ノートというよりも試験のためのサブ・ノート的なものであった可能性もある。

優れた天心（覚三）評伝の著者木下長宏氏は『岡倉天心』（二〇〇五年、二六頁）でこのメモにふれて、「これは、幻の卒業論文『国家論』のベースになったものなのだろうか」と書いている。しかしながら、覚三が「国家論」をテーマに卒論を執筆する場合、やはり「国家論」の講義者が指導教官のフェノロサであったから、このノートの枠組から反れるものではなかったはずである。

先ずは、古典古代のギリシャにおける国家論、正確には都市国家《ポリス》論を展開したプラトン＝プラトー、アリストテレス＝アレストートルのアテネ論と国家論をフェノロサから学んでいた。もちろん、彼から政治、歴史とともに美学や哲学なども学んでいた。天心の号を用い始めてから、日本人としてはじめての西洋美術史（覚三のメモにはこの名称が記されているが、講義名は泰西美術史）を整理した覚三は、ギリシャ建築に言及する前に、プラトンとアリストテレスの人となりを簡単ながら説明している（全集4、一九八～一九九頁）。おそらく、ギリシャの国家についての論述では、貴族制社会や奴隷制を前提としたアテネの民主制にも言及されていたであろう。

次に、覚三の関心が強かったイタリア・ルネッサンスについては、マキャヴェリの名著『君主論』を読み込んでいたと推測される。これと関連しては、ピューリタン革命＝清教徒革命時に王党派として活動し、君主制の基礎を家長権に求めたフィルマーの『族父権論』（一六六〇）にも言及したであろう。おそらく、古代から十八世紀までの主要な国家論をその権力関係や民主主義に焦点をしぼりつつ論じ、近代国家に関する代表的理論、すなわち、ホッブズ、ロック、モンテスキュー、J・J・ルソーらの学説を紹介し、それに対する見解を述べるという論述方法が採用されたであろう。

このメモには見られないが、フェノロサが同時代の研究としてモーガン『古代社会論』（初版一八七七）を講義していたから、エンゲルス『家族・国家・私有財産の起源』（一八八四）に大きな影響を与えたこの著書も、国家論をまとめるにあたって覚三が参考にした可能性がある。また、当然、明治維新によって成立した明治国家への関心を抱いていた覚三は、徳川政権＝幕藩体制をも念頭に置きながら、ミカドの「近代国家」をヨーロッパの国家論の中に位置づけたいと考えていたが、明治国家の官吏を目指す青年には、それは難題であったに違いない。もう一言、勝手な想像を述べれば、独自性を重んじる覚三は、アジアの国家、とりわけ中国の国家への関心も持っていたであろう。そうした比較国家論的な方向で論文をまとめるには、時間があまりにも不足していた。さりとて、ヨーロッパにおける国家論の学説的整理だけでは満足がいかなかったはずである。また、アジアの国家について論じても指導教官のフェノロサには評価してもらえないとの懸念も抱いたかもしれない。かくて、最終的に「美術論」に卒論テーマを変更したというのが筆者の「仮説」である。

覚三がどのような国家論を構想していたかについて、今までにも仮説を立てた先人がいる。『燃えるアジアと日本の原点』や『インド独立の志士と日本人』の著者、原嘉陽氏は、覚三がアジア主義者、反（西洋）近代化論者の代表という視点から青年期の覚三が書いたであろう国家論をこう想像している。

玄導和尚を通じて東洋の王道を学んだ天心は、吉田松陰の道義国家、平和国家の構想が西洋諸国への覇道に対して練られていたにちがいない。インドを無残にも征服し、統治しているイギリス、西洋諸国の代表とみなすイギリスの現実をみて、天心は今後日本の進路がいかにあるべきか理念的に追求したと思われる。

この推論について二点だけ述べておこう。一つは覚三が吉田松陰の道義国家を重視していたかは不明である。ただ、陸羯南や徳富蘇峰らと交流のあった明治二十年代（一八九〇年代）に左内や中江兆民とともに松陰が話題になっていた可能性は高いが、これに先立つ卒論作成時の覚三の国家論で重視されていたことの証にはならないであろう。また、一九〇三年ころに多分講義用のメモとして記された「近代日本歴史年表ノート」（全集別巻）には一八五六年と一八五九年に吉田松陰討幕の記載がみられる。

第二には、十八歳当時の覚三は、仏教以外ではインドをそれほど意識していなかったし、文学を介してイギリスに親近感も抱いていたから、反ヨーロッパ主義、あるいは『日本の目覚め』にいうところの「白禍」の代表としてのイギリスという考えはまだ明確にしていなかったはずである。

＊ 東京大学の同窓生と親友福富孝季について　明治十（一八七七）年四月に東京開成学校は東京医学校と合併して東京大学の文科になり、後者は理科となった。文科は明治十三年まで第一科（政治・理財科・史学・哲学）と第二科（和漢文学科）、明治十四年からは第一科（哲学科）、第二科（政治学）、第三科（和漢文学科）、さらに九年目に東京帝国大学と改称して校風も変わった。すなわち、リベラル・アーツ（教養）重視から専門重視となり、ドイツ語が必須化された。

覚三は文科理財科（経済学科）一期生で、森鷗外は医科一期生である。覚三の同期は後述される八名であった。一期後輩には坪井九馬三、嘉納治五郎、牧野伸顕が、二年後輩には有賀長雄、高田早苗、坪内勇蔵（逍遥）がいた（『東京大学』年報）。井上哲次郎、嘉納、牧野、さらには徳富蘇峰の『日本』で親密になる三宅雄二郎（雪嶺）とは東京開成学校の寄宿舎の同僚であった（中村愿『前掲書』一一四〜五頁）。井上哲次郎はラフカディオ・ハーンが東京帝国大学辞任時の文系の学長である。

最年少の覚三の卒業席次は七番で最下位は不明だが、覚三が一緒に漢文を習ったり、文学談義をし、酒を酌み交わした福富あたりではと思う。土佐（高知）出身の正義感あふれた「愛国の士」と本当に馬があった。明治憲法制定後の一八九一年四月九日に自決した友を思い漢詩を詠み（『岡倉天心全集』7、四八〇頁）、三回忌の追悼の辞で、一八八七年に互いに公務で外遊中のロンドンで会った時、福富がトラファルガー広場で愛蘭党（アイルランド国民党）の貧民（小作）に同調して集会に加わったことと、「上流人士の下等人民に及ばざる点を指摘し」た福富に異議を唱えた覚三を、「人爵崇拝者として罵しれる」という件《くだり》は面白い。

＊＊　法隆寺夢殿開扉　覚三はフェノロサの通訳として関西の古社寺調査に参加するが、かつては中学校国語の教科書に掲載されたり、福音館の絵本（松居直著）にもなっていた法隆寺での秘仏救世観音を納めた夢殿の開扉の有名なエピソードは、フェノロサの記録では、明治十七年八月十六日から二十日までの間とされている（たとえば、遺作『東洋美術史綱』、山口静一『前掲書』、二〇八〜二一六頁、木下長宏『前掲書』、六三〜六四頁参照）。また、岡倉覚三は、『日本美術史』に明治十七年ころに秘仏を見るために開扉した折に、にわかに雷鳴がとどろいたエピソードを記している。

法隆寺の長老高田良信は、法隆寺の歴史を内部の人間の立場から一般に公表してきた。その一つに、『「法隆寺日記」をひらく』（日本放送出版協会、一九八六）があるが、高田は、上記の証言以外に「立会人」の記録がないと述べた後、「フェノロサ氏は岡倉天心らを伴って明治十三年以来、法隆寺を調査した。明治十七年の夏にはビゲロウ氏も同行した」と述べる一方、「法隆寺の記録には明治十七年八月十六日から二十日にフェノロサらが調査したことは「出納方記録」に記されていたが、夢殿が開扉され、秘宝救世観音がお姿を人目にさらされたという記録はない」としている。この記載は客観的であるが、寺の人間の発言である。法隆寺側が開扉の事実を公表することはもとより、記録に留めずに、隠そうとしたのは成り行きであろう。

第二章

西洋文化の受容 *1869〜87*

24歳頃の覚三

一、覚三にとって西洋文化とは何であったか

覚三のキリスト教理解

覚三がキリスト教と初めて出会ったのは、少年期というよりも幼年期の満六歳（明治二＝一八六九年）にバラの英語塾に通っていたときである。もちろん、それ以前に神父や牧師を見かけていたであろう。勘右衛門がキリスト教色の弱い英語塾ということでバラ塾を選んだという説があるが、これは正しいのであろうか。ジェームズ・バラは宣教師であったから、教材として讃美歌とか『聖書』の一節が教えられたであろう。それを裏付けるものとしては、明治五年に横浜で開催された第一回宣教師大会においてジェームズ・バラが日本語に訳した讃美歌を紹介した折に、自分の英語塾では生徒に讃美歌を教えていると語っている。

明治三年にバラ塾に通い、覚三と同じジェームズ・バラに教えを受けていた植村正久も、「授業に先だってバラ先生による聖書の一節が講じられた」と証言している。もっとも、「講じられた」というよりも「話された」程度かもしれない。さらに、バラ英語塾があった敷地は、外人礼拝所建設予定地であり、明治五年にそこに日本人による最初の教会である日本基督教公会が設立されたことは単なる偶然ではなかろう。ちなみに、ヘボン塾からバラ塾というコースは、藏相として名を成した高橋是清と同じであった。ヘボンはローマ字表記のヘボン式で有名だが、聖書

を最も早くに邦訳してもいる。要するに、明治六（一八七三）年にキリシタン禁制の高札が撤去される以前でさえ、ヘボンやバラは、表向きは医者や英語教師として活動していたけれども、密かに伝道活動もしていたから、それに感化されてキリスト教に改宗する人々が増えていった。

ところで、覚三の大学の同窓生で、ドイツ観念論哲学を日本に輸入した井上哲次郎は、儒教をベースとする「日本主義者」となって、キリスト教に対しては偏見を抱き、蔑みをもって「耶蘇」という呼称を使用していた。もともと「耶蘇」は、ポルトガル語の Jesus を中国語の音に当てはめたものであるから、この用語そのものに差別性はなかった。けれども、井上と覚三の師フェノロサは仏教僧侶らの支持を得るためにあからさまに反キリスト教的行動をとった。その背景には、フェノロサが社会進化論を説く哲学者、社会学者であったことがもちろん関係している（山口静一二〇一二）。

それに対して、覚三はキリスト教も一つの信仰対象として認めており、明治時代における権力に与する者が展開した反キリスト教のキャンペーンには批判的であった。ここでは、日本におけるキリスト教の受容や、美術とクリスチャンの関係について断片的に言及している、一九〇三年にロンドンで刊行した *The Ideals of the East*（邦訳『東洋の理想』）を引用しておこう。

足利時代の名匠たちの精神性については、「初期キリスト教徒の教父たちの禁欲的潔癖主義でもなければ、ましてや擬ルネッサンスの寓意的理想化でもなかった」と記している。また、徳川時代の京都の画家たちの写実主義について言及したなかで、ローマン・カトリック教の宣教師であったマテオ・リッチが明《みん》で広めたと述べている。「明治時代」のところでは、日本の体制によるヨーロッパ文化の受容態度に関連してキリスト教への反応に言及している。

島原のキリスト教徒たちの恐るべき大虐殺をもって終わった十七世紀のイエズス会派の侵害の記憶は、一定トン数以上の船舶の製造を禁止し、また、オランダ人との交渉のために任命された役人以外であえて外国人と交流しようとした者があれば、死刑に処すると脅かした。

ペリー提督の到来は、ついに西洋の知識の水門を開き、それはどっとわが国中に氾濫した。（中略）新日本の組織者たちにとって中国およびインドの文化の桎梏を断ち切ることが最高の義務のように思われた。彼らは、軍備、産業、科学のみではなく、哲学や宗教においても、西洋の新しい理想を求めた。キリスト教も、蒸気機関車を歓迎するのと同じ熱意をもって信奉された。西洋の服装は、機関銃を採用したように採り入れられた。

もう一例として、一八九一年前後に東京美術学校で行った日本人としては初めての西洋美術史（講義名は泰西美術史）の講義録にある覚三のキリスト教観を紹介しよう。そこには、近世の中世と異なる特徴として、自由民権の思想と耶蘇新教（プロテスタント）のことが指摘されている。それまでのバイブル（聖書）は、ラテン語のものしかなかったから平民がこれを理解できず僧侶に頼っていたが、羅馬法王、僧侶の品行が腐敗したのを機に、ルーテル＝ルターが「誰もがバイブルを読めないというのは神の教えに反するとして、各人が理解できる言語にバイブルを訳すべきことを提唱した」として、九十五ヶ条で免罪符販売を非難したことで有名なルターの宗教改革を評価している。

ヨーロッパ文学

覚三がヨーロッパ文化を総合的に吸収したのは、東大におけるお雇い教師たちとの出会いからであった。とりわけ、フェノロサ、モースと英語教師のホートンからヨーロッパ文化を習い、吸収した。フェノロサからはヘーゲル哲学、スペンサーの社会進化論や政治学を学んだが、西欧絵画の話もしたであろう。また、音楽家の家に生まれ育ったフェノロサと音楽好きの覚三が音楽を話題にしなかったとは考えられない。

欧米文学が話題になることも、当然あったであろう。覚三のお気に入りの作家の一人は、ボストン生まれで短編小説『黒猫』で知られるエドガー・アラン・ポーであった。東大で覚三がヨーロッパ文学の薫陶を直接に受けたホートン教授は、イギリス中世文学の専門家であったが、専門以外に同時代のヨーロッパ文学やアメリカ文学について学生たちに語ったので、覚三たち文学好きの学生は、教授の授業を楽しく聴いていた。それは、一九一一（明治四十四）年四月に覚三がボストン美術館に務めていた時期、マサチューセッツ州に隣接するメイン州に住んでいた恩師宅を訪問していることからも推測できる。約三十年ぶりの恩師との再会が感動的なものであったことは、容易に想像される。

覚三のヨーロッパ文学の嗜好については、別の著書『岡倉天心の思想と行動』(吉川弘文館、二〇一三)所収論文で取り上げているので、ここでは友人の回顧談と成人して英文学者となった弟由三郎や息子の一雄の回顧談を紹介するに留めたい。

東大時代の同級生の井上哲次郎は、亡くなる直前(昭和十九年)に日本美術院の斎藤隆三や覚三の孫の古志郎らに語った回顧談で、寮で一緒に過ごした折の文学好きのエピソードを語っている。この回顧談にある興味深いエピソードは、フェノロサと親しかったラフカディオ・ハーン(小泉八雲)の *Fragment* (『欠片』)という仏教に関わる作品のモチーフとなる髑髏《どくろ》山の話をハーンにしたのが覚三だったということである。

覚三とヨーロッパ文学というテーマでは、覚三より一年後輩で坪内逍遥とコンビであった高田早苗の回顧談の方がよくまとまっているので、こちらを紹介しておきたい。高田は、早稲田大学の総長を務め、覚三や坪内逍遥らと演劇運動も行った人物であるが、『半峰《はんぽう》昔話』を著し、その「はじめて英文小説を読む」のなかで、神田の牛肉屋での文学論争に言及している(なお、高田は、坪内の『当世書生気質』に出てくる好男子小野田のモデルといわれている)。

市島君と連れ立って神田の牛肉屋にあがると岡倉、福富の両君が鍋をつついていられた。

互いに挨拶をしてから談たまたま英文小説のことに及ぶと、岡倉君はユーゴの『レ・ミゼラブル』を読んでいて、その梗概を話された。我輩もそのころ読了していたデュマの『伯爵モンテクリストフ』のあらすじを話し、談が大いにはずんだ（『父天心を繞る人々』より）。

以上は岡倉一雄の本からの要約引用であるが、市島の回想「西洋小説最初の読者」にも次のような記述がみられる。覚三は、ゾラも読んでいるし、フランス小説やトルストイなどの英訳小説は、当時の「書生」が好んで読んだものである。後に覚三と親しくなる森田思軒は、ジュール・ヴェルヌの空想科学小説の訳者として知られている。ゾラについては、坪内に依頼されて執筆したと考えられる『早稲田文学』の文学に直接関係のない著名人の文学論を掲載した「文学局外観」という欄に次のような意見を寄せている（全集3　二二四～二二六頁）。

ゾラは一部からみれば純然たる写実主義、自然主義とも見えるが、かのルーゴン家系の遺伝を諸種の方面より描いて大問題を具象にしようと努めたところは、idealist（理想主義者）であると思います。トルストイも同じである。ディケンズ、サッカレーもまたこの点より見れば、idealist であると申して差支ないと思う。今のわが社会には政治上にも、宗教上にも、その他諸方面にも衝突もあり紛擾もあって、いずれも小説に上りうるものと思う。作家諸君はいったい誰を読者にして作すものでしょうか。今の社会を目的《あて》にはしないのでしょうか。あるいは art for art の主意でわざと社会を余所《よそ》にするのではあるまいか。

近年、大江健三郎氏が日本文学とアフリカ文学を比較した文章のなかで、前者が私小説重視で、後者のダイナミズム＝社会性に言及していたが、覚三は、明治中期の小説をヨーロッパのそれと比較して、大江と似た意見を述べていた。また、文学史的にみると、ゾラを理想主義者とみなしたことが興味深い。また、根岸倶楽部の仲間であった露伴がトルストイに傾倒したのに対して、覚三は、家畜を飼う程度でトルストイ*の実践や思想からの影響は受けていなかったようである。「文学局外観」の結びの部分を紹介しよう。

日本にはまだ小説の体《てい》が十分に発達していないように思いますが、第一にユーモアの作がない。あってもまだ発達していない。スコット（代表作『アイヴァンホー』）の様なシヴリーな思想を描いたものも、馬琴以来ほとんどない。

前述した以外での覚三の愛読書としては、コナン・ドイルのシャーロック・ホームズがあり、家族に話して聞かせたエピソードが知られている。ドイルに会いたくて手紙を出したが、あいにくドイルがロンドンに不在で会えなかったことは知られていない。また、イギリス・ロマン派で、自然を賛美したワーズワースや、自由人でギリシャ独立戦争に参加したバイロンの作品、とりわけ未完の大作『ドン・ジョバンニ』を愛読した。ちなみに、由三郎が『ドン・ジョバンニ』を邦訳している。覚三のワーズワース好みは、晩年におけるフェノロサとの不仲説に対する反証材料を提供している。フェノロサの二度目の妻で、通説では覚三を嫌っていたとされるメアリー夫人の一八九六年十一月七日の日記にはこう書かれていた。

岡倉はかつて見たことがないほど自然な真心と感情にあふれていた。彼のE〔アーネスト〕への愛情はあらゆる表情、あらゆる動作に滲み出ていた。私たちは将来の共同研究、共同事業――いにしえの杭州湖畔で行われていたような琵琶湖学派を創設の夢について大いに語り合った。岡倉はワーズワースが好きで、『不滅の頌歌』の挿絵入り豪華本を出すことを構想していた。（村形明子編訳『フェノロサ夫人の日本日記』二五一頁）

西洋美術の受容と認識

まずは、天心覚三が注目した西洋の画家と彫刻家を、ビゲロウの証言や一九〇三年に刊行された英文三部作の一つ *The Ideals of East*（『東洋の理想』）などを手がかりに列挙しておこう。

ミケランジェロ、ティツィアーノ、ベラスケス、ドラクロア、ミレー、ロダン、ホイスラー、レンブラント、モネや、ポスト印象派のマティスやピカソの名にも、覚三は言及している。いうまでもなく、それらの中でイタリア・ルネッサンスの画家・彫刻家の作品は高く評価したが、キュビスムなどは理解できない、感心しないと拒絶している。

覚三が東京美術学校の洋画科設立に反対したとか、その国粋主義的言動から、「西洋崇拝者」はもとより、覚三を評価する人々からも狭義での「国粋派」＝反西洋文化あるいは伝統派のレッテルを張られてしまったが、すでに見たように、西洋の文学を好んで読み、評価していたし、西洋のものでも、東洋のものでも、「良いものは良い」というのが天心の文化、価値観であった。天心が東京美術学校に洋画科設置を認可したことを黒田清輝らへの妥協とする立場もあるが、天心は、明治維新から間もない時期に設立された工部学校は、芸術性よりも工芸品の輸出という経済性を重視していたし、その時期に入ってきた西洋美術を「最大の退潮期のものであり、ドラクロアが硬化した官学派明暗法のヴェールを取り除く以前の、ミレーやバルビゾン派が光と色彩の託宣をもたらす以前のものであった。また、ラスキンがラファエル前派の高貴性の純粋を解明する以前のそれであった」(『東洋の理想』)としている。

西洋美術史の大家、高階秀爾氏が指摘するように、覚三は、「一方で国粋派の顔を持っていたとしたら、他方ではそれと同じ程度に西欧派でもあった。」天心という号を名乗る以前の彼がこうした画家たちの作品を知るきっかけ、言い換えれば、西洋美術に開眼するきっかけを作った最大の功労者はジョン・ラファージであった

ジョン・ラファージとの出会い

ラファージは十九世紀後半から二十世紀初頭にかけてアメリカで活躍した画家であり、ティファニー商会の御曹司ルイスとともに日本の工芸をステンドグラスの技法に採用したことでも知られている。ラファージはアメリカにおけるジャポニスムの先駆者の一人であるが、ラスキンの『近代画家論』（一八四三〜一八六〇）と『建築の七灯』（一八四九）の著作により影響を強く受け、一八五〇年代にはラファエロ前派に傾倒していった。

彼の両親は最初カリブ海に渡ったフランス人のエリート出身であり、彼はニューヨークのフランス系移民社会でカトリック教育を受けて育った。カレッジ卒業後一八五六年から翌年にかけて、母方の親戚を頼ってフランスに留学していた。マネの師であるトマ・クチュールを自らの師として選んでいるが、しだいにウイリアム・モレス・ハントに魅かれていった。

パリでは北斎漫画の存在を知るとともに、浮世絵と出会い、帰国後に浮世絵蒐集が本格化する。ラファージは一八六四年に結婚するが、その伴侶となった女性マーガレット・ペリーの大叔父は一八五三年に日本に来航したペリー総督である。これがラファージを日本にいっそう惹きつける要因にもなったとみるのは自然であろう。ラファージがペリーの『日本遠征記』を読んでいた可能性は大いにあり得る。

ところで、覚三とラファージの出会いは、ビゲロウとフェノロサを介してのものである。この運命的な出会いは、一八八六年の夏に実現した。後に『画家東遊録』として公刊されたラファージの日記によれば、七月二十八日である。また、覚三が『欧州日誌』をしたためたノートには、「一八六

ジョン・ラファージと執行弘道訳筆の覚三への献辞
（『画家東遊録』中央公論美術出版、1981より）

年一〇月ラファージに会った」とのメモがあった。ラファージよりも数年早く来日していたビゲロウは、フェノロサとハーヴァード大学の同窓で、父親がボストン美術館理事を務め、自らも外科医でありながら美術にのめりこみ、アメリカいな世界で有数の東洋美術のコレクターとして知られるようになっていた。とりわけ、一九〇五年以降は覚三の協力を得て、浮世絵の秀作を蒐集した。その中には二〇〇六年に日本の三箇所の美術館で半年間展示された北斎の肉筆画も含まれていたし、長年ボストン美術館に眠っていた北斎の風景画版木のコレクターも、ビゲロウと考えてほぼ間違いなかろう。

一八八六年七月二日に横浜に着いたラファージは、三日後に同行の評論家ヘンリー・アダムズとともにビゲロウの紹介でフェノロサに会いに出かけている。覚三とラファージが出会い親しく語り合うことができたのは、コレラの流行とか、覚三がフェノロサに随行して欧州視察に旅立つ時期がラファージの帰国と重なったという偶然性に助けられた。ラファージは一八九七年に日本旅行の体験をまとめて *An Artist's Letter From Japan*（以下邦文タイトル『画家東遊録』を使用）を出版し、『画家東遊録』の献辞を同行者のアダムズと覚三に捧げている。

フェノロサとの関係もそうであったが、覚三（天心）とラファージとの関係でも、少なくとも初期においては、覚三がもっぱら彼らの日本や中国への興味、関心を満たす役割を果たしたことがうかがえる。また、一九〇六年に覚三が *The Book of Tea*（『茶の本』）を刊行したときに、"To La Farge Sensei" という献辞を捧げたのは単なる返礼ではなく、四半世紀に及ぶラファージの教えと交際への心からの感謝を表していた。

桑原佳雄氏の『John La Farge と岡倉天心――その思想的相互影響について』に次のような検証がある。ラファージは覚三から日本の古社寺、古美術品について教示を受け、参観の案内をしてもらうなどして親交を結ぶが、帰国直前になってフェノロサと覚三が欧州視察の命を受けていたことを知り、初めて西欧の美術に接する二人を案じる。ラファージは若いころパリに留学して絵画を学んだうえに、その後も再度訪欧して西欧の美術工芸について知悉していたので、約一ヶ月間の船旅の余暇も利用して、西欧美術の現状、見方についてのオリエンテーションを実施した。

桑原氏によれば、フェノロサと天心は、ラファージの教え通り、ラファージの眼でヨーロッパを「視察」して帰ってきた。フェノロサ三十四歳、天心二十六歳（二十五歳の誤り）という少壮美術行政官がその年齢において到達した、東西文化（美術）の受容形態に関する見識である。

一八八六年の七月二十日には猛暑とコレラの伝染を避けるためにラファージらは日光に赴き、八月二十九日迄フェノロサの別荘に近い禅智院の離れで過ごしている。そこでは来日の第一目的であるニューヨークのグリニッジ・ヴィレッジにある聖天教会の壁画の背景にする景色をすぐに見出せた。すなわち、ラファージは、日光の山と雲と平らな大地を目にして、「これこそがキリスト聖天の地である」とのインスピレーションをもった。それには、同行者から日光における自然と宗教の融合について知り、それに深く心を動かされたことも関係していた。

覚三の日光における滞在日数は不明であるが、ラファージが彼を通して日本に対する理解を深めていったのは確かである。覚三は、日本の歴史や狐憑きなど日本の民話をレクチャーしたが、二人が道教についても語りあったことは、ラファージが『画家東遊録』の「道」という章で老荘思想について言及していることから推測される。たとえば、道教の最高レベルの修行者ともいえる仙人やリシ（聖仙）のことや、『荘子外伝』秋水篇にある風と蛇との対話が話題になっていた。なお、ラファージは、クリーヴランド美術館所蔵の『嵐を呼ぶリシ』など小品ながら道教からテーマを採った作品を数点制作した。

もともと東洋に関心があったラファージだが、覚三との交流でそれはいっそう深められていったと考えられる。ラファージはミネソタ最高裁の壁画に孔子像を制作したとき、覚三が孔子の手にした巻物に「絵事後素」という書を書いたという。道教については、ラファージの方が教え役であったとする説もあるが、覚三が少年期より漢籍に慣れ親しんでいたことから、必ずしもそうではないだろう。また、この時の論議は、覚三が二十年後に著した『茶の本』の第三章に反映されていると思う。

日光での西洋美術をめぐる対話

フェノロサ、ビゲロウ、ラファージに覚三と顔が揃えば、当然のことながら、西洋美術も話題にのぼった。ラファエル前派に覚三が関心を抱き、後年の講義ノートや日誌にもみられるラスキンについての知識を深めたのは、日光でのラファージとの出会いがあったからこそであろう。ラファージは、一八九一年にロダンに傾倒し、ゴーギャンやポスト印象派にも魅せられていたが、ヨーロッパに留学した青年期に、ラファエル前派に魅せられていたことはすでに述べたとおりである。

覚三は、少なくともロダンに関してはラファージと意見を共有していた。一八九一年前後に東京美術学校で行った「泰西美術史」の講義録には、「早取りのルーダン」としてロダンに言及している。けれども、当時のフランスを中心とする「現代絵画」については、ラファージと意見を異にすることも少なくなかったと思う。余談になるが、覚三は、post-impressionist を初めて「後期印象派」と訳したが、後に「後印象派」と修正した。それにもかかわらず、西洋美術史では、最近まで連続性をイメージさせる後期印象派が用いられてきた（現在ではポスト印象派が使用されることが多くなった）。

また、覚三の小説の好みから推測してみれば、アーサー王伝説などと関わるロマン主義の色濃いラファエル前派のモティーフは好むところであった。しかしながら、『画家東遊録』による限りでは、日光の夜で話題になっていたのはバルビゾン派であった。たとえば、ラファージがフランス・アカデミーでのバルビゾン派の評価の低いことを指摘すると、覚三は「人間は作品それ自体が裁かれるべきであることを心底から信ぜず、常に芸術作品がわれわれを裁くことを認めている」と発言した。これを受ける形でラファージは、「かつて顧みられなかったコロー、ドラクロア、フランソア・ミレーのような画家が今日注目されるように、人々の目は歳月とともにますます豊かに充実した意味をもってくるものに向けられるようになる」と指摘している。

なお、覚三は、ミレーとコローに代表されるバルビゾン派に対する評価を、欧州視察より帰国した二年後の一八八九（明治二十二）年の高級美術雑誌『國華』創刊号の円山応挙論の中で下している。「写生の新法を発揚し古来の弊習を一洗したるは（応挙）先生の賜にして、百世の御款蹉惜しく能わざるものもまたこの点に反動して一種清淡の写生流を聞きたると同様なれど、その成績大いにこれを超越するものの如し。」

また、同じ号の編集後記に相当する編集雑記（筆者は覚三でなく今泉雄作の可能性もあり）にあるミレー『晩鐘』の取引をめぐるフランス・アカデミーのミレー評価の低さを揶揄している。

一八八七（明治二十）年四月にエコール・デ・ボーザール（École des beaux arts）でミレー会が催されたが、フランスの博物館はミレーの絵を求めようとしなかった。外国の美術商が『晩鐘』を五十五万二千フラン（当時十四万円）で買おうとしたところ、富豪ロスチャイルド男爵がフランス購画委員会のためにお金を寄贈した。ミレーの絵の流出を懸念したためである。このミレー会の直後にパリにいた覚三は、事の顛末を知っていたはずである。ちなみに一八八八年の国立博物館予算は二十万フランだった。覚三が憤慨したのは、外国人がミレーを認めているのに対してフランス・アカデミーが解ろうとしなかったことである。そして『晩鐘』は当時リュクサンブール美術館に展示された。

さらに翌年または翌々年の泰西（西洋）美術史講義でも、「ミレーやコローは写生よりも写意を主唱する。実物よりも面白味を添ゆべしという。インプレッショニッス（印象派）のごときは一見すなわち真にして是なりとす。海も空も一見したる侭にて画くべし。細波片雲を画くを要せず。」

その前に、東洋より西洋に影響を及ぼし、かつてはインド、中国、ペルシャなどであったが、現在では日本のものが影響を及ぼしているとしている。

観音とマリア像

ラファージ来日中の絵画に関する話題で、「観音とマリア像」のことを忘れてはならない。これに関連しては二つのエピソードを紹介しておきたい。一つ目は、一九一三年に刊行されたフェノロサの遺著『中国と日本美術のエポック』二巻にあり、山口静一『フェノロサ』やルフォールの学位論文「ラファージと日本」にも紹介されている。フェノロサが京都の大徳寺にラファージを案内した折に、牧谿の『白衣観音』を目にしたラファージが「ラファエルと同じだ」とつぶやいたという。山口氏は、「〔フェノロサは〕自分の体験をラファージに仮託したものであろうか」と評されている。

もう一つはほとんど知られていないが、きわめて興味深いものである。それは、『悲母観音』

狩野芳崖「悲母観音」
（東京藝術大学蔵）

制作中の狩野芳崖にラファージが会っていたというものである。これはラファージ本人が行った講演で明らかにされたものであり、ラファージは、「日本で当代一といえる画家に会った」と述べるとともに、『悲母観音図』にも言及している。そこでは胎児を描いた円形部分を「カノー・ブルー」とし、宋代に用いられていたヴァイオレットに類似しているとしている。重要文化財に指定され、後世に知られている『悲母観音』（東京藝術大学蔵）は、一八八八年十一月に病没した芳崖の絶筆であるが、それにはフェノロサがフランスから輸入した絵の具が使用されていたことは、「迷宮美術館」というテレビの教養娯楽番組でも紹介された。

芳崖はいくつもの観音像を残しており、ラファージが芳崖を訪ねた二年前に芳崖がすでに悲母観音図の制作に着手していたとみるよりも、構想を模索している最中で、習作（エチュード）を見せたのかもしれない。あるいは明治十六年の第二回パリ日本美術縦断会に出品した絹本観音図（フーリア美術館所蔵）制作に関連した下絵類だったのかもしれない。

ちなみに、中村愿氏は悲母観音のモデルが九鬼隆一の妻だった星崎初（波津）説を主張しているが、古田亮氏、山口氏ら、多くが疑問視している。

ラファージと芳崖の対面は、「観音とマリア」という共通テーマに取り組んでいた同士ということで、短時間であったにせよ、お互いに有益な、刺激的なものであったろう。その会話は、通訳をした覚三にとっても勉強になり、興味深いものだったにちがいない。覚三の芳崖観音像への関心は、その母性愛との関連で取りあげられることが多いが、故若桑みどり氏は、芳崖が観音を理想の母、慈悲の象徴として把握していたことから、「この絵は富国強兵のための賢母の育児を表現し、母性の崇拝を意図したものである」と昭憲皇太后の表象を念頭に解釈している。これは一八九〇年代前半の歴史画の勃興に照らして検討に値する。

二、第一回欧州視察旅行（一八八六〜一八八七）

サンフランシスコからニューヨークへ

明治十九年（一八八六）九月上旬に京阪での古美術調査から帰京した直後の九月十一日に覚三は、フェノロサに随行しておよそ九ヶ月間の欧米出張を命じられた。その主な内容は、ヨーロッパにおける美術館・博物館ならびに美術教育の調査・視察であったが、アメリカでは皇族に随行する任務もあったと推測されている。その根拠としては、「ミカドの叔父」である小松宮一行とフェノロサ、覚三がサンフランシスコのホテルで同宿していたという記事が『サンフランシスコ・エグザミナー』という新聞に掲載されたことや、一緒に歓迎晩餐会に出席していたことなどがあげられる。

覚三にとって、ビゲロウ、ラファージ、ウィリアム・アダムズが同じシティー・オブ・ペキン号で帰国したことは、とても幸運であった。たとえば、一九〇四年以降に『日本の目覚め』や『茶の本』の刊行で世話になり、ニューヨークでの展覧会開催に尽力してもらうことになるギルダー夫妻に紹介してもらえたし、本物のオペラ歌手クララ・ケロッグとも懇意になれたからである。

ニューヨークでレンブラントを観る

覚三がニューヨークに滞在したのは、明治十九年十一月下旬から断続的にであったが、およそ一ヶ月であった。この短期間にとても密度の濃い時をすごせたのはラファージらのおかげであった。「到着してすぐにラファージが覚三をレンブラントの銅版画のコレクションのある美術館に案内した」ということは、最も信頼できるコルティッサの『ラファージ』にも記されているが、そこではどこの美術館かは明らかにされていない。現在のところ、覚三がレンブラントの銅版画を観たときの印象について記されている唯一のものがケロッグの『回想録』である。「岡倉は、レンブラントに魅せられて何日間かニューヨークの美術館に通った印象を岡倉が話してくれた」と記した後、「これこそが中国の大家が水墨でやろうとしていたことです。余白が意味するものは同じですと岡倉が語っていた」としている。また、三回以上通い、さまざまな面からレンブラントの銅版画を研究していたことも証言している。

ここで思い浮かぶのはフェノロサと水墨画のことである。フェノロサは、美術学校の学生たちへの講義でノータン（濃淡：英語のグラデーションの意味）についてふれていたが、画材こそ違っていても、モノクロの世界において風景や人物を表現する方法は同じであった。レンブラントの作品を鑑賞した覚三は、彼が尊敬してやまなかった雪舟の作品にも思いを巡らせていたかもしれない。実際、一回は「黒と白とのアレンジ」をテーマに作品を鑑賞した。覚三が西洋画にも濃淡を重視していたことは、「欧州視察日誌」にもうかがえる。覚三は、一八八七年四月九日の日誌に、「〔ティツィアーノの作品も〕多くのヴェネツィア派と同様、精神性に乏しい。Nōtan〔濃淡〕良し。Nōtanと線の構図は巧みなり」と記している。

ギルダー夫人との美術談義

西洋美術についてのギルダー夫人との会話は、ヨーロッパで本物に接する準備としてだけでなく、覚三にとってとても大切なひと時であったに相違ない。もっとも、残念ながらそれを推測するための資料はごく限られたものである。一八八七年の新年早々にニューヨークを出発した覚三は、ケロッグには礼状をかけても、ギルダー夫人には直接手紙を出せず、ケロッグに「よろしく伝えて下さい」と伝言していた。ギルダー夫人への礼状は、ヨーロッパに到着して一段落した三月下旬にようやく出した。

この三月二十三日の手紙には、覚三が日本人としてはもっとも早くに本場のクリスマスをギルダー家族と体験した時の楽しかった記憶を感謝する前書きに続き、「欧州の美術が徐々に私を圧倒するようになりました」で始まる美術論的な見解を述べている。それは短いけれども、自分の見聞に基づきながら西洋美術と東洋美術の相違点ばかりではなく、「同じ欧州美術の間にもパリとウィーンでははっきりと相違点が認められます」という意見がやや不遜ともとれるが、若さゆえの気負いも感じられる文章で述べられている。これは一九〇四年のセントルイス万博における「近代絵画における諸問題」という講演の出発点ともいえるかもしれない。

欧州視察旅行を終える直前の七月二十八日の手紙の後半部分では、覚三の西洋美術に対する姿勢が示唆されている。

ティツィアーノやミケランジェロに対する私の印象についてのお訊ねには、私たちの美術を見る観点の詳細に立ち入らなければ、お答えすることができません。私の野蛮な理論を無理にお聞かせするなどということをお許しいただけるでしょうか。

覚三は、約二十年後のセントルイスの講演でも、ティツィアーノに言及している。すなわち、「絵画の歴史は、線、光、色彩の問題の絶え間ない複雑化を意味している」と述べた後、色彩を取り上げてラファージの色彩研究にふれてから、「色彩分割の考えは、近代印象派よりもはるか昔に、たとえば私が間違っていなければ、ティツィアーノに見られるところです」。

さらに前述したギルダー夫人への手紙の次の一文は、『東洋の理想』や『茶の本』などによって欧米やインドにも発信する覚三の将来の仕事を暗示しているのではなかろうか。「欧州では時間を仕事にとられ、東洋文明――お好みであればアジア的野蛮とお呼び下さい――についての粗末な論文を書く時間さえ残してくれませんでした」。

ケロッグとは、当然オペラや音楽の話題が多かったが、覚三は、自分よりも西洋美術の造詣が深いギルダー夫人との間でよりも、ケロッグとの方が気楽に絵画についての話ができたように思う。村形氏が「発見」され、木下長宏氏の『岡倉天心』(二〇〇五)にも簡単に紹介されている覚三がケロッグに宛てた五通の書簡の四通目(一八八七年七月二十四日)には、視察した美術館で見た西洋画の感想を素直に記している。

ドレスデンはぼんやりと目の前を過ぎ去りました。ホルバインは期待はずれでしたが、システィナのマドンナは予想以上に素晴らしいものでした。純粋なラファエロを観ることができて嬉しかったです。これほどインスピレーションに富んだラファエロの絵画を観たことはありません。

ホルバインは父子がいるのでオランダの影響を色濃く受けていた父のハンスのことか、ドイツ・ルネッサンスを代表する画家である息子のハンスのいずれか確定できないが、評価の高かった息子の方と見た方が妥当であろう。「システィナのマドンナ」は、いうでもなくフィレンツェのシスティナ礼拝堂にあるミケランジェロのマリア像のことである。さらに、覚三は続けている。

私の思いは名画の間をさまよいました。わが思いは、色と影の驟雨の中を掠め去り、ハイネの霧深い杜やミレーの薄明の不安な灰色を通って当地へと漂白して来ました。

ハイネは、パリ二月革命に身を投じたドイツ・ロマン派の詩人で、日本では「ローレライ」の作詞者として知られるヨハネ・ハイネであろう。ここでのミレーは、バルビゾン派のF・ミレーのことか、ラファエル前派のE・ミレーか不明である。なぜなら、アメリカではすでにフランソア・ミレーも市民権を得ていたからである。

ついでにふれておくと、ケロッグとのやり取りには、西洋哲学の話題もみられた。

ヨーロッパ哲学は神秘主義によってしか前進できない地点に到達しています。しかしながら、ヨーロッパの哲学〔者〕は、限られた科学的根拠を盾に隠された真実を無視するのです。ベルリン大学がカントに立ち帰り、新たな出発を余儀なくされているのはそのためです。

「欧州視察日誌**」について

ケロッグやギルダー夫人に宛てた書簡に見られる欧州体験と覚三の西洋美術の見解について紹介してきたが、今度は、西洋音楽、西洋文学を含むヨーロッパ文化の印象や、欧州視察の実態を知る資料として「欧州視察ノート」という題が付けられた覚三の旅行日誌を読んでみよう。

ノートは、表紙の背と上下角が布張りになった横罫の立派なもので、木下氏はフランスで購入したものではないかと推測している。明治二十年代には貴重であったノートゆえか、後半の部分や日誌の空欄にメモ書きがあり、これが意外に面白い。一例をあげれば、覚三の金銭感覚がわかり、和田二五〇〇円とあるのはおそらく次男三郎の養育費である。根岸に新築予定の家の見取り図も描かれていて、当初は父親と同居していたことが判る。

「日清戦争 no meaning」の内容も朝鮮独立に関する覚三の見解を中心に日清戦争をどのように見ていたかを整理する必要があろう。その際、覚三がこの時期に中国に調査旅行をした記録も参照されよう。日露戦争と覚三については、『日本の目覚め』や『茶の本』や黄禍論の論稿などに照らした研究成果がいくつか見られるが、日清戦争については管見ではほとんど見られない。

『岡倉天心全集』5巻の二七九頁から三八六頁までが「欧州日誌」であり、このタイトルは一九七九年の時点で編集者がつけたものである。フェノロサに報告することを配慮したためでもあろうか、日誌のかなりの部分が英文であり、二八一〜三二五頁までが日誌、三二六〜三八五頁はいわば雑記である。真言密教での師ともいえる丸山貫長の女性問題についてふれた「歌」もある。

また、「雑記」に一八八六年十月から翌年十月までの旅行で往路と復路に立ち寄ったアメリカの記述があることを見落としてはならない。三五二頁には明治十九年(一八八六)十月アメリカに向け出発、一八八七年九月帰国とある。これらはおそらく帰国後にメモしたものであろう。三七八〜三八〇頁の漢詩は旅行中に作ったものであるが、サンフランシスコとソルトレイクで

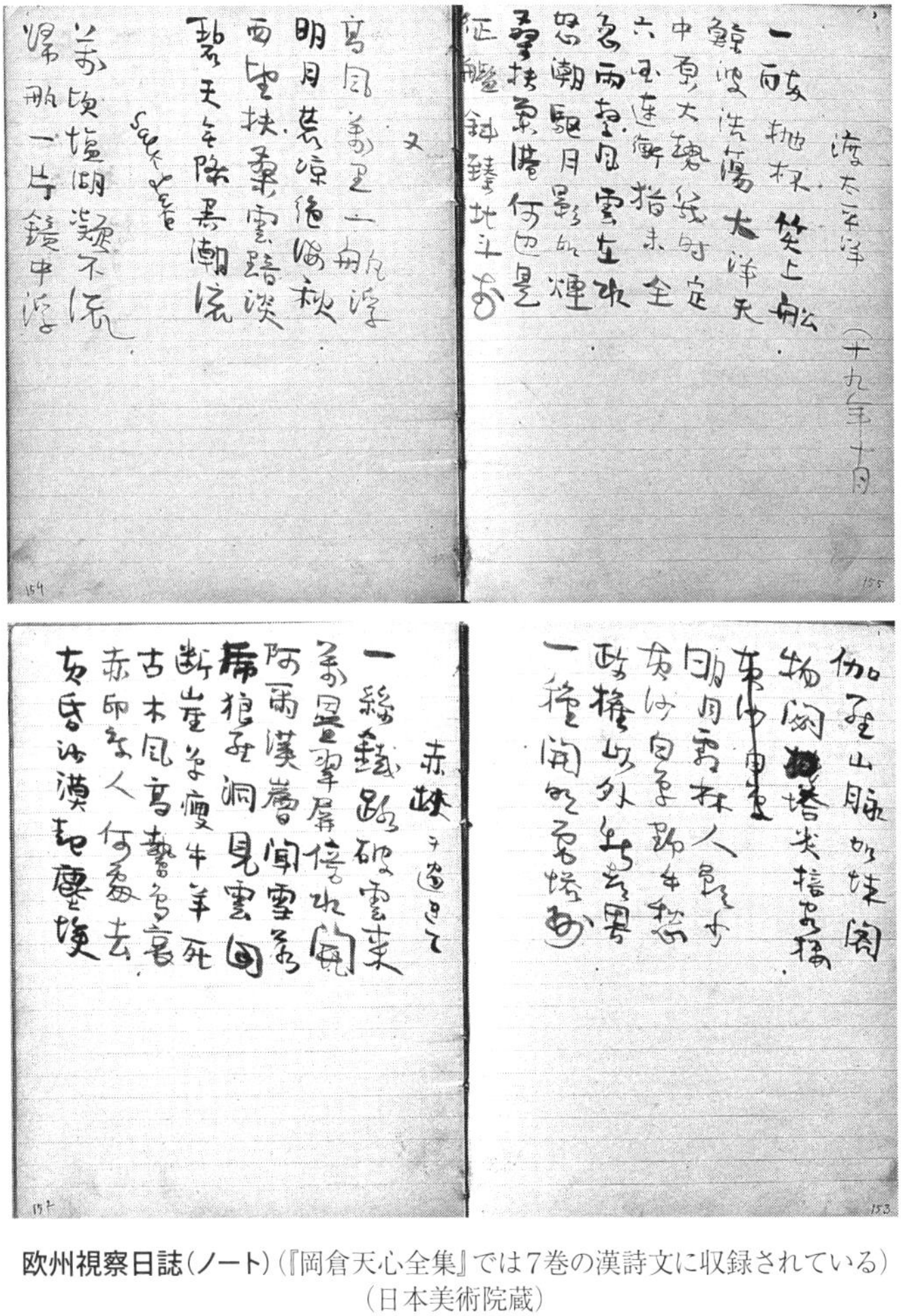

欧州視察日誌（ノート）（『岡倉天心全集』では7巻の漢詩文に収録されている）
（日本美術院蔵）

作った漢詩は次のものである。この日誌を理解するには二十頁余の訳注の助けが必要であるが、より完璧な訳注・校閲が望まれる。

渡太平洋

一酔抛杯笑上船　鯨波浩蕩大洋天　中原大勢幾時定　六国連衡猶未全
急雨驚風雲在水　怒潮駆月影如煙　桑扶蘭港何邊是　征艦斜臻北斗前

〔中略〕

Salt Lake

万頃塩湖凝不流　帰帆一片鏡中浮　伽羅山脈如城閣　物閦塔尖《ママ》接客楼
明月霜林人影少　黄沙白草野牛愁　政権以外新都界　一種開明勇塔洲

赤峡ヲ過きて

一絲鉄路破雲来　万畳翠屏傍水開　阿爾漢巌聞雪落　虎狼羅洞見雲回
断崖草痩牛羊死　古木風高鷙鳥哀　赤印度人何処去　黄昏沙漠起塵埃

全集5巻の解題（五〇一頁）には、「明治十九年（一八八六）十月二日、東京美術学校の開校に先立って欧米の美術行政を視察するため、岡倉はフェノロサらと共に横浜港を出港、翌年十月十一日に帰国した。この日誌は、その長い旅程のうち、明治二十年三月二日（リヨン滞在中）から八月一日までの日録である」とあるが、二頁後に「明治二十年八月七日の記事を最後に日誌部分は終わる」とある。これは「八月七日にリヴァプールからケルティックへ」の記載が三二四頁にあるから、前者は誤植である。最後の記載から復路がアイルランド経由であったことが分かろう。リヴァプールーアイルランド間は十三世紀初頭に航路が開通していたし、十八世紀にはアイルランドの農家の次三男がアメリカ大陸に年季奉公に出ており、定期航路が開けていたであろう。

木下氏の『岡倉天心』はこの日誌について「欧州視察日誌」と処理してすまされない不思議なノートとし、資料紹介的二頁を除けば八頁を充てている。平凡社の解題にない説明としては、「五月八日でほぼ終わる。ほぼというのは、六月二六日の解読の難しい頁があって、八月七日に飛んでしまい、その後の旅日記をつけていないからである」を加えている。けれども、六月二十六日の日誌がなぜ解読が難しいのかの理由がない。筆者は他の日付が英語で表記されているのに、なぜ六月二十六日だけ漢字表記になっているのかという些細なことが気になった。ちなみに帰国後のメモでの日付は漢数字になっている。比較文化論の視点から天心研究をされている清水恵美子氏は、欧州旅行中の日誌であることをいささかも疑っておらず、覚三のオペラ制作の出発点として Glenghiskhan（Genghiskhan が正しい）というタイトルのある六月二十六日の「日誌」を評価した。一九〇四年に一緒に日本の外交的使命を帯びてアメリカとイギリスに出かけた末松謙澄が一八七九年に「大征服者ジンギス・カンは日本の英雄義経である」という論稿を執筆していたし、ケロッグ宛の七月十二日付書簡がロンドンから出されているから、六月二十六日にはジンギスカンのオペラが上演されたこともあるロンドンにいたのではと推論している。

六月二十六日の後に八月七日があるから、六月二十六日の記載も日誌の一部とみるのは自然だろうが、筆者は、ノートが貴重だった時代に、浪費家である半面、倹約家でもあった覚三が、余白ページであったところに、ヨーロッパ出張から帰国後に坪内や団菊と熱心に取り組んだ新演劇運動の中で歌舞伎とオペラの「融合」を試みた可能性があったのではという仮説を提起しておきたい。ちなみに、一九五〇年代前半に覚三の甥の演出家岡倉士朗は歌舞伎と新劇やオペラの融合を実践した。

本場で聴いた西洋音楽

ニューヨーク滞在中にもコンサートやオペラ座に出かけ、クリスマスを体験していると推測される。もっとも残されている記録に見る限り、滞在が短期間であり、予定も多かったために余裕はあまりなかったかもしれない。

クリスマスがキリスト教の祝祭として日本でも実施されたのは、フランシスコ・ザビエルが離日した翌一五五二年（ザビエルの没年）であるが、江戸時代にはキリスト教が禁じられた。明治に入ってから禁が解かれ、幼少時の覚三が通ったバラ塾でもクリスマス行事が行われたであろうし、元号（日本の暦）で十二月二十六日生まれの覚三は、ニューヨークでイエスの誕生日の翌日に二十四歳の誕生日を祝ってもらったと思われる。

ケロッグに旅先から出した二通目には、ケロッグと一緒に「ペルシャのセレナーデ」を聴いたとある。また、ギルダー夫人にヨーロッパから最初に出した手紙には、「大晦日の夜のこの世のものとは思えない音楽などは、私の記憶を彩る花です」（全集6）と記されている。「この世のものとは思えない音楽」（別の訳文では「奇妙な音楽」）とはいったい何であったのだろうか。勝手に想像すれば、覚三にとって初体験であったジャズとか軽音楽などクラシック音楽以外のジャンルの音楽であったとも考えられるが、ラファージ、ギルダー夫妻らがこうしたジャンルの音楽を聴かないとすれば、クラシック音楽が「この世のものとは思えない」演奏であったのではないか。大晦日に第九は付きものであるし、覚三の没年に刊行されたケロッグの「回想録」には、「ラファージ氏が岡倉をコンサートに案内した。曲目にはセオドア・トーマス指揮のベートーヴェンがあった」と記されている。

セオドア・トーマスは、万博直前の一八九一年にシカゴ交響楽団を創設したことで知られているが、その前の十四年間は、「ニューヨーク・フィルハーモニック（ＮＹＰ）」の常任指揮者であった。覚三のクラシック音楽の嗜好やセンスについては、一九一三年十一月にボストン美術館でビゲロウが行った追悼の辞によって知られている。それは、終生、天台宗を信仰し、研究もしていたビゲロウが覚三に依頼していた中国における天台宗の古典『修習止観坐禅法要』の英訳 *The Method of practicing concentration and contemplation Chiki* が遺稿としてハーヴァード大学神学科『紀要』vol. 16, no. 2, apr. 1923 に掲載された際に執筆した序文にも記載されている（全集2に邦訳）。

その根拠ないしオリジナルは、覚三本人による日誌や書簡などに基づくものであろうが、ビゲロウ自身のソースもあったはずである。たとえば、一八八六年末にベートーヴェンを聴いた後、同行者に『これこそ西洋が東洋を凌駕した唯一の芸術かもしれない』と語ったというのは、ビゲロウがラファージから直接聞いたのかもしれない。また、前述した「この世のものとは思えない」「奇妙な」音楽とは別に、喧しいオーケストラ、コーラス、金属片に埋まった舞台からなっていた現代オペラ・コミックの可能性が高い。これを見聞した翌日に、「虹色の悪夢 iridescent nightmare だった」という感想を覚三がもらしていたからである。

東京美術学校の教え子で根岸時代に岡倉家に住み込んでいた大橋郁太郎（奈良高等師範の教員制服として天心デザインの美術学校制服を採用した人物）の遺族から北茨城の天心記念館に譲られた資料の中に、「欧州の芸術と宗教について」というタイトルがつけられそうな草稿***が含まれていたが、これには他では見られない音楽家の名前としてリウビンスタイン＝ルビンシュタインの名が見られる（口絵参照）。年齢や内容からロシア出身でチャイコフスキーの師でもあったドイツ・ロマン派の作曲家アントンであろう。「彼の短韻は陰山を渡り、朔風の雪を蹴りて千里の荒漠を過ぐるが如し」。

ところで、管見では、一八八七年三月十三日の日誌と同日にケロッグから受け取った手紙に対する返事〔第二信〕が本場で聞いた西洋音楽についての覚三の最初の感想になっている。三月十三日の日誌には「クールザール〔ウィーン近郊〕で音楽を聴く。ワグナー見事。マイヤー、バッハ絶妙」とある。マイヤーは不明であるが、パリを本拠に活躍し、グランド・オペラ様式で作曲したユダヤ系のドイツの作曲家マイアーベーアのことと思う。

この第二信からおよそ四ヶ月後に出された第三信は、ウィーンなどに滞在中に覚三の音楽観が変化し、多くの疑問が湧いてきたことが素直に述べられている。「私の音楽観は少しずつ変化してきています。第九シンフォニーは革命的でした。音楽の将来はどうなるのでしょうか。次々に押し寄せる疑問をカルルスバート〔チェコの保養地〕で貴女に聞いていただくのが待ち遠しいです」。

青年期に入って間もない頃の覚三は、フェノロサから西洋音楽の教示を受けていたであろう。フェノロサは、父親がヴァイオリンを演奏した音楽家で、子守唄代わりにベートーヴェンを聞いており、自らも楽器を演奏した。また、ハーヴァードの友人にも音楽のセミプロが多かった。さらに、覚三は、ビゲロウからも西洋音楽の「洗礼」を受けていたであろう。

卒業後に就職した文部省での最初の配属先が東京音楽学校設立や、文部省唱歌を準備していた音楽取調べ掛であったことを指摘しておかなければならない。ここではボストンからやって来たメーソンの通訳兼世話係であり、海軍中将宅にピアノの調律のためにお供したとか、給与に関する交渉に関係したりしていた。したがって、明治音楽史の専門家瀧井敬子氏が『漱石が聴いたベートーヴェン』で行っている「岡倉よりも中村某という女性の方がずっと役に立った」という指摘は、正しいであろうが、この比較は覚三には酷ともいえよう。

覚三がメーソンに邦楽を教授する代わりにメーソンから洋学の手ほどきを受けたことがあったはずである。もっとも、ラファージやフェノロサとの関係でもそうだったが、覚三の立場は、もっぱらお雇い外国人の質問に答えることであり、自分から積極的に質問するにはいささかの遠慮があったであろう。また、世間的にも西洋文化の波が押し寄せていた時期であったから、西洋音楽に接するチャンスは相当にあったはずである。ただし、エジソンの蓄音機は発明されたのが一八七七年であり、一八八〇年代にはいくら高給取りのフェノロサにとっても高嶺の花であったから、レコード鑑賞をする機会はもてなかった。余談になるが、根岸倶楽部の友人幸田露伴の妹で夏目漱石『ケーベル先生』にも登場している幸田延《のぶ》****がボストンに留学する際に、メーソンの世話になったようである。

一九〇四年から晩年までに住んだボストンで、覚三は多くの演奏会に出かけたであろうし、その耳はかなり肥えていたであろう。一九〇四年にニューヨークで宿を提供してくれたアンナとエマのサースビ姉妹とは、後に、谷中や五浦に招いたほど親密であったし、『君が代』を英訳してあげてもいる。アメリカを代表するオペラ歌手とマネージャーだった彼女たちも、音楽の「先生」であった。美術教育でも本物に接することの大切さを提唱した覚三であるが、「美術上の急務」

という論稿（『時事新報：文藝週報』一九〇八年二月）での美術との比較に音楽を用い、「実際にコンサートで演奏を聴かずしてベートーヴェンがどう、バッハがどう、ワグナーがどうというのと同様に、実物を見ずして論評するのは空想空理にすぎない」という主旨を主張した。

話を再び「日誌」に戻そう。三月十三日から四月七日の朝まで滞在していたウィーンでは、美術視察の合間に当然ながらオペラや音楽を聴いていたはずであるが、メモ程度の断片的な記載しかない。しかも、三月十四日から四月二日までは一括して記載している。この間に見た音楽とその感想は、わずかにも、「オペラ・ハウスはパリよりも良い。リフィテンシュタイン（ハンス・ウェスレーのヴァイオリンを聴く。シューマン絶妙）」のみである。

四月三日からは日誌が毎日記載されるようになるが、相変わらず多忙に調査、訪問、見学をしているし、日本の明治憲法制定や博物館計画に影響力を持ったシュタインとも公私ともに頻繁に会っている。オペラ・ハウスに出かけたという記載が四月六日にみられるが、これはオペラ見物ではなく、建築としてのオペラ・ハウスの調査であった。少なくとも日誌に見る限りでは、四月十七日にフィレンツェのヴィットリオ・エマヌエーレ劇場でバレーを見ただけで、「舞台、演出、悪くない」と感想を書きとめている。

オペラは、五月六日にようやくバルセロナで観ている。曲目は“Donezetti of La Favorita”でテノール歌手の名前と「芝居の趣向は良かったが、音楽はあまり優れていなかった。ヴィエンナ流の下品なるものなり」との感想を書いている。

往路について

三月二日以前にパリのオペラ・ハウスでオペラを見ていることがこの記事から判るが、覚三らが新年にニューヨークを出航して一週間後にル・アーヴルに到着したことはケロッグとの第一信から明らかである。ル・アーヴルはハーバーのオランダ語だから「港」（フランス語ではラ・ポルト）の意味である。約十年前の一八七七年にはパリと結ぶ二百キロ余の鉄道（ル・アーヴル線）が開通しており、パリの駅はモネの作品にもなっているサンラザール駅であった。この鉄道でパリに直行したと考えるのが自然であろう。この駅からオペラ座までは徒歩圏内であり、二度目の欧州調査（明治四十一年〔一九〇八〕年）で宿泊したのはオペラ座斜め前にある高級ホテル、グラン・オテルで、ルーヴルはフェノロサの美術論を仏語訳したミジョンに案内してもらっている。

一月七日から三月一日までの足跡が不明であるが、たとえば、ルーヴルやパリ美術学校（『ボザール』）の記録に当たれば空白が埋まるかもしれない。今のところ、二月十九日に覚三がパリにいたことが後に首相になる政治家の日記から証明される。

シュタインとの会食

ロレンツ・シュタイン（スタインとも）は一八八九年に制定された明治憲法の制定に大きな影響力をもった社会学者だが法学者として伊藤博文に立憲君主制の憲法の原則を教えた。覚三の日誌は、「三月十三日。あの偉大なシュタインを訪問。彼はすでに七十三歳。背やや高く、なお活力に満つ。青春の力直その中にあり。愛想よく、自信にあふれ、学者というよりも弁舌の人」とある。覚三と同席していたのはH（浜尾であろう）とS（薩摩藩出身とあるが佐賀藩出身の佐野ではないのか）であった。

シュタインは彼らに国家論のイロハを教えなければならず、覚三が老大家に同情しているところが面白い。卒論のテーマに国家論を選び、美術にも関心のあるこの日本からの青年を老大家は気に入ったようである。三週間のウィーン滞在中に少なくとも三回はシュタインに会い、四月五日には夕食を共にしている。東大在学中にフェノロサの通訳を一緒にした後輩の有賀長雄がシュタインのもとで学んでいたことも、老大家と親密になれた一因であろう。

シュタイン

日誌に依れば、三月十三日のシュタインのレクチャーは四点が問題とされている。第一は、欧州にやって来る日本人は比較研究するための一定の立場をもたないからわれわれの国を学ぼう、あるいは模倣しようとしても無理である。自分で考え、生み出さなければならないのだ。第二には、法哲学の欠如している日本では封建的共同社会またはすべてが天皇に属しているところでは当然の結果として法の意識は育たない。まず所有の概念を育てなければならない。第三には、個人は家族の一部であり、個人主義制度は必然的なものである。また、家族関係を存続させつつ個人を発展、導入しなければならない。そのためには女性の地位を向上させなければならない。第四は、教育及び政府に対する宗教問題がいずれ重要問題になるであろうという提起である。

以上の四点について覚三がすべてに賛同していたわけではないが、後の著作や講演からは、第三、第四の問題には賛同していたと判断できるだろう。

六月二十六日の「日誌」

日誌は五月八日より付けていなかったが、六月二十六日に久々に付けられた。けれどもそれは、それまでの日誌のように訪問先とか会った人物の印象とかを記載したものではなく、前述したように三幕からなる戯曲メモであった。

歌舞伎好きの覚三は、講談本と同じように『義経記』を旅先に携行していた。そして一雄の『父天心』には、明治三十八年（一九〇五）のアメリカ行きの船中でこれを参考にして『義経記』の一篇を英文で書き、プレゼントしたという。これから類推すれば、明治二十年（一八八七）の旅にも『義経記』を携行していて、暇な時間にオペラの構想を考えてみたのではなかろうか。大岡信『岡倉天心』では、『義経物語』と『義経記』を照らし合わせた結果、「オリジナルの『義経記』によったのではなく、その種の語り物を天心が一気呵成に英文に再構成したのでは」と指摘している。

この時期にオペラに関心を持つ菊五郎のような役者が歌舞伎界にいたとしても、実績のない若い覚三に戯曲を依頼するとは考えられないから、どこかで上演しようとの気持ちなど毛頭なかったであろう。オペラのタイトルは、全集では Glenghiskhan となっているが、この単語は銃の名前に関係があるようだがしっくりこないし、前述したように Gengishkan が正しい。覚三のGの大文字は要注意である。

源義経には、大陸に渡ってジンギス・ハーン（成吉思汗）になったとの伝説があるし、東洋好きな欧米人は、ジンギス・ハーンを知っていたと思う。とりわけ、クラシック音楽愛好者は、ヘンデルがジンギス・ハーンの末裔を自称したティムールをテーマに作曲した音楽を知っていた。覚三の日誌や書簡にはバッハは出てきても、ヘンデルは登場しない。だからといって、覚三がヘンデルを知らなかったことにはならない。

七月にはケロッグと合流したカルルスバートでオペラやコンサートに出かけたはずであるが、残念ながら、その感想を記載した日誌は残っていない。

旅行中の読書と訪問地について

今度は、ほとんどが英文で記されている日誌から、旅行中の読書と訪れた作家（思想家を含む）所縁の地についてピック・アップしてみよう。日誌は、パリからリヨンに入った一八八七年三月二日からリヴァプール付近の街で記された同年八月七日まで残っているが、スペインに滞在し、コルドバに向けて出発した五月八日以降では、六月二十六日のオペラ「構想」、八月七日のイギリスでの博物館と美術教育の調査メモしかないから、実質二ヶ月のものである。

先ず、三月九日にジュネーブで記したものに、「モン・ブランまだ姿を見せず。ドーデが暗示したように嘘かもしれない」とある。ドーデは、『最後の授業』や『アルルの女』、さらには『風車小屋便り』でも知られるアルフォンス・ドーデのことで、明治時代にも訳文や英訳が読まれていた。引用文に続けて「夕食後、『アルプス山上のタルタラン』を買い求め、ハブ夫人に見せた」とある。タルタランはドーデの作品の登場人物で、おおぶろしきで空いばりの典型的南仏人で覚三好みの人物で、『ドン・キホーテ』でいえば主人公よりもサンチョ・パンサに似ている。あるいは南欧人の享楽主義者という面でドン・ジョバンニと同類である。

ハブ夫人とはボストンの富裕な母と娘の旅行者のことであろうが（The Hub はハブ空港のハブであるが、世界の中心地のことで、アメリカはボストンを指した）、覚三が買い求めたのは仏語原書ではなく、英訳本かとも思われるが、原作が出たのが一八八五年だから、二年後に英訳があったであろうか。当時スイスに旅行したボストンの女性ならフランス語が読めたであろうし、比較的優しいフランス語で書かれているから原書だったと思う。覚三が簡単なフランス語会話ができたことは、「マルセイユで十二、十三歳の女子学生と話をした」と日誌に記しているし、大学では第二外国語としてフランス語を履修していた。また、後には女学校でフランス語を学んだ愛娘高麗子に宛てた手紙を'mon cher Komachi'で書きはじめている。余談になるが、覚三の甥の秋水は画家だが、フランス語教師でもあった。孫で言語社会学者の和田祐一（一九二八〜二〇一二）は、関西学院でフランス語を担当し、白水社から翻訳書を刊行していた。

モンブランには特別な感慨があったようで、多分四月二十九日に詩を作り、五月五日に推敲を重ねて次のような詩に仕上った。

月沈む
薄疏璃影の玉消る
モントブランの冠に
北斗の星を嵌むる。
十二一重の山衣、
袂は春の浅緑
裳野嵐のそよそよと
散らすヤ霜の花模様。

瀑モ氷の珠簾れ
半揚げて雪なだれ
声遠近の谷響き

さそふ木魂の後ヤ先き
松は霞の磯隠れ
風の宿は渚陰け
立ツ水鳥の一羽二羽
羽音モ波の遠調へ

岸の構《ママ》火消行けば
しろんの城モとこヤらむ
寂滅無為の夜の雲
朦朧に眠る夢の海
心は水に放れ舟
天地の外に漂はん
無明の闇の曙に
語り明さん山と我

天心生
五月五日

この詩には天心生の号がある。また、ジュネーブでは、レマン湖のほとりでシラーの『ヴィルヘルム・テル』を思い出していたかもしれない。この悪代官と闘った民衆の英雄の話に筆者は児童向きの伝記本ならびに英語のテキストで馴染んでいたが、ロッシーニ作曲によるオペラは十九世紀末にウィーンで頻繁に上演されていたから、覚三も知っていたと推測する。

三月十一日にはジュネーブからチューリッヒへの車中の人となったが、車中ではゲーテの『ファウスト』（英訳であろう）に読みふけっている。ファウストという人物も、元は民間伝承の人物であるが、ゲーテが確固たるファウスト像を創造した。第一部初稿執筆（一七七二〜一七七五年）から第二部完成（一八三一年）まで半世紀以上をかけている、文字通りゲーテのライフワークであった。

結婚していたとはいえ二十四歳の覚三は、『ファウスト』のどこに惹かれたのであろうか。「愛とは、幸福とは、宮廷人としての務めとは」で悩む主人公ファウストが子殺しで死刑の罪を受けて刑場に消えた愛するマルガレーテとともに最後には聖母の手に救われる「絶えず強く望み努力したものは救われる」という部分であろうか。おそらく波津との「不倫愛」に悩む一年後ならその可能性があるが、当時はむしろファウストの遺言の次の一節のように思う。「日々に自由と生活とを闘いとらねばならぬ者こそ、自由と生活とを享受するに値する」。

この後の文学関係の記載は、ウィーン、ヴェネツィアを経由してから入ったフィレンツェ滞在四日目の四月十五日の日誌にあるものが最後になる。それは、ミケランジェロとガリレオが眠るサンタ・クローチェ聖堂を訪問し、ジョットの壁画に感激した日に記されたもので、聖堂前に建立されていた『神曲』のダンテの生誕六百年記念にイタリアが建立したモニュメントを目の当たりにしてのものである。

欧州諸国はそれぞれに国民的詩人を持つ。フランスはヴォルテール、プロシアはゲーテ、イタリアはアリギエリ（ダンテ）、イギリスはシェークスピア。わが国の偶像となる者は誰であろうか。誰も登場しないであろう。わが国の国民文学が形成されるまでは、確かに無理である。ヘルダー、レッシングは、先駆者であるために偶像とはなり得なかった。

モーツアルトにいけ好かない奴と嫌われたヴォルテールは、明治の日本では、知識人の代表とみられていた。おそらく、覚三もそうした見方の影響を受けていたからであろう。三月十日には、装飾美術館を視察後に馬車でフェルネックスにあるヴォルテールの生家を訪れている。

覚三がフェノロサに随行して視察旅行をしたと思われがちだが、実際には一人での行動も多かった。三月二十日にローマに到着して、二人が「合流」したことは、「ホテルにてフェノロサに会う」との記述が示唆しているし、フェノロサによる旅行の記録と覚三の日誌を照合して見れば、別行動が多かったことが分かるであろう。

ルーヴル美術館は素通り？

主に英語で記された「欧州視察日誌」は、三月二日からしか残っておらず、その前のパリでの視察の記録がない。美術学校、美術館、博物館を視察したことは、フェノロサの記録からも判明するが、覚三の「政敵」で、「書の芸術なり」の論争で覚三に論破された洋画重視の小山正太郎には、「ルーヴルを素通りした」とフランスの『フィガロ』紙が報じたという風聞を流された。けれども、数人が該当する時期の同紙を調べた結果、そのような記事の掲載は見られなかった。したがって、小山の発言は、覚三を陥れるためのでっち上げとも考えられている。東京美術学校で覚三が行った「泰西美術史」の講義（明治二十三〜二十五年）における「モナリザ」の描写は、実物をつぶさに観察していなければできない内容である。覚三は、漱石が短篇でモナリザを紹介するよりも十数年前にモナリザを活き活きと紹介していた。

前述したようにヨーロッパ再訪は、明治二十年の第一回の訪欧から二十一年後である。したがって、明治二十年にモナリザを観察し、これを講義に活かしたと考える方が自然である。日本人では最初と言われている「泰西美術史」の講座名での西洋美術史におけるラファエロの聖母像やモナリザの描写も、ルーヴル美術館でじっくり見たことを示唆している。

ルーブル博物館にあるモナリザの像は女人の悲哀を画き尽くしたるものにして、目の周囲には悲しみの状を呈し、口は笑の様を写せり。これ世界は情けなきものなれども殊更に笑ふの義にして、中世的の観念なり。人をして不思議なる感情を勃興せしむるものなり

（全集4 二三七〜二三八頁）。

全集で活字化するにあたって四冊のノートが使用されているが（前掲書、五二六頁）、その中心は高橋勇という学生のものである。全集解題には高橋勇の説明が述べられていないが、管見に依れば旧制相馬中学（相馬高校）の校旗のデザインをしたり、覚三の中国旅行の際に中国に滞在し、案内をした人物である。

覚三がパリを訪れたのは、いずれも日誌に記載のない明治二十年の一月から二月末か、同年五月中旬にスペインを出てから七月にウィーン方面に戻る間だったと推測される。ケロッグへの第一信からは、一月七日にフランスのル・アーブルに上陸したことは明らかだし、三月二日にはリヨンにいるから、二月にパリに滞在したと考えられる。パリに留学していた後の平民宰相原敬《はらたかし》の一八八七年二月十九日の日記にも、「岡倉氏を食事に招く」と記載されていた。

バルビゾンにミレーを訪ねる？

一八八七年一月にフランス入りする五ヶ月ほど前にラファージらとバルビゾン派、とりわけ、

フランソア・ミレーの作品に共鳴し、西洋近代絵画にはめずらしい精神性の高さ（単なる写生でなく写意を醸し出す）を評価した覚三やラファージ、フェノロサが、パリから馬車で数時間で行けるバルビゾンを訪問し、ここで制作していた画家に会って話を聞いていたとしても不思議ではない（アメリカでは一八六〇年代にバルビゾン派は一部で高い評価を得ていた）。

実は、天心と美術学校の西洋画設置で対立したという俗説が独り歩きしている黒田清輝が、後年ミレーの息子と会い、一八八七年の欧州視察団がバルビゾンを訪れミレーと会ったことを証言しているのは面白い。ただし、その唯一の証言は、視察から四半世紀を経た明治三十六年（一九〇三）十月一日の『精華』に掲載されたものである（『黒田清輝著作集』から引用）。

　或る時の話に、フランソア、ミレ《ママ》氏が拙者に向かって、いつぞや日本から美術の取り調べに佛蘭西へ来た人がルウブル博物館を見て、佛國の画家の作は、一つも見るに足るものは無いが、只ミレ一人丈は上手だと云ったことが新聞に出ていた。是は情けないことで、自分にとっては親父のことを褒められたのだから喜ばしいことに違いないが、佛国にミレの外には画家が無いと云って仕舞うのはルウブルで何を見てきたのであろうか。

黒田がミレーの息子のフランソア・ミレーと会ったのは明治二十一年であり、引用文中の「日本から美術の取り調べに来た人」がその前年の「フェノロサ視察団」であることは紛れもない事実である。また、前述したフィガロ紙に掲載されたというルーヴル素通り説のもとになった記事は、ミレーの息子が記憶していた視察団へのインタヴュー記事だったのかもしれない。

ルーヴル訪問はリヨン入りする以前の一～二月であろうが、先に引用したケロッグへの第二信（一八八七年三月十四日以降に発信――欧州日誌には三月十三日にケロッグから手紙を受信とある）には、今後のスケジュールが、四月にローマ入り、五月にパリでサロン展を見てから六月にロンドンに行くと書かれている。日誌と照らしてみると、五月八日にスペインのコルドバを訪れた後が不明であるが、六月には予定通りロンドンに行っているし、経路的に見ても五月中旬にはパリにいた可能性が高い。ただし、覚三のパリ到着時にサロン展はすでに終了していたとの情報をみた記憶がある。

リヨンの特別の意義

「欧州視察日誌」が三月二日以降しか残っていないと前述したが、十月に横浜を出発してから四ヶ月半の間日誌をつけていないとは考えにくい。別のノートがあったはずであるが、フェノロサか誰かに貸したとか、引っ越しを繰り返した本人が紛失したのであろうか。このノートがあればルーヴルの謎もとけるのだが、現存していない。

三月二日と五日のリヨンの記述は、他の一番長いものの五倍か六倍である。それは美術関係の調査の対象が多くあったためばかりではなく、リヨンが覚三ゆかりの横浜や福井との経済的関係の深い地であったためであり、理財学士覚三の数少ない論稿である。世界最大の絹の店（Silk Shop）であるフランスと日本が競争していくにはどうすればよいか、まずは過去において日本の成功を妨げた障害と将来の進出をさえぎる主要な要因を七点あげている。ここでは、デザインの重要性、機械設備の整備などに言及したなかでの次のような指摘のみを引用しておこう。

東洋におけるわれわれの特殊な位置を考えてみれば、逆にその点が利点にもなるという明るい見通しもある。中国、インド、オーストラリア、東洋全体が近くにあるということである。外国貿易を論じる者はつねに眼を西洋に向けていて、近隣での可能性と有利さには誰も気づかない。東洋ではわれわれの趣味は共通のものを持っている。

リヨンは絹糸貿易で日本との関係が浅からず、後に美術学校創設期に覚三を助け、茶道についても教授してもらった今泉雄作は、リヨンで仕事をし、パリでギメ美術館の鑑定員となった。エミール・ギメは、リヨン出身で染色業によって財をなした人物である。ちなみに、ギメのパートナーで挿絵家のフェリックス・レガメは、日本の美術教育調査で来日した折には、創設直後の日本美術院も調査対象とした。余談になるが、西陣織の織機がリヨンで製造されたもので、絹織物の結びつきが後にリヨンと京都を姉妹都市としたのであろう。

ところで、日誌のオリジナル・ノートのコピーを読むと書き出し部分を見ただけで活字化でのミスがあること（悪筆の手書きをここまで活字化された関係者の労苦には脱帽するが）、覚三の仏語力の貧困によるスペルミスに気付く。一例をあげれば、通り名のSentiirはCyanthiersだろうし、CinjicaはSyndicat（組合）である。oとa、rとnの取り違いもある（＊＊＊参照）。

グルノーブルの印象と酒

三月三日にはリヨンを出発し、グルノーブルに向かう途中のヴォワロンで職業学校を見学している。とくにデザイン教育の方法に注目しているが、もっと関心があったのは、現在では「シャルトルーズ」として日本でも知られているリカー（度数は四五〜五〇度）であったようである。

ヴォアロンは安い絹製品、紙製品の産地であり、シャルトルーズ酒の独占産地でもある。この酒は、町を見下ろす丘の上で作られる。この酒に二種あり。ひとつは淡褐色、他はやや緑がかって、より強烈である。この生産は月に千二百万フランをもたらす。

筆者は一九七四年九月から四ヶ月グルノーブルに滞在したことがあるが、胡桃《くるみ》、チョコレート、スタンダールとともに有名なのがこのリカーであったし、山間のシャルトルーズ修道院の製造元を見学して試飲した思い出がある。酒好きの覚三が、欧州旅行日誌における記載としては、一八八七年四月六日のヴェニス「麦酒ハ独地より来たりて飲むに堪える」と明治四十一年のモスクワ滞在時の「Volka（ウォッカ）を売っていた」くらいである。

三月四日にはグルノーブルに到着し、コンスティチュシオン広場にある美術館を訪れた。その感想は、「つまらぬオリジナル作品と贋作ばかりだが、一点だけ特に優れていた」としてマルコ・パルミジアーノのキリスト降誕（縦三フィート横四フィート）をあげている。ただし、マルコ・パルミジアーノはラファエロの影響をローマで受けていたフランチェスコ・パルミジャニーノの誤り）、さらに、「ファスキの見事な風景画一、二点、曖昧な（ambiguous）ペルジーノ一点」と記した。後述するように、覚三は、四月末にローマで素晴らしいペルジーノの天井画を見るのであるが、ambiguousには「不確かな」という意味もあるので、「ペルジーノか不確か」とか「贋作か本物か不確か」という意味かもしれない。

リヨン、ジュネーブ経由でウィーンへ

五日はリヨン経由クリュニーへの移動日であったので、クリュニーの美術館を覗いた程度であった。六日はアラスという馬の種付牧場の視察をしている。これが馬好きの覚三個人の趣味であったのか、西洋の技術視察の一環であったかは不明であるが、特別師範学校教授の講演を聴いている。講演演目Cinjicaについて全集訳注は「組合か」としている。おそらく覚三のフランス語力ではsyndicat（組合）のスペルが出てこなかったのであろう。

七日は再びリヨンに行き、教会装飾のための絹織物製造業を見学している。

日誌冒頭でのリヨンの絹工業への並々ならない関心が父親の商売や故郷福井の産業に関係していると考えられているが、ここでの記述も他のものに比して詳細である。この日の見学が日本での美術工芸品奨励の参考としてのもので、絹布、絹糸を用いた高級アルバムの製造業者とか、織物による肖像画を製造した人物と面会している。

八日はジュネーブでの休息日、九日は興行美術学校の見学を行った。十日は装飾美術館を見学した。十一日はチューリッヒへ、十二日はウィーンへの移動日。十三日はウィーンでかつてお雇い外国人として来日し、博物館にも造詣の深い法学者シュタインと会う。

前述したようにウィーン滞在中の三月十四日から四月二日までは一括されている。日誌に見る限り、「音楽の都」に来ているのに少壮の役人は本務に忠実であり、女子師範学校、教育博物館〔幼稚園や小学校での美術教育の教材などが展示〕、シェーンブルン宮殿などの視察・見学をしているが、次のような絵画に関する具体的な記載も見られた。

〔ルヴェデーレ画廊には〕レンブラントの優れた作品が三点あった。一点は自画像、一点は妻の肖像、残る一点は「ダイアナとアクテオネ」〔ギリシャ神話が題材〕であった。ヴァン・ダイクの見事な肖像二点——〔技術的に〕レンブラントに近づいている。レンブラントの風景画の小品。

ヴェネティア

四月八日から三泊四日滞在したヴェネティアの日誌は、サン・マルコ聖堂を中心に比較的詳細な記録がみられる。八日はロマネスク教会の建物とともに、「彫刻見事」と記した後、総督宮(ドージェ宮)の内装に言及している。

天井と壁はティツィアーノ、ヴェロネーゼ、ティントレットなど。九日——美術アカデミアのギャラリーを見学。ティツィアーノの大作保存良く、色彩良し。多くのヴェネティア派と同じく精神性には乏しい。濃淡良し。しかし上方の神の姿がウルサイ(ウルサイのみが日本語)が、濃淡と構図は巧みなり。二点のベルリーニ良し。

本題から離れるが、九日の日誌にある「サン・マルコ聖堂の修復は良くない。モザイクの修理は見るも無残なり。修理はアカデミーの下に置く方が良い」という記載に注目したい。なぜならば、後に博物館行政に関わり、さらに日本美術院を設立し、一九〇六年からは仏像などの修復を専門に行う第二部(後の美術院)の作業場を国立博物館内に置いたこととの原点が二十年前のこの記載に伺えるからである。

ラファエロはお気に召さず？

四月十一日から十九日まではフィレンツェに滞在し、ウフィツィ宮、ピッティ宮などを視察しているが、当時のウフィツィはボッティチェリ「ヴィーナスの誕生」やダヴィンチ「受胎告知」などの名画を所蔵している美術館ではなかったようである。十一日は移動日であったので、視察・見学は翌日から。十二日と十九日にウフィツィ宮を見学しているが、この美術館が誇る二点に全く言及されていないからである。筆者は二度訪れているが、印象に残ったのはこの二作品である。木下氏は、覚三がラファエロを気に入ってなかったと日誌から読み解いておられるが（『岡倉天心』、八五〜八六頁）、これは少し作為的ではと思える。これに関してはイタリア美術史専門家の見解をうかがいたい。

確かに積極的に評価している記述が目につかないかもしれないが、十五日には「ジョットー、ペルジーノがラファエロ、ダ・ヴィンチのために道を拓いた」と書いている。そのすぐ前にも、「十二日には、ラファエロの作品がある立派な裁判所に行く。十三日――ピッティ宮。ラファエロの「大公の聖母（マドンナ）」は、他の聖母よりも良い」と記載している。

以下では、これ以降の日誌について、簡単に要約しながらラファエロの記述を紹介する。

十四日――美術アカデミア訪問。欧州どこでも同じ。

十五日――モザイク製作所訪問（製造方法の報告）。（午後は）サンタ・クローチェ聖堂を訪問した。ジョットの壁画に驚嘆す。タッデオ・ガッディの作品にも同じ。ミケランジェロとガリレオの遺骨、互いに向きあって眠る。偉大さは誰に対しても同じである。ダンテのモニュメント、聖堂の前にあり。ダッデオ・ガッディは、ジョットの工房で修行したフィレンツェで活躍した画家で、代表作の一つが、覚三が驚嘆したサンタ・クローチェ聖堂の「聖母子伝」である。十六日から十九日の日誌では、十七日――サン・マルコ美術館と美術ギャラリー、フラ‐アンジェリコ見事とのみ記載されていた。

四月二十日から二十六日まではローマに滞在し、システィナ礼拝堂、サン・ピエトロ聖堂ならびに、ヴァティカン美術館の彫刻ギャラリーと美術ギャラリーを調査している。二十日の日誌には、システィナ礼拝堂についての印象を「ペルジーノの天井画見事」「ラファエロは凡庸」と記したが、実際には、天井画は後に覚三が絶賛したミケランジェロの作品であり、ペルジーノの作品は壁画の方であった。前述したように、ラファエロはペルジーノの弟子で、礼拝堂の作品はタピスリーに描かれたものであった。

二十四日に訪れたヴァティカン絵画ギャラリーについては、「カルロ・クリヴェリ絶品」Carlo Crivelli superb とあるが、このヴェネティアで活躍したイタリア・ルネサンスを代表する画家の作でヴァティカン所蔵作品としては「ピエタ」が有名であるから、覚三が絶賛したのはこの作品であろう。

ここにはラファエロの代表的な作品「昇天」や聖母像が数点所蔵されていた。木下長宏氏は、『岡倉天心全集』5巻で、“Raphaels Ascension awful”を「ラファエル、醜悪」と訳したが、『岡倉天心』では「ラファエルの『キリスト昇天』ひどい」と作品名を加え、天井画と比較しての評価であろうと推測している。しかしながら、筆者は「ラファエロの『昇天』、畏敬」と訳すべきではないかと考える。英語の単語からだけではなく、覚三のラファエロ評価からみても、awfulは「醜悪」よりも「畏敬」の方がしっくりくる。

明治二十四年以前に行っている西洋（泰西）美術史講義では、ラファエロを「西欧における絵画の王」と述べるとともに、「システィナ礼拝堂にあるマリア婚姻の図は、優美の点でこれに及ぶものなし」と評していることから類推すれば、醜悪という評価は出てこない。もっとも、『聖天』に言及がないことは、これにさほど注目していなかった「沈黙の証言」と採れるかもしれない。

四月二十七日から二十九日はナポリ、ポンペイを訪問し、モザイクやギリシャ彫刻についてのコメントとポンペイの遺跡の感想程度しか記されていない。三十日はローマへの移動日であった。五月一日はピサからジェノヴァを経由してミラノに入る。

五月二日――国立美術館、見事なルイニいくつか、ラファエロの「聖母の結婚 Sposalizio」、マンテーニャなど。レンブラントの妹の肖像、驚嘆すべし。三日――アンブロジアーナ図書館でダヴィンチの優れたデッサンを見る。ジェノヴァに向けて出発。四日から六日の三日間は記載なし。

五月七日にはマドリッドのプラドを訪れ、ヴェラスケスの作品が目に留まったようであるが、その評価としては、「ヴェラスケスは悪くはないが、ワンダフルでもない。その意味するところは極めて限られている」と記した。

これ以降は、五月八日にコルドバに到着したことの記載、六月二十六日の前述したオペラ「構想」と八月七日のリヴァプール出発、さらに九月、MKと一緒に小川町に戻るというメモしかみられない。フェノロサはやや遅れて十月十一日に日本に戻っている。

鑑画会での帰朝講演

アメリカ経由でヨーロッパから帰国した覚三とフェノロサが十一月六日に鑑画会で行った講演の紹介によって、本章の幕を引きたい。まず鑑画会について佐藤道信『近代国家と近代美術』と山口静一『フェノロサ』から簡単に説明しておこう。

古画鑑定のサロンでなくて美術団体としての鑑画会は、一八八五年一月に設立された。覚三は狩野芳崖とともに幹事に就任したが、最初の半年間は、毎月の例会でフェノロサが講演を行っていた。設立の背景は、それまでの日本画の団体、竜池会の主流派が守旧的で伝統振興を方針としていたことに反発した者たちが伝統革新を目指す新画運動の団体が必要と考え、「美術の制度化」の観点で見た場合、新派系の東京美術学校の設立に連なり、新派系が一つの「勝利」をした。もちろん、洋画派との関係では、鑑画会が保守派とみなされることもあった。

木挽町の貿易公会堂で開催された鑑画会は、ほぼ一年振りの例会であった。前回は前年九月十九日に浅草の井生村楼で開かれたフェノロサと覚三の送別の宴を兼ねたもので、フェノロサは、「訣別講演」により、二人の常任委員の海外出張による休会を告げるとともに、留守中にも制作に励むようにと会員を激励した。

フェノロサに次いで行われた覚三の帰朝講演は、翌十二月の美術雑誌『大日本美術新報』五〇号に掲載された（全集3に再録）。視察した西洋絵画について、中国や日本の画家の例を比喩的に用いながら批評・解説するとともに、鑑画会の立場について意見を述べた。

イタリアの一地方であるベニスのベニシャン（ヴェネティア派）の画風のみを以って之を見るも、カルロ、クリベリーまたはバサイチの作を以ってチントレットなどの作と比較せば全く別派の感あるべし。佑清の画と伊川、晴川を同じに狩野派と称するが如し。（中略）レオナルド・ダヴィンチは気韻幽遠にして李公麟（馬を得意とした文人画家）の風采あり。フラ・アンジェリコは高雅沈密にして春日基光（春日派の祖とみられる平安時代の絵師）の後身ならんか。ペルジーノは清潔にして梅花の骨相を含み、ボチティエリは温淳にて春運の岫みねを出るが如し。ラファエロの秀逸、ミケランジェロの豪健活発にして龍の大地に蜿蜒するが如きは、皆吾人の愛嬌貴重の念を喚起するものなり（画家の表記は修正した）。

この後では「近代の画家が空しく写生の奴とならざれども、画法の番卒となるに過ぎず」との表現で、写意いいかえれば精神性が失われていることを指摘するとともに、古代の大家がなにゆえに大家なのかを考えなければいけないと述べている。また、フランスの美術家ギヨームが春に行った講演で日本を主として東洋の美術から新法を学ばなければいけないと強調したことを紹介している。

覚三は、この講演の本論がフェノロサの所論にみられる四つの立場を明快に解説することにあると考え、同時に自分を含め鑑画会が採用すべき立場を明らかにしている。

「美術教育だけでなく美術一般で東西美術のいずれを採用すべきか」という問題提起の中で四つの立場をあげている。第一、純粋の西洋論者、第二、純粋の日本論者、第三、東西並設論者、即ち折衷論者、第四、自然発達論者。そして自分の立場は第一から第三までが消去されるから第四であるとし、講演を「美術は天地の共有なり。東西洋の区別あるべけんや。胸懐洞然、以って精神を発表せば必ず美術の妙に至らん。自らが信じてまた疑うこと勿れ」で結んだ。

＊明治時代の日本では（レフ）トルストイがよく読まれ、英語からのものも含め何点もの翻訳が出ていた。芸術論、宗教論、教育論、人生論も取り上げているし、クリミア戦争をテーマとする『戦争と平和』などは覚三が興味をもっても不思議ではない。また露伴はトルストイを愛読していた。覚三とトルストイは未開拓分野である。タゴールとトルストイは自然観や育ちが似ている。

＊＊　欧州視察日誌（明治二十年）　一八八六年十月から翌年十月までのほぼ一年間の欧州（往復でアメリカを経由）美術教育視察のうち、一八八七年三月二日から八月七日にリヴァプールを出港するまでの日誌が記されたノートは、「欧州視察日誌」と名づけられた横罫、縦二三センチ、横一八センチのノートで主に英文で記されている。

五月八日まではほぼ毎日記載され、日誌であるが、以降は六月二十六日（義経のオペラ構想）と八月七日のみで、『岡倉天心全集』5では、二八一～三二四頁に本文、四五〇～四七一頁が訳註で、五〇一～五〇四頁が解題となっている。五月九日から八月六日までの空白部分、および、十二月下旬のニューヨークでの様子は、一月のフランスに向かう船上で書かれたオペラ歌手ケロッグに宛てた書簡などによって補われる。

人に読ませる気がなく、悪筆の日誌を限られた期間に起こすという作業は大変であったろう。その作業に従事された木下氏が指摘しているように、訳語に多くの問題があるし、手稿の起こしの問題もある。筆者が読んでも、明らかな誤訳や地名とか固有名詞の取り違いに気づく。二九三～二九五頁だけでも、Agronomie は Grenoble である。Croix-Rause は Groix-Rousse、「アルプス山上タルタランに着き」は、ドーデの『アルプスのタルタラン』を知らなかったための語訳で、「着く」と訳した get は「入手（購入）した」である。

＊＊＊　覚三の日記「雪泥痕」で気球を飛球と読み違えた（『鵬』五号参照）中村愿氏は、この草稿に「芸術と宗教に関する講演草稿」と仮題をつけ、『狩野芳崖　受胎観音への軌跡』山川出版、二〇一三、一五二～一五五頁に独自の読みを記し、引用部分冒頭を「彼の短歌」としているが、筆者は歌の字の拡大コピーからは音が読みとれるから「短韻」とした。短調の協奏曲で有名なのだが、残念ながら調とは読めなかった。

＊＊＊＊　延はケーベルの演奏を聴いたし、メーソンに音楽取調掛（東京音楽学校の土台）で学ぶように勧められた（瀧井敬子、平高典子『幸田延子の滞欧日記』東京藝術大学出版会、二〇一二、三九〇頁）。

第三章

教育者として *1889～1907*

東京美術学校時代の覚三
（茨城県天心記念五浦美術館蔵）

一、東京美術学校での教育方針

新按＝新案を重視する

覚三は創造性を重んじ、生徒たち一人一人に制作テーマを与えて構想を考えさせたと伝えられている。すなわち日本画科では、新按＝新案（新図）という創意工夫を促し、創造性を培う科目が写生とともに重視されていた。新按校とは、初めは美濃紙一枚か二枚からはじまる机の上の仕事である。これによって鳥か山水か、紅葉なら紅葉、月なら月という題で図案を描き、覚三に出して成績をつけてもらう。新按を重ねることによって若い画学生は、考案力を養ったのである。

新按が重視されていたことは、東京美術学校が開校して二年目にあたる明治二十三（一八九〇）年の専修科絵画科のカリキュラムからも分かる。新按は、臨模、写生が一、二年次、鷗外が担当した美術解剖が一年次の履修であるのに対し、三年間通しの授業であった。明治二十八（一八九五）年になると、二年生以上に限って「意匠研究会」が組織され、その指導に天心と雅邦があたった。さらに翌年三月には「遂初会」に発展的に解消され、岡倉邸で催されることも少なくなかった。

彫刻科を卒業したが、陶芸家になった板谷波山は、この会を羨ましがって、こう語っている。「絵の人はよかったです。遂初会というのがあって、天心先生がポケットマネーを出されて、優れ

東京美術学校（茨城県天心記念五浦美術館蔵）

た作品に賞品を出された勉強会です。先生が題を出され、名月という題でも月を描いてはいけなかったそうですよ。笛声という題に対して笛を吹いている若い公家を描いてはいけないのです。下村観山なんぞ上手だったたですよ」。実際にこの会に出席していた平福百穂も、「観山、春草、泰明の諸君は、いつも新鮮なものを雅いて優賞に預かっていたことを覚えています」と回顧している。

観山、春草は「美術院四天王」で後述されるが、泰明は出てこないので、簡単に説明しておこう。結城泰明は、川端玉章が主宰した私塾天真舎で百穂の先輩にあたるが、泰明に四条派の第一人者で後に東京美術学校教授となる玉章を紹介したのは覚三であった。本所（現在の墨田区）生まれの泰明の本名貞松の名付け親は勝海舟という。ちなみに、本村武山も玉章の塾生であったから、百穂、泰明、武山は、兄弟弟子にあたる。

新按が日本画家と同様に陶芸家にも役に立つ勉強であった、と波山の伝記作家は指摘している。「『新案』は、とにかく粉本を捨て、白紙の状態から、その芸術家の創造性を伸ばそうとする覚三の指導は、波山にとって非常に納得のできるものであり、彼の体にす

う と浸透していった。彼の作陶活動を見ると、ある意味では覚三の思想の工芸制作上での実践者としてとらえることも可能である」（荒川正明『板谷波山の生涯』）。新按は、波山が所属していた彫刻科でも、三年次まで必須科目であった。

覚三は、明治二十八年十二月に在京の卒業生を食事に招いた折に行った「はなむけ」で、制作への励ましの言葉をこう語っている。

諸君に望む事は、徒労たらんと杞憂せずに、新作を試むるの一途あるのみ。制作たる題目を選び、意匠を練り、勉めて凡俗の表に超脱し、能く美術の本義に副ひ、趣味の真諦に入り、以って一個の想を成し、別に生面を具へんことを期すべし。

模倣と模写

模倣は、真似るということであり、ある東郷青児賞受賞者のように、模倣作品をオリジナル作品として公表することは犯罪的行為であり、芸術家の良心に恥ずべき行為である。けれども、画家にせよ、彫刻家にせよ、あるいは書家にせよ、自分の技術を磨くため、あるいは自分の作品完成のプロセスで先人の優れた作品から学ぶために模写や模倣をすることは、勉強にこそなれ、けっして悪いことではない。覚三もそのように考えていた。一八八七年に二十四歳になったばかりの覚三がヨーロッパの美術館・博物館を視察した折に、すでにグレコ・ローマン時代のローマでは、数多くの大理石のギリシヤ彫刻の傑作が手本になっていたこと、ルネッサンス期におけるミケランジエロやダヴィンチも、それらから多くを学び、自分たちの個性というか、魂を入魂したことを実感したに違いない。

わが国で最初の西洋美術（主に工芸品）の教育機関である工部学校でお雇い教師であったイタリアの両家フォンタネージは、写真や自分で作成した画手本を学生たちに模写させていた。天心は、当然そうした教授法を知っていたはずである。したがって、絵画科には手本や実物を写し取る臨模があり、彫刻科には復刻、図案科には模造の授業が組み込まれていた。

何もヨーロッパばかりでなく、日本においても、先人から学ぶ模写・模倣の伝統は存在していた。平安時代の仏師定信は、白鳳仏を復刻していたし、鎌倉時代のみならず日本を代表する仏師である快慶は、執金剛神像を模刻している。

新納忠之介
（茨城大学五浦美術文化研究所蔵）

絵画でも、室町後期から明治初期まで長期にわたって日本画の一大流派として続いた狩野派の絵師たちは、室町中期から後期の当初に活躍した雪舟を模写し、尾形光琳は江戸初期の両家、俵屋宗達の絵を模写したものである。

ここで天心門下における模写と模倣の例を二つだけあげておこう。ロンドンに留学した

新納忠之介「百済観音」
（東京国立博物館蔵）

観山は、ラファエル前派の絵画、たとえばエヴァレット・ミレーの『ナイト・エラント』を模写（横浜美術館所蔵）しているし、東京藝術大所蔵のラファエロの聖母像の模写を大英博物館で行っていた。また、二〇〇五年に上野の東京国立博物館で開催された「模写・模造展」にも出展されていた新納忠之介（号は古拙、仏像修復の第一人者で天心の信頼が厚かった）は、百済観音をはじめ運慶、快慶ら超一級の仏像の模造によって修行し、後に日本美術院二部で国宝級の仏像の修復を一手に引き受け、指導にあたれたのである。また、博物館に展示された優れた模造・復刻作品は、学生や仏師たちの勉強に役立てられた。

明治二十八年から三十年にかけて、覚三が大規模な古画模写事業を推進するために、大観、春草、観山をはじめ、優秀な美術学校卒業生を京都や高野山などに派遣した。その目的は、覚三の帝室博物館美術部長としての立場から、博物館のためがメインであったが、容易に実物に接しられない青年や国民、とりわけ画学生に博物館で名画の模写や仏像の復刻を目にして欲しかったこともあろう。さらには、将来の日本画壇を背負って立つ俊英に腕を磨く機会を与えるためであった。大観は、この時に京都市美術工藝学校の教諭になっていたが、模写に忙しく、授業が疎かになったことを後に悔いている。また、春草は、明治二十八年七月に大観よりも二年遅れて卒業したばかりであったが、この仕事に抜擢され、「普賢延命像」「不動明王像」などの模写を行っている。

以上に述べたことから、模写と模倣の主たる目的が学習のためと修復・保存のためという結論が導き出されよう。絵画にあっても、力のない画家、修復家に直されてオリジナルを台無しにされては困る点では、仏像修復や建造物の修復などと同じことである。

実物教育：博物館と美術学校の距離

ヨーロッパに調査旅行に出た折に覚三は、写真・幻灯（乾板写真）模写作品などの類を購入していた（明治二十三年の日記の中で、覚三がスライド＝スライトの語を用いていたのには驚いた）。これは、美術学校生にできるだけ作品をイメージ化させるためのものであり、昭和になってからの美術教育の定番である、スライド・ビデオを用いての講義の魁になっていた。それとともに、美術教育には模造作品（あるいはレプリカ）を含めての実物主義が必要であるということを欧米視察で見て取ったのではなかろうか。覚三が美術学校とともに東京帝室博物館（東京国立博物館の前身）の理事を兼務し、また、両者の位置関係が徒歩十分以内というのは、ルーヴルとパリの美術学校（「ボザール」）の関係を参考にしたといってよかろう。

これは最初の卒業生を送り出す一ヶ月前の明治二十六年六月に文部省に提出した「美術教育施設ニ付意見」にみられる高等美術学校、技芸学校、美術院、地方参考館、国立博物館の五施設の設置を提案した文書に明らかである。直前に文部省から年間予算を使いすぎたとのお咎めを受けた直後に提案したカリキュラム改革案への文部省の反応が好感触であったことを見届けて出された。

ここでのカリキュラム改革案とは、明治二十七年より導入された分期教室制のことである。覚三は、すでに日本美術史の講義を実施していたが、絵画科と彫刻科での実技教育に時代別の技法を学ばせる教育法を採用したのである。具体的にいえば、絵画では第一教室は古代巨勢派、土佐派あるいは大和絵（主任教官は巨勢《こせ》小石、第二教室は室町絵画（唐絵）と江戸前期（主任教官橋本雅邦）、第三教室は江戸後期の円山派、四条派など（主任教官川端玉章）であった。後には第二期卒業生の下村晴三（観山）が第一教室助教授に任命された。彫刻は古代（主任、竹内久一）、近世（主任山田鬼斎）、現代（主任高村光雲と石川光明の二人制）の三教室であった。分割教室制が導入された年に四年生として卒業制作に取りかかった菱田三男治（春草）は、第二教室で橋本雅邦の指導を受けて「寡婦と孤児」を完成させた。この作品が美術学校騒動の遠因になったことについては後述する。

次に、覚三の実物教育の例として東大での泰東（東洋）美術史受講生香川鎌蔵（東京帝大哲学科中退後大蔵省勤務）の思い出話を要約引用しておこう。香川は、和辻哲郎と同窓で、二人一緒に京都帝大から兼任教授として教えに来ていた瀧精一の日本絵画史と天心の講義を聴講していた。ちなみに、覚三の東京帝大での講義については、和辻哲郎「岡倉先生の思い出」（『面とペルソナ』）がある。

「五月の終わりごろのことだと思う。例によって何名かの執念は先生を囲んで、質問、愚問を試みていた。先生は実物を観るに若かずと勧められたあげく、上野の帝室博物館すらあまり見て居らぬ（地方出身の）学生を啓発すべく、それでは一つ案内しましょうといわれ、「次の何曜日の十二時に博物館の門前に集合してください」と申し渡された。

その日は雨であった。岡倉先生も雨中では出てこられないかもと案じていたが、五分前、三分前となり、有志の八人全員が集まった。私は無上に嬉しかった。雨はやまない。と一台の人力車が疾走してきて、はたと止まると岡倉先生が傘をひろげつつ降りたった。時計を取り出されて、「ちょうど十二時」といわれ、ほほ笑まれた。先生はすぐ出札口に行って九人分の入場券を買われた。先生は普通の順路を辿られ、古銭の陳列室では、いつかドロボーに小判が盗まれたことがあったが、ドロボーはそれらが模造品であることを知らなかったといわれた。

絵画の説明カードの中には先生の鑑識と異なるものもあった。彫刻の部に至ると先生は、竹内久一の模作にかかる三月堂の日光・月光両菩薩の前に立たれ、これはよく出来ているが、ほんものはすばらしいものであるとみんなにアピールされた」。

鷗外への出講依頼

校長としての覚三は、時には一流の適材適所の人材を集めるために、自ら尽力した。その例としては、黒田清輝に覚三が宛てた手紙に記されているように、西洋画科を新設した折に三重の高校教師であった藤島武二を東京に呼んだこと、京都画壇の中心メンバーの竹内栖鳳《せいほう》を京都の祇園あたりで美術学校に誘ったが、「東京へは行きません」と断られたこと（竹内「岡倉覚三氏との因縁話」）などがあるが、ここでは解剖学の講義を森鷗外に依頼したときの経緯を紹介したい。

鷗外招請の背景としては、覚三や美術学校の教授陣がダヴィンチの西洋画や彫刻はもとより、円山応挙の日本画にも見られる人物のリアリティーと力感は、人体に対する観察と分析力によると考えていたことである。そのために一流の解剖学の教師として誰がふさわしいかを考えてみて、さほど迷わずに白羽の矢が立ったのが鷗外であった。鷗外は東京医学校在学中から秀才の誉れ高く、一八八八年にドイツ留学より帰国後は文壇にデビューしていた。鷗外は、文壇デビューに人肌脱いでくれた翻訳家の森田思軒の主治医であり、時折、根岸倶楽部の会合にも参加していた。そのために鷗外が覚三や幸田露伴らとともに早世した森田の一周忌の呼びかけ人に名を連ねていたことはすでに述べた。

鷗外が一八九一年（明治二十四）六月には、東京美術学校解剖学の講師を引き受けていたことは、同年六月十六日付の覚三が鷗外に宛てた手紙より明らかである。表記を改めて以下に引用紹介しておこう。

拝啓
人骨も〔東京〕大学より参り候につき御差支えなければ、ご都合次第で左の日割りにて御開講相成り候様到度、もっとも専修科甲乙生の文はこれまでの解剖講義月末頃に一結《ママ》候間その上にて御はじめ被下度先ず月曜日の分より願い度
　御様子御示し被下候わば幸甚

これに続いて、月、水、金の午後三時半からの出講スケジュールが記され、「頓首　鷗外先生侍史　覚三」で結ばれている。

二、天心岡倉覚三と美術院四天王

横山大観の証言

大観に限らず、美術学校の教え子で日本美術院の同人にとって、天心覚三は雲の上の人であり、カリスマ的人物であった。したがって、具体的な師の教育について言及することも、きわめて稀なことであったと思われる。そうした中から、何人かの代表的な弟子たちに教育者としての天心を語らせることが、この節の目的である。トップ・バッターは大観にお願いしよう。

天心とさほど年齢差がなく、世間に長じていた大観であったが、両家としてのスタートは遅かったので、入学試験では未熟な毛筆を用いずに鉛筆を選択していた。その大観は、美術学校で頭角を現し、観山、春草とともに三羽がらす、あるいは木村武山を加えて四天王子と呼ばれるようになり、天心の死後、第一回文化勲章を授与している。大観は、『回顧紛々』において次のように語っている。

岡倉さんは、決して人の短所を言わなかった。絵を見てもどこかいい所を見つけて、それを伸ばさせるようにさせた。どうせ人間には短所もある。それを指摘して指摘して批難《ママ》すれば、いくらでも文句はつけられる。岡倉さんが批評される態度は、非常に暗示的でした。

くどくど長たらしい説明はされなかった。だから、人によっては何を言われたかを納得のいかない人もいた。

天心が大観の長所を褒め、その技量を正当に評価している一例は、明治三十四（一九〇一）年に開催された「第十回絵画共進会」（全集3所収）での評にうかがえる。

横山大観
（茨城大学五浦美術文化研究所蔵）

奇想天外より落ち、毎回人を驚かすものは横山大観の作なり。屈原一たび出でてより、高邁雄偉の新思想を両界に紹介したるもの、恐らくは大観の右に出つるものなかるべし。数年前までは其技術未だ其意匠に伴はざるの観ありて、往々隔靴掻痒の感なき能はざりしが、近者其手法大いに練熟し、昔日の非にあらず。今回出品の大作は、老子青牛に騎リて関を出つるの図（なり）。（中略）古来老子を画くに一定の儀型に拠り、牛に駕し、道徳経を手にし、髭髪（髪の下は再）眉目、常に相似たるは何ぞや。（中略）儀型を破るのは大家の手腕なり。高邁の想、雄偉の神、熱情中に燃ゆるが如き大観其人の如きもの、万古の心胸を開拓する

横山大観「老子像」（熊本県立美術館蔵）

新老子を描き出さざるべきあらんや。

反語疑問のようであるが、「大観の新老子を、他日の制作に見んことを希望してやまずなり」で結んでいるように、この評では、大観が独自の境地で優れた作品を制作していることを賞賛している。

このように高く評価すればこそ、時にはこの高弟に厳しかった。大観自身、昭和二十四年に「露伴さんの思い出」にこう書いている。

菱田〔春草〕君に連れられて飯田へまいり、露伴さんの兄さんの郡司大尉と一緒に天竜下りをしました。美術院が出来て間もない頃ですから明治三十二、三年の頃と思います。天竜川の途中の茶々渕という所が非常に感銘を与えたものですから、同行の人をあしらって「茶々淵」という画を描きました。それは藤原期の人々だとかいろいろ変わった人物を七人ほど描いたものです。天心先生にこれをお見せしたところ、たいへんお叱りを受けました。美術院の宿舎に帰りまして布団の布にしてしまいました。嗚呼《ああ》。

ところが、布団の布になったはずの「茶々淵」が現存しているのである。それは天心がインド旅行中で不在であった明治三十五年に開催された第十二回共進会に出品され、春草「王照君」、観山「問答」とともに銀牌をとっている。『日本美術院史』によれば、急淵に直面した乗船者は、禅僧、武人、商枯、農夫、女人らであり、天心に叱られた前作とは趣を異にしていた。大観は、このテーマに執着し、天心に叱責された後に再挑戦した。天心はそれを見てからインドに旅立ったのである。

再挑戦によって仕上げられた「茶々淵」に関するエピソードは、いかにも天心らしさを伝えている。「茶々淵」があまりにも大作だったので、絵を立てると天井につかえてしまうほどであった。すると天心は、「大工を呼んできて天井を取っ払ちまえばいいです」といったという（大観画談）。

『天心先生』

二番バッターとしては、下村観山に登場願おう。まずは、観山が日本美術院二十五周年記念の大正十一（一九二二）年に描いた天心の唯一の肖像画『天心先生』について一言述べておきたい。現在東京藝術大学が所蔵しているのは、いわば画稿＝下絵であり、完成品は、まる一年後に関

下村観山
（茨城大学五浦美術文化研究所蔵）

東大震災で焼失してしまった。そのことを知ったウォーナーは、日本からの帰国時に観山から贈られていた下絵を訪米した親友の美術史家矢代幸雄に託した（来日時の日本語の師であった岡倉由三郎に託したとの説は、誤りである）。この画稿は、下絵であるが、それには壇ノ浦、寂光院などの画題が記されている天心の直筆の巻紙がついていた。これらは、いずれも天心が観山に与えた画題であるから、観山の指導中を思い出して描かれたものと推測されるし、『天心先生』は、天心の指導法を知るための資料的意味があるように思われる。また、観山の天心に対する並々ならぬ尊敬の気持ちを現したものである。

観山の適性を見抜いた天心

明治二十六年（一八九三）、二十歳になっていた観山は卒業制作に着手していた。それは「熊野観花」という題のもので、『平家物語』*の中古絵巻にある観山の郷里和歌山に関係した能に題材を採ったものであった。それ以外にも博多の日蓮上人銅像建設のための原形図懸賞に応募し、一等賞をとった。「熊野観花」は、大和絵的手法を用いた力作という評価を得たし、「日蓮上人図」は、翌年四月に開催された校内展での受賞作になった。観山の大和絵的手法が美術学校における臨模の授業に真剣に取り組んだ成果であったことは、その姿を目の当たりにしていた友人の溝口禎二郎が「溝口翁に明治美術界を聴く」で証言している。

絵師の子に生まれ育ち、十歳以前に狩野芳崖の手ほどきを得ていた観山は、入学した時点から抜群の技量を示して、天心の評価は高かった。そのことは、観山が在学中にシカゴ万博の日本館＝鳳凰殿の内装のための制作で大観以上の大役を仰せつかっていたこと（たとえば「胡蝶の舞」を制作）にもうかがえるし、卒業を前に観山を美術学校助教授に推挙していることからも明白である。もっとも時には観山の器用さが裏目に出ることもあった。

明治二十六年に天心は、観山に直筆で揮毫した扇を贈っている。これは生涯観山の宝となったもので、二〇〇五年にワタリウム美術館で開催された「天心展」にも出品されていた。署名は、天心が初期に用いていた号である混沌子となっている。この扇に記された漢文には、「人の型に入ってはならない。自分の影を踏んではならない」という意味が書かれていた。説明するまでもなかろうが、天心は、「模倣のための模倣に終わってはならない。自分の個性を発揮しなさい」と観山に発破をかけたのである。そしてわずか八行二十七文に酒と剣＝武の効用と仏教の大切さを盛り込んだところがいかにも天心らしいではないか。もちろん、観山も酒豪であった。

天心は、学問研究を良くし、創造力と構成力を兼ね備えていた大観の長所を伸ばす指導をしたように、少年時代から絵師の世界にとっぷり浸かっていた観山には、その筆技を活かすよう

（東京国立近代美術館蔵）

に奨励した。観山の孫下村英時『下村観山』によると、観山は、九世紀に活躍し、巨勢派を成した巨勢金岡の子孫といわれる巨勢小石のもとで大和絵の研究に没頭していたが、天心は、絵巻の模写と研究を奨めた。それが代表作「大原御幸」（一九〇八作、東京国立近代美術館蔵）や「修羅道絵巻」（一九〇〇）として結実したのである。

「大原御幸」は、もともと原三渓（本名原富太郎）の依頼で画かれたものである。明治三十九年に横浜本牧に名園三渓園を開設した原三渓と天心との関係は、三渓が父親の生糸商原善三郎の胸像制作を美術学校に依頼したことにはじまるが、その後、三渓は、美術院のパトロン的存在となり、とりわけ観山に目をかけていたことは、三渓園からほど近い和田山に、観山のアトリエ兼屋敷のために広大な土地を提供したことが示している。

二〇〇六年五月に三渓園開園百周年を記念して催された「下村観山展」には、面白い天心の書簡が展示されていた。観山は、朦朧派に没頭しなかったために絵の注文も多かっ

下村観山「大原御幸」(部分)

た。そのために、三溪の依頼作品の完成が遅れてしまったが、天心がそのことへの詫び状の下書き＝見本をしたためたものである。師である天心が「筆不精な弟子が不義理をしてはいけない」と痺れをきらせ、代筆したのである。晩年(一九一二)の天心は、三十九歳の世間では著名な画家になっていた弟子に相変わらず「教育」をしていたのである。

琵琶の音は聞こえず

バルビゾン派や円山応挙の作品を高く評価するときに天心が語ったことは、単なる写実としての写生ではなく、すなわち、人物であれ、風景であれ、写生によりただ対象物の形状を正確に写し取るのではなく、事物の心をも写す写意の重要性についてであった。明治二十二(一八八九)年に『國華』創刊号に掲載された「円山応挙」には、謝意という点でミレー、コローと応挙は共通しているが、応挙の方がより優れているとの指摘が見られた。それから二、三年後に行った日本人としては初めての西洋美術史(講座の名称は泰西美術史）では、「仏人ミレー、コローの如きは、写生よりも写意を主唱す」と講義している。ところで、天心夫人が語っている天心と観山の師弟関係のエピソードも、これに関係する例である。

観山さんが松方公爵の金婚式のお祝いにする毘沙門弁天を六曲屏風に描いたときでした。釣りに出かける舟の用意までさせていた主人が飲み始めました。お休みくださいと申しましても、寝ませんで、とうとう夜が明けてしまいました。そこで初めて申しますには、「観山の弁天を見て小言をいったので、下村も多分寝ていないだろう。ちょっと研究所にいって様子を見てきてくれないか」。研究所に行って見ると観山さんは、屏風の前に坐っておられました。主人は、「よく出来ているけれども、琵琶はもっていても音が聞こえてこないね」といって研究所から戻ってきたのです。一晩考えた観山さんは、弁天の座下に「ヒアワギ」の花を添えて描かれました。それを見て主人は、初めて、「音が聞こえてきました」と申されました。

筆者は、二〇〇六年十一月に「天心と日本美術院の俊英たち」展で『毘沙門天弁財天』を見る機会に恵まれた。小ぶりながら「ヒアワギ」があしらわれたことで、琵琶の音が聞こえた。

「寡婦と孤児」

美術院三羽がらす最後の一人、菱田春草は、早世しているし、その性格もあってか、師天心を語ったものを目にしない。** したがって、「師を語る」ではなしに、逆に天心の春早談や、春草の作品などから「教育者天心」の姿を中村渓男の『春草伝』を主な手がかりにして浮き彫りにして見たい。

美術学校時代の春草は、絵ばかりではなく、英語の学習（春草は美術学校入学前に英語塾に通っていた）や世界に視野を広げるための勉強をさせた。すなわち、天心は、とにかく矢継ぎ早のガムシャラに近いほどの鍛錬法によって、すべてをマスターさせていった。春草は、これについてゆくだけの力と技術を持ち合わせていた。まさに「鉄は熱いうちに打て」であった。その結果、春草は、天心（覚三）が新日本画運動を興すという理想を追い求めるうえでなくてはならないエースに成長する。

菱田春草
（茨城大学五浦美術文化研究所蔵）

もっとも、春草は、観山はもとより大観と比べても遅咲きだったのかもしれない。筆者は、それを裏づける例として、前述のシカゴ万博の鳳凰殿の書斎と献の間の絵画百六十五作（卓の周辺に置かれた屏風は除く）の作者を調べ

菱田春草「寡婦と孤児」
（東京藝術大学蔵）

て見たところ、下村晴三が二十点と圧倒的に多く、横山秀麿四点、溝口禎二郎九点であった。菱田三男治は、ゼロであるが、年譜によれば、春草は、明治二十五年には作品を残していないから、病気であったとも考えられるが、一学年下だったためであろう。

春草がスポットライトをあびるのは、明治二十六年から翌年にかけての卒業制作「寡婦と孤児」である。まずは中村渓男の評を紹介しておこう。

「寡婦と孤児」は暗い感じが充満するが、えぐるような悲しみのすごさが画中にみなぎり、人間味が画面から流れ出てくるのを覚える。情景描写ばかりでなく、色感からくるものがあり、陰惨な戦争犠牲者の寂寞さを感ずる。

天心（覚三）や雅邦がこの作品に抱いた印象も、中村が表現しているようなものと類似のものであったろう。すなわち、春草の師たちは、戦役にたとえ勝利しても、片隅では袖に涙する家族がいて、そうした家族への限りない同情を、みずみずしい視線と旧来の日本画の特徴である余白の美とはいささか異なる空間処理によって絵画表現にまで高めた歴史画として高い評価を与え、雅邦は最高点をつけた。時あたかも、日清戦争終結直後のことであったから、戦争犠牲者を対象としたこの絵を毛嫌いする教員もいたのである。

当初、平重衡（清盛の五男）による大仏殿焼き討ちを卒業制作のテーマに考えていた春草は、実際の卒業制作作品では戦場の華やかな場面はなく、合戦で夫を失い乳飲み子を抱えた貧しい若妻を描いていた。春草が美術学校で習ったことの総体に、彼一流の創造力を重ね合わせて生まれたのがこの作品であった。この作品のモチーフから短絡的に「春草は反戦主義者であった」と主張するつもりはないが、その人間味あふれる画面から彼が人道主義者であったこと、また、これを高く評価した覚三や雅邦もまた、人情家であった。

この絵のボロ簾から出ている投影が壁に映し出され、寡婦の顔にわずかながら陰が付いているのは、西洋絵画、ことに印象派の影響と見られている。この描写法を、「これではお化けだ」と評したのは、後に覚三に対する怪文書の犯人となる福地復一であった。これには日頃温厚な雅邦翁も色をなし、四時間の激論が続いた。結局、結論が出ず、校長一任となった。覚三は、この絵を一目見て、いささかも迷わずに首席の折り紙をつけた。卒業制作作品をめぐる出来事は、春草が天賦の才に恵まれていたものの、新しい絵画表現を終生追い求めたために起因する前途多難を予告するかのような門出であった。

天才の悲哀と芸術家魂

新しい技法に熱情を注ぎ、成果もあげていった春草であるが、朦朧派（体）が受け入れられなかったことや、重い眼病にとりつかれたことに典型的に見られるように、春草は、多くの天才が味わった天才の悲哀を体験している。

一見ヤサ男の春草は、芯が強く、芸術のためであれば自己の信念を貫いたことは、朦朧派（体）に関する大観の回顧談にもうかがえる。

私や菱田君は、〔岡倉先生の空気を描けという〕考えに従って絵画制作の手法上の新たな変化を求め、空刷毛を使用して空気、光線などの表現に新しい試みを敢えてしたことがいわゆる朦朧派の罵倒を受けるに至った（『大観自叙伝』）。

遠近法を捨てた没線スタイルの新画法である朦朧体で描いた「菊慈童」「雲中放鶴」「蓬萊山」などの作品は、明治三十三（一九〇〇）年に発表されたもので、その結果、大観や春草らは、批評家たちから朦朧画派とか似非《えせ》画家という批難を受けた。このような酷評に納得しない春草は、ますます無線描法の研究に没頭していった。それには、覚三が評価していたこともあろう。「雲中放鶴」については、第十回絵画共進会の評の中で、「客秋の大作、雲中放鶴の如き、群仙の面貌、衣服、没骨法に加うるに色線を以ってし、すこぶる成功せるもの」と評価している。

春草は、天心の奨めもあり、一九〇三年に大観とともにインドに出かけ、ベンガルで詩聖タゴールの甥たちのグループに、「朦朧体」を教えた。これがすぐ後のインドにおける、描いた水彩画を水で洗う「ウォッシャブル washable という手法になって一時流行したという。ちなみに、この技法を実験する前の作品「武蔵野」は、一八九九年に日本の美術教育調査のために来日したレガメやラファージによっても賞賛されている。

創設されてまもなく、財政的に不安定な日本美術院は、大観や春草にロクに給料を支払えなかったであろうから、売った絵の代金を生計に当てるのが常であったろう。実験的な絵ばかり描いていては収入がないから、大観や春草は、極貧生活を強いられた。そんな苦労を乗り切れた理由について、大観はラジオでの回顧談や孫に語っている。

天心先生や春草君がいたからこそこうした試みができ、土佐派風の絵を画いて収入を得ていた下村君や木村君を尻目に貧乏生活に耐えられていた。〔一九〇五年以降〕五浦に住んでからは魚を釣ってきておかずにして飢えを何とか凌いだ。

「賢首菩薩」制作

明治四十年十月に文部省第一回美術展（略称第一回文展）が開催され、もちろん、春草も出品した。ところが、このときの作品「賢首菩薩」でも、十二年前の「寡婦と孤児」の審査模様を思い出させるような事態が見られた。すなわち、日本画に点描という（印象派の）手法を盛り込んだ画期的な手法を用いた「新画中の新画」には、古い頭の審査員が高得点をつけるはずがなく、危うく落選の憂き目をみるところであった。それが二等三席に選ばれたのは、審査委員会で天心が優賞を主張し、大観の表現によれば、大観や観山が「芸術的良心の発動するままに」同調して議論が沸騰した結果であった。この経緯を聞いた春草は、武山に「来年は程度を下げて審査員にも解る絵を描いてやろう」と語ったという。

制作中の春草を目の当たりに見ていた武山は、重厚さを増すために点描法を採用したり、顔料に注意したり、涙のにじむような春草の苦心をひしひしと感じ取っていた。また、武山の語る次のエピソードは、この時すでに春草が眼病に罹っていたことを示唆するものである。

賢首菩薩の背景となる建物の線を引きながら、『どうしても曲がって仕方がない』という。傍らにいた観山氏も僕も、『ちっとも曲がってなんかいないよ』といっても、自分では承知しないような事があった。

春草への追悼の辞

明治四十一年四月、本郷の眼科医に網膜症と宣言されて以降の春草は、難聴の音楽家ベートーヴェンと同じような、視力を喪失した画家という立場に陥ってしまう。にもかかわらず、代表作といわれる「落葉」「月下の雁」「黒い猫」は、いずれも網膜症を患って以降の作品である。栄養の行き届かなかった極貧生活のこともあり、自分よりも三年早く三十八歳の若さで逝ってしまった天才の死に直面した天心は、追悼の辞を述べている。それは、明治四十四年九月の『東京朝日新聞』に二日にわたって掲載された（全集3所収）。いささか長いが、天心の春草評価や教育者としての暖かい眼差しがよく示されているので、表記を改めて要約引用しておきたい。

今の画家中で、真に新生命を開かんとする人々は沢山いない。菱田君の如きは、各時代に僅少なる、すなわち、美術界に最も必要なる要素を備えている人である。〔菱田〕君が初めて名を出したのは往年、日本絵画協会展覧会に「雲中放鶴」を出品した時だった。この画に菱田君以外には真似出来ない特色が現れていたので、世人は驚いた。以来の諸作、皆この特色を有して、第三回文展出品「落葉」の如きにも、益々その面白みが見えた。昨年の同展（第四回文展）に出品した「猫」（「黒き猫」のこと）なども同様だったそうだが、洋行中で見ない。

次に、伝統と革新との融合に関する春草の努力と苦悩について、天心は、こう述べている。

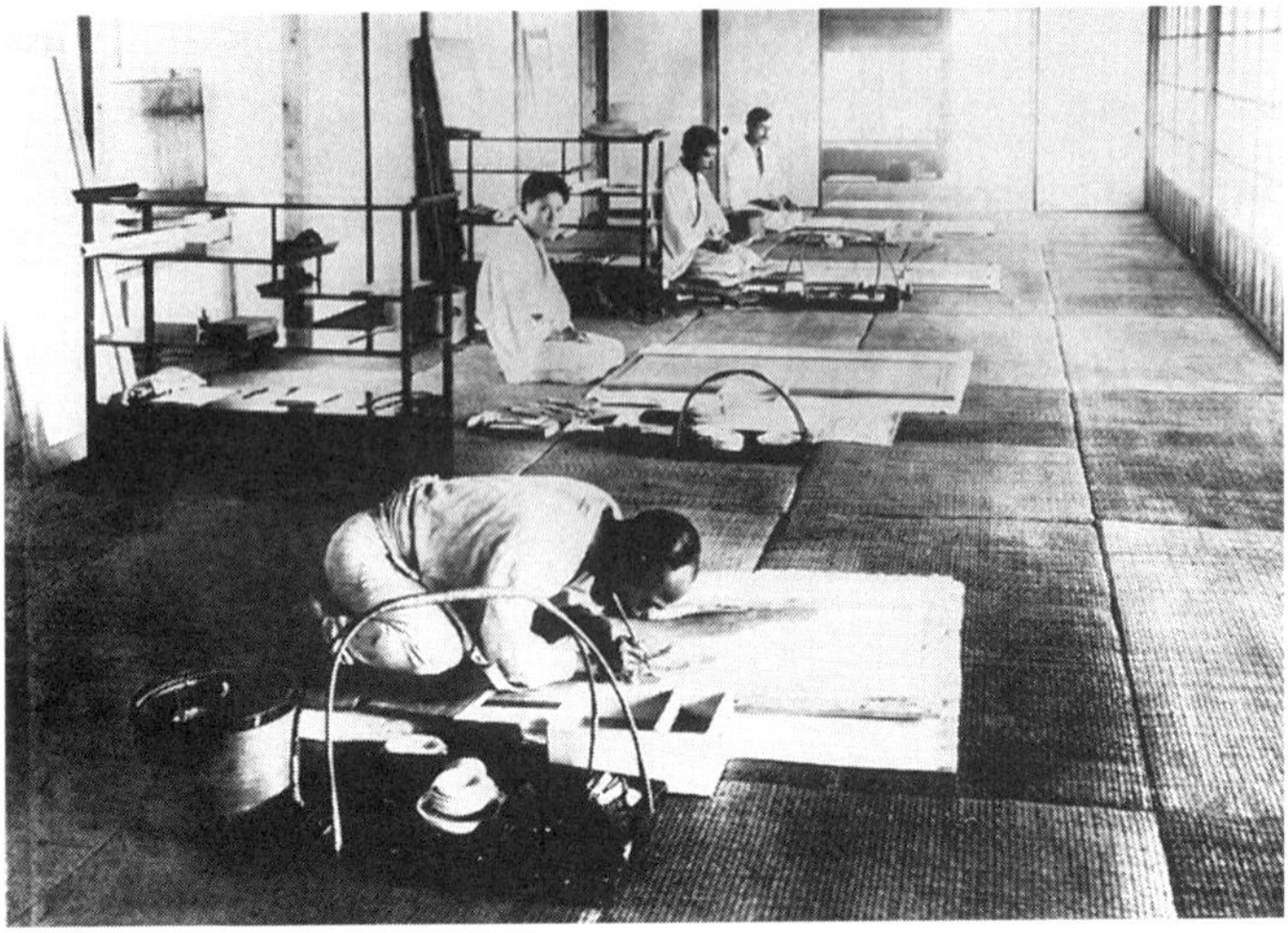

五浦日本美術院アトリエ（茨城大学五浦美術文化研究所蔵）

今日に至って徳川末には知られていなかった多数の古画〔前徳川、足利もしくは鎌倉時代のもの〕が現れ、かつ研究されてきた。この一方、復古及び他方さらに新しい物を取り入れるというのが常に芸術復興《ルネイサンス》の特徴のようである。これらの二つの運動をいかなる程度に融合するかが、今日進歩した画家の幾人かが真面目に思っていることである。春草も、この問題の中に這入っていろいろなことを遣った一人である。春草が特に目をつけたのは光琳一派を新しく解釈せんと欲したことらしい。それに明風の絵を加味することで線と色との関係で大変苦心したようである。

最後に、天心は、春草への追悼をこう結んでいる。「美術の奨励は美術を害しやすい。少し名が出ると、やたらに注文を受けて描く。だから手が落ちる。春草にいわゆるナグリ物はなかった」。

「色の魔術師」木村武山

日本美術院の創設期のメンバーたちの中から大観、観山、春草を「三羽ガラス」と呼ぶことが少なからずあるが、五浦に「都落ち」した美術院のアトリエで制作している有名な写真には四人が写っている。一番手前で制作に没頭しているのが、武山である。武山は、一八九八年の日本美術院創設時には副員（準正員）であり、正員で幹部であった他の三人とは距離があったのだが、ここで距離が大きく短縮され、「美術院四天王」が誕生するのである。

木村武山
（茨城大学五浦美術文化研究所蔵）

写真が序列を示しているとも解釈され、「本村武山の芸術」展の図録にも、「四人の序列は、天心と画家とのそれぞれの距離の違いにあった」と書かれている。奥が上座というのは採光によるものとも思うが、観山は、大観と美術学校では同学年であるが年齢は五歳若かった。しかしながら、画歴と力量において観山が抜きんでており、上座を占めた。後は年齢順、美術学校の卒業順で大観、春草、武山という並びになった。天心に認められた者のみが制作に従事できる五浦のアトリエは、最高の絵画道場であり、武山にとってここに加われたことは記念すべき出来事であった。

以下で武山の筆になる「天心の観山評価」を紹介するが、武山は作風や幼少からの画歴など観山と似ており、「天心の観山評価」には武山の主観が加わっているともとれる。大観によれば、「下村君が岡倉先生にご相談して美術院に引っ張って来たのです。木村君はああいう器用な人でしたから、下村君が自分の絵を描くときの手伝いに呼んだわけでしょう」となる。大観は水戸藩、武山は笠間藩で同じ茨城であるが、二人の家系では藩での身分に隔たりがあり、武山の祖父は、現在の常陽銀行の前身にあたる銀行の頭取格で、経済状況に隔たりがあった。また、五浦時代に朦朧体をすぐに諦めた観山と武山は、土佐派の絵を描き、よく売れた。観山の絵は尺八で百円、武山のは二十円だったという。

下村さんの若い頃の作品には驚く程完成されたものがあった。そんなわけで、岡倉天心先生が下村さんへかけていた信頼は余程深いものであった。岡倉先生は、学生時代から最も下村さんに目をかけていた。横山さんや誰よりも一番であった。したがって、下村さんは岡倉先生の非常に熱心な指導を受けたもので、いわば岡倉先生の頭が下村さんを動かしていたかの感があった。（「下村さんの若い頃」『塔影』一二巻第七号）

大観は美術学校入学試験前には、絵描きになるつもりはなく、大学予備門（後の第一高校）に進学し、実業家になりたかったそうだ。観山は幼少時から和歌山で絵師の下で修業していた。後述するシカゴ万博における仕事ぶりは、美術学校時代の両者の力量の違いや天心の評価を反映している。

私見では、天心は、日本美術院創設以降では菱田春草を非常に高くかっていたように思う。早世したこともあるが、新しいものを取り入れるための努力を最も惜しまず、新たな日本画の完成を企てた点では、観山ではなく、春草を評価していたように思う。これは大観も同じだろう。大観は日本画の革新という面や技量では、後輩の春草に一目置いていた。詳細は『大観画談』に譲るが、武山が線が曲がっていないかと春草に問われたことは前述したが、もちろん、大観にも同じ質問をしている。この頃、春草は、大観に「六尺（約一八二センチ）の障子の桟を上から下まで見ているうちに一尺五寸ぐらい真黒な見えないところができる」と打ち明けている。

ところで、平成二十三（二〇一一）年の東日本大震災・津波被害は、北茨城市にも及び、六角堂が流出したことは周知のことであるが、天心記念美術館も被害のために閉鎖を余儀なくされた。開館再開記念の催しは、「没後七十年　木村武山の芸術」であった。筆者はこれを見に行く途中、笠間市の武山の住居とアトリエを訪れ、再興第一回院展出品作「小春」の「モデル」の庭を小春日和の日に拝見できたし、住居に隣接する大日堂で武山晩年の仏画を見ることができた。一九三八年に右手が不自由になってからの「左武山」の作品もそれ以前の作品も見事で、「色の魔術師」の一端も伺えた。孫の正明氏から器用な武山は、脳溢血で倒れる以前にも左手で絵が描けたのではとの私見を伺った。

二〇一二年秋に福岡市美術館で院展の作品展「日本画の巨匠たち」があり、武山の作品説明には「美術院きってのカラリスト」とある。同じ弁天を描いても武山が師と仰いだ観山のものより確かにカラフルだし、観山は弟分の武山のことを「おそらく開闢《かいびゃく》以来本村君ほど彩色の巧みな人はなかろうと思う。実に色彩においては第一人者である。その点を僕は非常に尊敬して居る」と褒め称えている。

ここで天心がカラリスト武山をどのように見ていたかを知りたいところであるが、武山を兄のように慕い、巌《いわお》君と呼んでいた天心の息子一雄が語っているエピソードを引くしかなかろう。武山の本名は信太郎だから、巌というのは綽名にちがいない。おそらく生真面目で堅物のために美術院の仲間あるいは天心も、親しみの情も込めてこう呼んでいたのであろう。

（武山は）おそらく華美彩色を喜び、とくにその青壮時代には師の天心からその彩色好みをあまり喜ばれていなかったらしい。天心の晩年に渡米の日がせまった一日、武山に一本の洋傘を求めるように託した。武山から渡された洋傘をひろげ絹地や柄の彫刻などを眺めていたが、武山が帰宅するや、「武山好みか、まったく立ちきれない。こんなものはいっそ素人のお前の見立ての方がよかろう」といって京橋そばの仙女香に取り替えに行かされた（『岡倉天心を繞る人びと』より、一部変更して引用）。

これは明治四十三（一九一〇）年から四十五（一九一二）年の出来事であろうから、武山は三十四〜三十六歳であった。武山が華美彩色を好んだことは趣味の問題であり、江戸文化のなかでも元禄時代を好んだということと関係があろう。明治三十五（一九〇二）年に美術学校教授の彫刻科石川光明の次女と結婚した武山は、娘に禄子と命名したほどである。

とにかく武山は努力家で、日本美術院やその関連の勉強会に頻繁に出品し、天心がそれを論評していた（『岡倉天心全集』３巻と別巻に合評会について掲載）。彩色に関する評は少ないが、以下に二例紹介する。まずは没線主彩の新画法が朦朧体と呼ばれだした明治三十三年四月の第五回絵画研究会における「旭に桜」は、一等賞の該当作がなく、二等賞の武山のこの作が事実上トップであった。

空の黄色には情趣あり。故に〔旭が〕濁れりとの評もあるならん。上から下への線を受くるには、何物か配合ありたし。（全集別巻、五五頁）

天心は、この翌年に上野の旧博覧会第五号館で開催された日本線画協会と日本美術院共催の展覧会に出品された「桜狩り」（銅賞）については、武山の彩色を伝統的土佐派の画風継承者という前提のもとに、武山の力量を高く評価している。

木村武山「高倉帝厳島行幸」(東京藝術大学蔵)

其の着色殊に色の配合及び新思想に及びては、古に憑りて古に泥《なず》まず、新意を寓して寄激に流れず、悠然自我作古の風あるは、他の此派を学ぶ者の中に見る能はざる所なり。(全集3巻、一五九頁)

前述の「木村武山の芸術」展では、歴史画、花鳥画、仏画、障壁画の四つのジャンルに分けて展示されていたが、カラリスト武山の華麗な色彩は、花鳥画に、色彩の精華は仏画にみられるが、歴史画の中にも、代表作である「阿房却火《あぼうごうか》」をはじめ、秀作、佳作が幾点かみられる。

武山の歴史画

ここで時計の針を美術学校時代に戻す。当時の武山にとって天心は、一種の雲上人だったと思われがちだが、天心覚三は、少人数の教育で、校長といえども現場で教える限り教師としての自覚が強かった。武山が美術学校に入学した一八九一年と翌年には美術史の講義を担当したから、武山も聴講していたかもしれない。

天心による指導を受けた作品としては、卒業制作「高倉帝厳島行幸」明治二十九（一八九六）年がある。指導教官は助教授に抜擢された下村観山で、絵巻などの古画研究の成果とともに、観山の卒業制作「熊野御前花見」の影響を見てとれる。この題材や晩年の紀元二六〇〇年の祝いのために描いた『神武天皇』などは、明治二十年代から三十年代にかけて国家、国民意識を形成するために奨励された歴史画の例であろう。一八八九年に明治憲法が発布されたことが歴史画の登場と関係深い。この点に関して佐藤道信氏は、「明治二十年代の国家体制の完成を背景に、皇国史観に基づく歴史認識として（歴史画が）成立した」と述べている（佐藤道信『明治国家と近代美術——美の政治学』一三五頁）。

また、明治三十二年の坪内逍遥と高山樗牛の歴史画論争は、つまるところ、歴史画は歴史であるべきか、絵であるべきかの論争であった。これに関連して、天心の歴史画観は、この論争を止揚したような意見であった。つまり、時代考証を行ったうえで歴史や物語の一場面、あるいは人物たちの様子を画家の想像を加味して描くことが日本画の近代化にとって有効であると考えていた。

武山の歴史画には『平家物語』に題材をとったものが幾点かあり、これは物語を読みこみ、想像力を膨らませた作品群で、「これまでの歴史画とは一線を画する、浪漫的で臨場感のある歴史画を（武山は）創造したのである（「没後七十年木村武山の芸術」一六頁）。具体例をあげれば、明治三十八年の作「堀河の静」であろう。武山は、『平家物語』の記述を忠実に読み解き、義経のために合戦の準備をしている静の心境を導き出して絵に表現したのである。

歴史画のみならず、武山の全作品の中での代表作は、第一回文展で上村松園、西村五雲らとともに三等賞に輝いた「阿房劫火」である。歴史画で大家になった後輩の安田靫彦《ゆきひこ》をして驚嘆させた作品であり、秦の始皇帝が遊興にふけったという阿房宮の断末魔を描き、紅蓮の炎が白煙・黒煙と混ってまさに崩れ去る様が地獄絵のように表現されている。この作品でも武山は、『史記』にある炎が三ヶ月読いたという記述を読んでイメージを膨らませたという。けれども、戦争なのに、兵士や逃げ惑う人々が描かれていないという批判もあったという。朦朧体の手法を用いながら煙のみで画面を構成しているところに新味があり、評価が分かれたといえよう。

天心が「毘沙門天弁財天」制作中に「音が聞こえない」と評したことは前述したが、「阿房劫火」にも同じような文学的批評をしている。つまり、「もし、この絵をしてごうごうたる火焔の音が聞こえたら実に天下の名作だが」。

三、彫刻科卒業生の見た師天心

彫刻科一期生の新納《にいろ》忠之介（号は古拙）や後に陶芸家になった板谷波山が語ったことは後述するが、まず最初には、天心に対する敬愛の念を赤倉・谷中の六角堂や京都造形大学などにある金張りの天心胸像や五浦釣人（最初に制作されたのは天心十七回忌の折に催された再興院展に出品）で具現化した平櫛田中＝本名、倬太郎を取り上げる。

近年、現東京藝術大学にほど近い田中の旧アトリエ兼住宅が時々公開されているので、訪れたところ、二階の部屋に木彫りの天心像を見て驚いた。きわめて素朴なもので、今まで顧みられていないが、筆者には赤茶けた荒削りの像に田中の師に対する思いがひしひしと感じられた。大げさな表現をすれば、魂が込められているし、田中は、やはり木彫の人なのだ。

平櫛田中「活人箭」について

平櫛田中翁は長命であられたので、筆者の父のところに訪ねて来られた折の、紋付・白足袋の腰の曲がられた御姿が今でも目に焼きついている。また、両親を介して聞いた話から田中翁の天心に対する尊敬の念が並々ならぬものであったことが感じられた。今でも覚えているのは、一九一三年九月の葬儀に、生前の天心に見てもらうことが適わなかった最新作「尋牛《じんぎゅう》」の小品を胸に抱いて列席したという逸話である。田中翁自身は、「自分が今日あるの

平櫛田中
（平櫛田中彫刻美術館蔵）

平櫛田中「活人箭」（東京藝術大学蔵）

は全く天心先生と禾山和尚のお陰であると堅く信じております」と語っている。

一九〇八年の第二回文展では、文部大臣が交代したせいもあってか、旧派が審査委員会を牛耳った。そこで、天心らは前年に結成していた国画玉成会の第一回展を開催した。それと同時に、やはり前年に若手木彫家に懇請されて結成された会、日本木彫（会長は天心）の第一回展が合同で開催された。　高村光雲は、職人的である反面、西洋の技法も採り入れる革新性ももっていたが、学生を組織するのは苦手であった。そこで、天心が若手木彫家の面倒もみることになった。

田中の回顧談によれば、若き日の田中が啓示を受けたという第一回木彫展での天心の挨拶は、こういう話であった。「売れる物を作ろうとするから売れません。売れないものをお作りなさい」。

田中にとって忘れられないこのときの思い出が二つある。一つは、わずか六人の出品しかない会場を廻った天心が経師屋の銀サンと田中を呼んだ。銀サンには、「お前、この男の世話をしているのか。たいしたものだな」といい、田中には、「しっかりするように」といわれた。

もう一つのエピソードは、比較的よく知られている話である。展覧会の最終日、五浦の天心から米原雲海の「月」と田中の「活人箭《かつじんせん》」を買い上げるとの電報が届いた。幹事役の田中は、自作ではなく先輩の加藤景雲の作品を意図的に取り替えて送った。すると、上京した天心が「必要だから買ったのだ。作品をすり替えるとは何ごとか」と田中をひどく叱った。けれども、そのすぐ後に、田中が自作をもって詫びに出かけると、「展覧会での労をねぎらおう」と天心が中華料理屋に連れて行ってくれた。そこで、ビールを飲みながら「活人箭」の批評がはじまった。

あの構えは何だ。アレでは死んだ豚でも射られないよ。作品には精神が必要だ。意気を示せ。弓などは持たせずとも何人なんびとでも射抜くぞという意気の充実を要するのだ。フランスにルーダン〔ロダンのこと〕という爺さんがいます。偉い爺さんです。ルーダンはこれをやっております。

一九〇八年といえば、光雲の息子の光太郎がロダンのことを知った頃であろうか。天心の師であるラファージは、一八九一年にロダンに夢中になっていたから、天心は、ラファージを介してロダンに直接会っていたかもしれない。このエピソードの年である明治四十一(一九〇八)年六月に天心は、パリに出かけており、同月九日の日記(ほぼ英文)には、「午後二時ロダンを見る(Saw)。ベルネデルト氏と共なり」とある。「大使館に粟野男を見る」と同様に「見る」は「会う」の意味にもとれよう。

なお、天心が『泰西(西洋)美術史』を美術学校で講義したのは、明治二十三〜二十五(一八九〇〜一八九二)年であるが、この時にすでにロダンの写意性を強調し、「早取り派にルーダンといえる人あり。この人は極めて必要の処に力を用ゆれば、他は如何にあるとも宜しとの考えに至れり」と述べている。

天心には流鏑馬《やぶさめ》の真似事を田端近辺の野原でしていたという逸話もあるし、狩猟は釣りとともに趣味であった。柔術と共に弓道の素養もあったのではなかろうか。したがって、田中が「死んだ豚も射れないと胸を肌けさせて疾呼されました」というとき、片肌を脱いで弓をひくまねをしたのではないかと想像している。

天心が田中に語ったことの背景には、日本画の方は、第一回玉成会に大観「煙雨」、観山「大原御幸」のように評価される作品が出展されていたのに対して、木彫の方は未熟であり、発展のために開催された木彫会も、低調であった。したがって、光雲を継承できるような才能をもっている若手を励まそうという天心の親心というか、教育者としての熱意や、さらには、日本美術の擁護者としての立場を垣間見るのは身びいきであろうか。同時に、ロダンの例は「西洋のものでも良いものは良い」という天心の立場を証明している。

新納忠之介「恐れ多い先生でした」

新納忠之介は、明治二十二（一八八九）年に東京美術学校彫刻科に後ろから数えたほうが早い成績で入学した。ところが、三年後には特待生となり、首席で卒業した。映画「Ｈａｚａｎ」にも、「板谷、お前が首席で卒業したことにしといてやるから」というセリフがあった。卒業後は明治二十八年に二十七歳にして美術学校助教授に就任した。

制作面では、明治三十年に中尊寺の一字金輪坐像を模作し、本展に出展しているが、この時すでに建築主任伊東忠太の下で中尊寺金色堂における仏像修復作業を行っていた。日本美術院創設後は、もっぱら奈良で仏像修復の仕事に従事したが、ボストンに派遣されて快慶像の修復にあたってもいた。天心の新納に対する信頼の厚さは、その書簡からもうかがい知ることが出来るし、明治三十九年十一月以降はウォーナーの教育係でもあった。

孫の義雄氏は、「天心先生は厳しい方だったと祖父は申していました」といわれ、一つのエピソードを話して下さった。それは、おそらく昭和十七年に本人が『古美術』一二巻一二号「岡倉・正木先生」で語っていたであろう明治三十一年に奈良東大寺法華堂の仏像修理を天心から命じられた時の話である。天心から「東大寺法華堂の仏像修理をぜひやってほしい」と依頼された忠之介は、「私のような未経験の者にはとても無理です」と丁重に断った。それでも天心が執拗に頼み込むので、「私を殺すつもりですか」と敬愛する師に初めて逆らった。

結局、引き受ける羽目になり、修理を無事完了し安堵した。また、義雄氏は、こういわれている。「祖父は法華堂での仕事で自信を持ったようです。これで益々、天心先生に頭が上がらなくなったことでしょう」。

天心の教育方針に関わる、あるいは在学中の美術学校の雰囲気を伝えるエピソードを忠之介が『奈良の美術院』の中で語っている。


先生の所へ急須と茶碗が盆に載って出てくる。初め雅邦翁は、黙ってにこっとして飲んでいる。〔川端〕玉章翁は、ふふん、ふふんと妙に笑い出しながら飲んでいる。急須には酒が入れてある。玉章翁が笑うので、生徒も気づくのだが、師弟の情誼にも特殊微妙なところがあった。元来岡倉先生の教育方針は、特質ある傑物を作ろうというので、強いて干渉して同じ型にはめようとはしない、伸びるものは十分伸ばす。百人の生徒中から、一人のエラ者が出るならよい、という精神であった。

天才陶芸家波山の証言

話を波山と天心に戻そう。波山は明治二十七〔一八九四〕年に「元禄美人像」という木造作品を卒業制作しているが、題材を選ぶときに、岡倉校長の直接指導を受けたと回顧している。

私が元禄美人を作るというと、なんでお前はそれを作るのか。私の答えが元禄時代は江戸の方へ中心が移って、庶民が発達してきた、江戸の文化が起こってきたとか、そういうことに非常に興味をもつからだというと、よかろう、それについてはどんな本を読んだかという。西鶴ものや風俗について読みました、とかいうと、まだこういうものを読めと、たとえば『雅遊漫録』を読めとか教えてくれるのです。それを読みますと非常に役に立ちました。

（「美術学校時代の岡倉先生」）。

板谷波山「元禄美人像」（東京藝術大学蔵）

波山の回顧談の中にも、上記の新納と類似の指摘がみられる。

岡倉先生が校長になられたのは二十九歳（満では二十八歳）の時でした。講義は日本美術史と西洋（泰西）美術史をもっておりました。先生、原稿を持たないものですから、ときどき出たら目に脱線しちゃう。脱線がむしろ面白くて、文化・文政時分の画家は本にいっぱい載っているが、大きい字で書かれているのは谷文晁一人だ。この大勢の生徒のなかで誰が文晁になるか。でかい文晁飛び出しなさい、ということを脱線して始終やるんです。

（「美術学校時代の岡倉先生」『國華』八三五号）

最後に波山の陶芸作品にも、天心の影響がみられることを一言述べておこう。波山が明治四十四（一九一一）年頃から試作を開始し、大正六（一九一七）年の日本美術協会展で金牌を受賞した花瓶の葆光彩磁という手法は、絵画における朦朧体と共通点をもっている（荒川正明『板谷波山の神々しき陶芸世界』八七頁）。

また、波山は東京美術学校在学中に美術史の講義も受けているし、映画ＨＡＺＡＮの一場面にもあった「西洋の真似（模倣ではない）するな」という教訓を肝に銘じていた。

筆者も脱線になるかもしれないが、関連するので天心の谷文晁評価について一言。天心は、文晁が有名になったからではなく、その作風を評価していた。『日本美術史』の中で「江戸に鳴りたるは文晁、谷氏なり」と評価する一方で、「然れども、これを遂ぐる能わざりき」と述べ、北画を描けば北画に、南画を描けば南画になり、独自色が出ていなかったとしている。それに対して、明治三十五（一九〇二）年三月の時点で、西欧画をいかに自己の画風に取り込むかに悩んでいた大観と春草は、「谷文晁は、南北両派を融合して、別に自ら一派を開けり」とし、彼ら自身は、「東西の美術を渾化し、造化に接する」という強い意思を持って新日本画の創造にチャレンジしていた。この意欲は、「真々会旨趣」という文書にも反映されている。

四、外国人の弟子たち

最初の外国人弟子ジョセフィン・ハイド

天心の外国人の弟子といえば、すぐに思い出されるのはラングドン・ウォーナーであろうが、ここではあまり知られていないジョセフィン・M・ハイドの紹介からはじめたい。ハイドを天心の弟子とするのは不適切かもしれないが、天心が彼女に日本美術史を教え、美学の教えも施したとも思えるので、とりあえず、彼女を「天心の外国人弟子第一号」と呼ぶことにする。

ハイドが明治三十四（一九〇一）年に来日していたことは、岡倉一雄『父天心』の記述や『天心全集』別巻年譜からも確認される。一雄によれば、天心は、この年の八月頃よりハイドならびに天心のインド旅行に深く関わったジョセフィン・マクラウドに、自宅で日本美術史を週一回の割合で講義していた。ちなみに、大学を中退した後、アメリカに約五年間遊学した一雄は、オークランドでハイドの世話になり、天心も一九〇五年三月にボストンから帰国の途に着く前に、サンフランシスコで息子の出迎えを受けた後、ハイド邸に逗留している。なお、天心の異母姉の息子である銀行家八杉直が一九一三年三月に天心に宛てた手紙にもオークランドのJ・ハイドの記述がみられる。

ハイドは、一九〇一年十月に上野公園で開催された「秋の美術院展」の印象記を書き、ロンドンで刊行されていた『ステュディオ』誌の翌年三月号に掲載されている（全集別巻に邦訳）。それは、まさに天心らが目指してきた新日本画とはいかなるものであるかについて、イソップを題材とした観山の金屛風や、雅邦の雪景色の絵などの批評を通して、美術院の日本画がマンネリズムを脱し、精神性に富む作品であると高く評価している。とりわけ、観山の作品については、「新しいものを採用する幅の広さと同時に宗達、光琳の抱いた理想をあくまでも守ろうとしている」と伝統と革新のバランス（融合）を賞賛している。この論評からは、ハイドがフェノロサや天心らの美術論、日本絵画論を十分に理解していたことが読み取れる。けれども、この時期の展覧会は、春草や大観が新たな実験に没頭しはじめたころであり、ある意味では日本美術院の退潮期であった。

ところで、画家としてのハイドの力量は、いかなるものであったのであろうか。残念ながら筆者は、一例のみしかハイドの作品への評価を知らない。すなわち、明治三十四年三月に開催された第十回絵画共進会に出品されたハイドの作品についての天心の批評が記されている（全集3所収）。

ここで簡単に絵画共進会について説明しておきたい。それは明治二十九年に二条基弘公爵を会頭（名誉職）、天心を副会頭（事実上の最高責任者）とする日本絵画協会が設立された。この会は、日本美術協会と一線を画し、新日本画建設に情熱を注ぐ青年画家たちを結集させる団体であった。絵画共進会は、この会の会員が成果を問うために開催された絵画展であった。

ところで、天心の評したハイドの絵は、愛児および中国人の子供が題材であり、若冲の草画に比べて見たり、「平生修養あるものにあらざれば、いずくんぞ能く此の如きを得んや。外来の一女史にして此般の技量あり。我が人物画家、大いに反省せざるべけんや」と絶賛している。ただし、調べて見ると作者のハイドは、ヘレン・ハイド（桜をあしらった浮世絵風の絵が横浜美術館にあり、版画集は千葉市美術館が所蔵している）という名前で、ジョセフィン・ハイドとは別人であった。

ヘレンは、陶芸家として有名なバーナード・リーチからエッチングの指導を受け、フェノロサに影響されて本版画も学び、いわば現代風の浮世絵を残した画家である。調べていくと、ヘレンがジョセフィン・ハイドにもエッチングを習っていたことが分かった。ジョセフィンは、単なる美術評論家ではなく、銅版画家でもあった。したがって、天心との関係では、ジョセフィンは、日本美術史では弟子であったが、日本美術院の客員だったといえるかもしれない。また、木下長宏氏は、ヘレンとジョセフィンが姉妹ではなかったかとし、二人が天心の最初の印度行きの約一年前の一九〇〇年秋には来日し、一年半滞在したと推測している。

ウォーナーと天心の初対面

やはり、天心の外国人弟子の第一号は、ラングドン・ウォーナーであった。ウォーナーは、後にボストン美術館中国・日本部門で天心の部下になり、奈良では主に推古彫刻の研究に従事した。また、第二次世界大戦に文化財保護救済リストを作成したために、ウォーナーの死後、「古都を爆撃から救った恩人」との伝説が広まった。それはまず終戦直後に、ウォーナーの親友で美術研究者矢代幸雄によって最初に広められたが、立原正秋の小説『春の鐘』あたりからより一層普及した。姓の Warner は、映画会社のようにワーナー、あるいはワーネルと表記できるが、天心の弟でウォーナーの日本語教師であった英語学者の由三郎は、ワルナルと発音していたという。そう証言しているのは、少女時代に五浦でウォーナーとフォスターの「スワニー・リバー」を歌った思い出を持つ由三郎の娘たちである。

ラングドン・ウォーナー
（茨城大学五浦美術文化研究所蔵）

マサチューセッツ州ケンブリッジ（ハーヴァード大学所在地）の名門ウォーナー家に生まれたラングドンは、ハーヴァード大学卒業後の一九〇六年にボストン美術館評議委員会推薦を受けて研修候補生に選ばれ、日本への派遣が決まった。その結果、クーリッジ館長臨時代行が天心に受け入れを依頼する「推薦状」を六月八日に出している（全集別巻に訳文）。その書簡には、「候補生〔ウォーナー〕は、ニューイングランド良家出身の者で、美術の鑑賞能力は開花していないが、魅力的な性格と鋭敏な知性の持ち主である」と述べられていた。さらに、推薦状にはこうある。

彼の美術の研究と鑑賞の能力はこれから発育されるべきものなのです。彼が今夏日本に赴き、貴下の個人的薫陶を可能な限り受けるように強く望んでおります。評議委員会は、貴下が彼に一緒に旅することを許すか、あるいは彼の旅行に支持を与えること、美術品に近づき、また美術品を理解するに当たり、彼を助けてくれる者への接近をあらゆる手立てを講じてもらうこと、彼の研究計画を立て、彼の帰国に当たっては、彼および評議委員会に対し、彼の研究を今後とも継続することに関して、助言を与えることを希望しております。

要するに、ボストン美術館評議委員会は、ウォーナー留学中の指導教官役を天心に依頼したわけである。東洋学者を目指すウォーナー青年も、できる限り東洋美術の世界的権威の薫陶を受けたいとの希望に胸膨らませていたにちがいない。かくて、一九〇六年六月十八日、ウォーナーは、サンフランシスコ港より「コプティック号」に乗船し、一路東京に向かった。
ウォーナーは、七月二日にさっそく谷中の日本美術院に天心を訪ねているが、それは美術院が改組になる大変な時期にあたっていた。天心は、ウォーナーに会った印象や指導方法について初面談の翌日、クーリッジに報告している（*OKAKURA Kakuzo*, vol.3, 59, p.73. 全集6二五三頁に邦訳）。

ラングドン・ウォーナー氏が昨日、私に会いに来ました。私は、彼の風貌の真剣さに接し、嬉しく思いました。すでに彼には、日本語教育の確固たる基礎を授けることを計画し、本日より私の弟の由三郎に個人教授するように頼みました。弟は高等師範学校の語学教授で、大学でも教えております。東京博物館において私の友人たちの下で勉強させるつもりでおります。彼のために美術院の近くに下宿を探しました。

ウォーナーは、後に由三郎をボストンに招待しているが、多忙な由三郎が弟子に「代講」を頼んでいたことは、福原麟太郎の回顧談から分かる。それによれば、「由三郎先生に命じられて、天心の弟子ウォーナー氏に、東大の滝精一博士の日本美術史講義を英訳してあげた」。
ウォーナーも、天心と初めて会った時のことを母親に知らせている。

先生〔英文もsensei〕は深々とお辞儀をし、流暢な英語で『私が岡倉です』とおしゃいました。

机の向こうに座っておられた先生は、船旅のことを私に二、三質問されてから用件に入りました。〔中略〕彼自身によってお膳立てがすっかり整えられていたことが分かりました。

（『ウォーナー書簡集』一八頁）

天心の「指導ぶり」

八月七日付のクーリッジに宛てた天心の手紙にもあるように、ウォーナーは七月いっぱい由三郎の手元で日本語の勉強をしていたが、八月は夏期休暇と考えてか、ウォーナーを五浦に連れて行った。天心は、腎臓の持病も芳しくなかったこともあって、釣り三昧であった。これは先生と寝食をともにして個人的薫陶が得られることを大いに期待していたウォーナーをガッカリさせた。それを義姉に正直に述べている。

先生はもちろん素晴らしい人ですが、肝心なことになるとさっぱりです。「何か命令して下さい」というと、「そうだな。では命令しよう。博物館に通いつめてはいけない」といった次第です。でも先生の側にいれば、自然にいろいろのことを学べます。先生は気晴らしの重要性という禅の主義を持たれ、全精神を沖での釣りに注ぎ込んでおられます。でも僕には先生が魚釣りによって東洋美術の世界一の鑑定家、中国古典や英語の権威になられたとは信じられません。

（『ウォーナー書簡集』一九〜二〇頁）

夏期休暇が明けた後のウォーナーの留学生活の詳細を伝えている資料を見ていないので、推測になるが、天心がお膳立てしたメニューに従って、日本語の学習、東京帝国博物館、東京大学や古社寺保存会で懸命に学んだものと思われる。ウォーナー書簡集の編者セオドア・ボウイも筆者と同じような推測をしている。ウォーナーがクーリッジに九月から十一月上旬ころまでの勉学ぶりを報告していたことは、十一月二十八日付のクーリッジの天心宛の書簡が裏づけている。

〔ウォーナーは〕貴下を畏敬にも似た気持ちで見ており、彼が最後まで耐え抜くことができれば、彼ほど聡明な弟子はほとんどいないと思います（全集別巻）。

天心は、九月十二日に入院して手術を受けた後、五浦でしばらく静養したが、十月八日にはボストン美術館の美術品収集のために清国に出発し、翌年二月十八日に帰国している。したがって、ウォーナーに対する直接指導はほとんどできなかったに等しい。ただし、弟や知人たちにウォーナーへの指導プログラムを渡し、「よろしく頼む」ということを徹底していた。

この間にウォーナーが天心のカリスマ性を再認識する一つの知られざるエピソードがある。それは彼が日本留学のための準備に追われていた五月に刊行されていた *The Book of Tea* が父親から送られてきて、この本を読んでみて天心のすごさを痛感させられたことである。その時の心境をウォーナーは、父親に次のように語っている。

『茶の本』を読んでみて、日本文化への自分の無知を痛感させられました。さらに、自分があまりにも「薄っぺらな存在」と思わせられました。『茶の本』を二回読みなおしてみて自分が感じた絶望感は、父上のそれと同種類のものでした（『ウォーナー書簡集』二〇頁）。

ウォーナー父子の意見は、一〇七年経った今も多くの読者を世界各地に有している『茶の本』の基本的理解に繋がる重要な指摘である。『茶の本』刊行百周年を記念して永平寺で開催された座談会でも、西川福井県知事が、「学生時代に二回ほど読みましたが、難しくて理解できませんでした」と語られている。すなわち、平易な英文で書かれているが、洋の東西を問わず著者天心覚三の博識に迫ることは容易ではなく、最初の訳者村岡博は、英文学者であり、漢学や東洋の歴史にも通じていたが、その訳注を参照しても理解は容易ではない。

ウォーナー、天心の人気に驚嘆

天心は、ウォーナー来日の三ヶ月後に中国に出かけているが、天心は、中国語の出来るウォーナーに一流の中国美術研究者になって欲しいと期待していた。それと同時に日本の古美術、とりわけ仏教美術についても勉強させた。ウォーナーは、一九〇七年十月に再来日した折には、仏像修復を主目的とする前年に奈良に設立された日本美術院第二部において、主任新納忠之介の指導を受けた。一九二三年に刊行されたウォーナー著『推古期における日本の彫刻』の研究は、この時にスタートし、一九一七年の来日時に骨格が構成されたと考えられている。

なお、同書には、当然ながら天心とともに新納への謝辞が記されている。ここでは詳細な奈良時代の記述は忠之介の孫の義雄氏が『美術院』紀要などに執筆されたものに譲り、一つのエピソードのみを紹介する。それはボストンでの仕事の後に二ヶ月余りのヨーロッパでの美術調査旅行（このときの天心の日誌は全集5所収）を終えて八ヶ月ぶりに帰国した天心を奈良駅に出迎えたときのウォーナーの印象である。一九〇八年七月二十一日にウォーナーが婚約者（ノーベル平和賞を受賞し、ビゲロウと親しかったセオドア＝ローズヴェルトの親戚）に宛てた手紙からそれを再現してみたい（『ウォーナー書簡集』二九～三〇頁）。

先生は一昨日戻られました。出迎えの人々の先生に示された尊敬の念は、かつて私がペルシヤなどで王族と会ったときにも感じなかった空気でした。新納と私は、出迎えは自分たちだけと思って駅へ向かったのですが、ニュースが漏れたらしく、同じ目的の大勢のグループに追いつきました。汽車の到着時刻までに六十人強の美術家、博物館関係者、コレクター、弟子たちが集まっていました。先生が降りてくると私たちは争って荷物を運びました。まるで大統領が国民のもとへ戻ってきたようでした。その人は絵も彫刻もせず、私が知る限り母国語での本は一冊も著していませんが、私たちにとって彼こそが、知性と行動の唯一の指針なのです。

帰国後間もない九月二日に天心がボストン美術館のフェアバンク館長に宛てた手紙は、九世紀の大型観音像を購入し、船便で送ったとの連絡に関連してウォーナーの近況を伝えている。

ウォーナー氏もこれ（観音像）を見ています。ところで、彼は目下私の所に泊まっています。彼は非常によく勉強しており、課せられた任務の一般的な基礎を自分のものとしつつあります。来年から、手始めに陳列作業で貴下の手伝いを始められる程、相当有能になっていると確信しています。多分、彼はこの冬に、父親とともに帰国するでしょう。

『国宝帖』の英訳

一九〇九年十月、ウォーナーは、久々に五浦に滞在し、天心の手助けをしていた。翌年五月からロンドンにて開催される日英博覧会のために中川忠順、平子鐸嶺《たくれい》（法隆寺非再建論の論客）と共同編纂した『国宝帖』（内務省編纂『特別保護建造物及国宝帖解説』一九一〇年三月刊行の英文版にあり、全集2に初訳収録）の仕事をしていた。ウォーナーの親友で美術史家の矢代幸雄は、『日本美術の恩人たち』の中で、「海外の博覧会のために文部省が編纂した『国宝帖』の英文“Japanese Temples and their

Treasures"は、天心自身の執筆としてその名文を謳われているが、それには若きウォーナーが手伝っていた、と聞いている」と述べている。

通称『国宝帖』は、明治四十三年に発行され、英文版はB6判、本文二百二十三頁であった。その英文が天心の名文であるというお墨付きを与えたのは、由三郎の弟子福原麟太郎であり、昭和二十年に創元社版『岡倉天心全集』に「美術解説の英文について」という文章を寄せている。

やはり文体から見ても、先生の自ら書かれたものであろうという意見を抱くに至った。漢文的に凝結集約された表現、東洋人的な比喩の駆使（その派手やかさは到底他人の企てに及ばないものである）、含蓄の多い用語、しかも象徴的ともいうべきものの巧みな使用、などが先生の文体の特徴であると思うが、それらは例を挙げるには及ばないほど随所に発見される。〔中略〕英文はウォーナー氏が検討したと、解説の序文に書いてある。しかし私は、それさえ疑った。文法的に訂正されるべき点も残し、漢文的簡潔な語法さえそのままにしてあるのを見ると、ウォーナー氏が、先生の文章の気概に圧倒されて、一言も直すことが出来なかったのではないかと想像された。

英語学の薫陶であった福原は、贔屓目《ひいきめ》はあるにせよ、ほぼ客観的な判断を下したのではと考えられる。その傍証としてウォーナー自身の発言を引いてみたい。

先生と中川氏が〔寺宝の〕寸法、年代、伝承、形状を日本語で〔先生は英語で〕読み上げ、私はメモをとってから清書、タイプすることになっています。

（『ウォーナー書簡集』三一頁）

これが誰に宛てたものかは明示されていないが、おそらく家族に宛てたものであろう。ウォーナーの翻訳への関与度に関わりなく、『国宝帖』に関するウォーナーの仕事に天心が満足していたことは、この仕事に着手した直後にウォーナーの父親ジョセフに宛てた天心の手紙（明治四十二年〔一九〇九〕十月十一月）からも分かる。

ラングドン君は先週水曜日に当地に着きました。日本の宗教物に関する刊行物の準備に、私とともに唯今忙殺されています。私は有能な助力を得た幸運を大変喜んでおります。〔中略〕この困難な仕事も、将来ラングドンの役には幾分立つであろうと考えて心を慰めております。（全集6所収）

愛弟子との離別

上記の父親宛の手紙にも記されているように、天心は中国語のできるウォーナーに中国の龍門石窟寺院の調査を期待していた。また、一九一〇年十月にボストンから新納や中川に「ハーヴァードのスカラーシップで推古時代の仏像調査のために来日するウォーナーをよろしく頼む」

と連絡していたし、ボストン美術館に就職したウォーナーを一九一二年三月まではかわいがっていたことは、当時のフェアバンク館長宛の手紙からも明らかである。

辞任がウォーナーの中国古美術研究者として大成することに役だったことは、皮肉な結果であった。天心は一九〇八年に中国調査にウォーナーを同行した頃から、彼がデスクワークよりもフィールド調査向きであることを見抜いていた。同年七月一日に奉天からボストン美術館のホームズ東洋部長宛の手紙からも推察できる。さらに天心は、カーネギーなどの財界のスポンサーやワシントンDCスミソニアン研究所の助力なども依頼していたようである。さらに、ウォーナーが提案して創設されたアメリカ考古学協会を足場に、北京に渡って調査活動を開始した。それはまさに師たる岡倉の急死したときであった。翌年には、師が高く評価していたイギリスのスタイン博士が活動の拠点としていたストックホルムの王立博物館で研究していた。

その後、ウォーナーは、中国やアメリカでも遺跡の破壊者としてごうごうたる批難を浴びせられるが、当時のヨーロッパの博物館の「探検隊」も、彼と五十歩百歩であった（ウォレン・コーエン『アメリカが見た東アジア美術』参照）。

＊「平家物語」絵巻を題材にした観山の作品は「大原御幸」とともに歴史画のジャンルにおける代表作である。佐藤道信氏に依れば、このジャンルは明治憲法制定後の明治二十三年頃に開始されたもので、皇国史観に基づく歴史認証として成立した。日本神話を題材にしたものと聖徳太子を敬い律令時代をテーマとするものが

多い。

＊＊　春草は大観の師橋本雅邦に対しては「口で新しいことを言っていても作風は古い」と手厳しい批判をしている。漱石も、大正元年（一九一二）に第六回文展で見た雅邦の「竹林雀猫図」を「技術は優れているが古臭い」という評価を下していた。

第四章

万国博覧会 *1893～1904*

日本美術院創立当時の岡倉覚三

一、明治国家と万国博覧会

アメリカと東洋美術

前章で取り上げたウォーナーのような人物は、十九世紀後半と二十世紀初頭のボストンが育んだといえる。一八八一年生まれのウォーナーが受けた万国博覧会（以下では万博）の影響としては、少年期のシカゴよりも、成人後のセントルイスの万博であろう。この章では、独立後のアメリカにおける日本文化への関心を美術に限って考察したうえで、日本文化への関心の高まりに万博が果たした役割について美術に限ってであるが、簡略に紹介したい。次いで、幕末・明治期の日本の国家形成が万博や博覧会からどのような影響を受けてきたかを考えてみたい。なぜならば、こうした予備知識を持っている方が「岡倉覚三と万博」というテーマを理解する一助になるからである。

一七七六年に独立したアメリカは、スペインに対する独立戦争をはじめとする戦争で疲弊したオランダに代わって、一七九八年には、長崎に商船を派遣して鎖国中の徳川幕府と貿易を開始し、一八〇一年までに船長たちがセーラムに陶器、扇子、たんすとともに漆芸品を持ち込み、富裕層の関心を集めていたという。ところが、幕府の鎖国策の強化やアメリカ側にも第五代大統領モンローが一八二三年に孤立政策を採用したために、カリブのみならず、太平洋での貿易も衰退した。けれども、一八四八年にカリフォルニアで金鉱が発見されるとゴールド・ラッシュとなり、西部への関心が高まった。その結果、西海岸のサンフランシスコの人口は急増し、中国・朝鮮やフィリピンのみならず、日本への市場・原料供給地としての関心が再燃しはじめた。

一八五〇年に第十三代大統領に就任したフィルモアは、就任翌年の一八五一年に日本への海軍派遣を発表し、ペリー艦長率いる四隻の艦隊が五三年に浦賀に入港した結果、「たったシハイで夜も眠れず」の「黒船騒動」が起きた。徳川幕府は、不平等な通商・修好条約を締結させられて神奈川港、兵庫港などを開港させられたが、アメリカ国内ではこれを契機に、少数の知日派が日本の漆器、絹、木綿、磁器のすばらしさ、たとえば絹を装飾品に加工する技術の高さに舌を巻いていた。一八五四年十二月一日の『ニューヨーク・タイムズ』には、「一般的にみて日本人の方が中国人より文明度が高い」という内容の記事が掲載され、日本の工芸品などの輸出に風が吹きはじめたかにみえた。ところが実状は、順風満帆には進まなかった。

最初の日本使節が勝海舟とその部下が操る咸臨丸で合衆(州)国を訪問した一八六〇年六月十六日の『ニューヨーク・タイムズ』は、日本美術に関する辛口の意見を掲載した。とくに建築に関してはその美術性の欠如が指摘され、日本の寺院や御所を「木でできており、高さも低く、一時しのぎの構造である。これは地震があるせいでもある」と評している。皮肉なことに、こうした評価がかえって日本の建築に対する関心を生んだといえよう。一八九三年のシカゴ万博で覚三が建造物を重視したことは、南北戦争終結から四半世紀後のアメリカで建造物を含む日本文化へ称賛者の増加に関係していたであろう。

一八七〇年代には、ヨーロッパにおける日本ブーム、ジャポニスムがパリ万博(一八六七)、ウィーン万博(一八七三)を経て七分咲きになっていたのに比べ、アメリカでは狭い範囲でしかブームは起きていなかった。一八五〇年代には、ペリー艦隊によって紹介された北斎をはじめとする浮世絵や漆器、陶器、絹織物などが注目され、いわば「第一次ジャポニスム」が出現した。この状況からモースやビゲロウ、ラファージや後述されるガードナー夫人のような日本文化の理解者で、覚三のパトロン的人物がアメリカの東部に現れた。

彼らより半歩遅れて登場するのがフェノロサだった。ヨーロッパの哲学とくにヘーゲルやスペンサーに関心を抱いていたフェノロサの東洋美術に開眼させたのが南北戦争での北軍の勝利(一八六四年)によってもたらされた産業の急速な発展を背景に、独立百周年という国威発揚にとって絶好の機会を捉えて開催されたフィラデルフィア万博(一八七六年)であった。国威発揚と万博の関係については、吉見俊哉『博覧会の政治学』でも例示されている革命百周年の一八八九年のパリ、コロンブスによるアメリカ「発見」四百周年の一八九三年のシカゴ、「紀元二六〇〇年」の幻の東京万博など枚挙に事欠かない。いいかえれば、博覧会は「産業」のディスプレイであると同時に、「帝国」のディスプレイであった(拙著『西欧の眼に映ったアフリカ』第七章を参照)。

フェノロサがフィラデルフィア万博から受けた反応は、ウィーン万博を体験していたビゲロウが「日本館以外に見るべきものがなかった」(一八七六年六月二七日付)という感想を友人に伝えたのとは対照的であった。九月末に万博会場を訪れたフェノロサは、二日間をオランダ、中国、日本の美術品廻りに費やして強烈なインパクトを受けたことを、日記に「これからの私の研究分野は美術でなければならない」と書き留めている。

ジャポニスムというとすぐに浮世絵や漆器、陶器や刀類が思い浮かべられるが、日本の高度な装飾美術を安価で楽しめる扇子に人気が集まった。一八八〇年頃の『ニューヨーク・タイムズ』の記事によれば、アメリカ国内における日本の扇子販売量は、万博以前には一万本程度であったのが、万博期間中に八十万本、一八七七年以降は年間三百万本の売り上げに達したという。根付もおそらく同様な理由で需要が急増した。東京美術学校のカリキュラムが意匠という名でデザインに重きが置かれたのは、日本政府の殖産政策と結びつくものであった。

さらに、フェノロサとは南欧の血を持つ移民という共通点を持ち、覚三が『茶の本』で日本文化理解者として高い評価を与えているラフカディオ・ハーンが日本文化に関心を抱くのは、記者時代に取材したニューオリンズの国際博覧会（一八八五年）だったという。日本絵画についての『ハーパーズ・ウィークリー』掲載記事は、一見すると異なってみえるが、「写実よりも写意」という覚三の美術観とほとんど同一であった。

最良の日本美術が他に類をみない長所は、ムーブマン、すなわち目に映る動きのリズムと詩趣である。詩趣とは，気韻が生動しているということである。〔中略〕夏の朝の金光の中を弧を描いて飛ぶ鷗、朱色に染まった空をバックに長い列を成して滑空する鶴などなど、そうしたものは模倣はできても凌駕することのできない写実性によって日本画の筆が描き得たモチーフであった。

明治国家と万国博覧会

日本で開催された公式の万博は、一九七〇年の大阪万博と二〇〇五年の愛知万博のみである。花博とか筑波博などは、国際万博協会が主催したものでないから、国際博覧会である。また東京オリンピックが流れて一九六四年に開催されたように、大阪万博も、紀元二六〇〇年を記念して一九四〇年に計画されていた東京万博（月島の勝鬨橋はそのために建造）が三十年遅れて開催されたものである。万博も、オリンピックやサッカーのワールド・カップも世界と言いつつ、その開催地はヨーロッパ偏重であった。

日本の万博初参加は、まだ日本という国家が建国される以前の幕末にまで遡れる。すなわち、一八六二年にロンドンで再度開催された万博に幕府代表団が派遣されたのであるが、一八五一年開催の史上初のロンドン万博（メイン会場の建物に因んで水晶博として知られる）にも、日本の美術工芸品としてオランダ人によって屏風が出展されていた。それから十余年の歳月が流れ、日本の美術工芸品は、ヨーロッパ人の注目の的になったが、展示品はもっぱらイギリスの初代駐日公使オールコックの蒐集品であった。それでも、後に有名な日本研究者になったクリストファー・

ドレッサーのように、この展示から大きな影響を受けた人物もいた。幕府使節（竹内遣欧使節）に通訳として同行した福沢諭吉が博覧会見聞記『西洋事情』初編で、「博覧会は智力工夫の交易を行う場であり、各国古今の品物を見れば、その国の沿革風俗、人物の智愚をも察知できる」と定義していることが当てはまる。

一八六七年にナポレオン三世が第二帝政の威信をかけて開催した二回目のパリ万博には十五代将軍徳川慶喜の弟昭武を代表とする使節が派遣されたが、薩摩藩からの使節参加者は、薩摩・琉球王国として独自の展示を行った。このパリ博覧会については、徳川昭武本人の渡欧記録や渋沢栄一の記録などが残されている。元服したばかりの昭武ら一行は、万博会場での展示物の中でも、ドイツのクルップ社の大砲をはじめとする製品に度肝を抜かれた。日本の美術工芸品のうち漆工芸品の一部は、イギリスのヴィクトリア・アルバート美術館（サウス・ケンジントン博物館と呼ばれていた時期に覚三も視察）に収蔵された。日本が出品した漆器類の総数は四百五十以上であった。

一八六七年のパリ万博への参加で、表には立っていないが、佐賀藩を見落としてはならない。出展品には漆器類ばかりでなく、有田焼をはじめとする陶器類や刀剣類が目についたが、クルップ砲の輸入も目論んでいた。パリ万博開催中に大政奉還となり、明治政府の博覧会や美術行政との関係で佐賀藩台頭が目についた。一八七三（明治六）年のウィーン万博では太政官正院に設置された墺国博覧会事務局総裁に大隈重信参議が、事実上の責任者である副総裁には佐野常民が就任した。彼らの下にいた石田為武は、維新前には佐賀藩で陶業監督官であったが、維新後は明治五年の博覧会事務局八等出仕を振り出しに、ウィーン、フィラデルフィアにも赴き、博覧会畑一筋のキャリアとして佐野を補佐している。また、ドレッサー同行記を一八七七年まとめている。

一八七三年のウィーン万博には日本庭園が存在していたことが第二次世界大戦終了からだいぶ後に明らかになったが、この万博は明治政府が日本国として参加した最初の万博という点に着目する必要があろう。大学南校（東京帝国大学の前身）で物理化学を講じたお雇い外国人のゴットフィールド・ヴァグナー＝ワグネルは、有田焼、七宝焼、ガラス工芸の改良にも尽力した人物で、一八九二年に東京で亡くなったが、生前には覚三とも交流があった。ウィーン万博では政府御用掛を務め、彼の進言に従って美術工芸品の出品に力を入れたが、値の張るものよりも団扇のようなものがよく売れた。

後にフェノロサやビゲロウが個人や博物館のコレクションとして日本の美術工芸品を入手できたのは、万博に貢献した起立工商会社（一八七四年に銀座で開業、骨董商の若井副社長が実務の中心）や大阪の山中商会の存在が大きかった。さらには、モネやロダンにも浮世絵を売っている林忠正も、パリにおけるジャポニスムの隆盛に少なからぬ影響力を持っていた。もちろん、日本から輸入する欧米側の商会が存在しなければビジネスは成立しない。たとえば、ロンドス紹介や宝石・貴金属で有名になるティファニー社が日本の美術工芸品を購入したがっていた。換言すれば、ウィーン万博以降、明治政府の美術行政の理論的支柱は、「美術国益論」であり、美術工芸品が外貨獲得の期待を負わされた将来の花形産業と位置付けられた。

ドレッサーによれば、佐野はサウス・ケンジントン博物館館長のフィリップ・オーウェンと知己になり、イギリス産業革命後の織物製品、ミントンをはじめとする陶磁器や家具類などと美術品を上野に建設を予定していた博物館（帝国博物館で現在の東京国立博物館）に船便で輸送する手配を整えていた。ところが、これらを積んで日本に向かった船は、伊豆沖で一八七六年の冬に藻屑に化したのである。

岡倉覚三と万国博覧会

岡倉覚三が万博に関わったのはいつ頃からのことであろうか。また、どのような関わり方をしたのであろうか。この疑問を解く手始めとして、『岡倉天心全集』別巻の年譜を繙いてみよう。

まず初めには、明治二十一年（一八八八）三月に第三回内国勧業博覧会の審査員に内閣より任命され、同年八月に「博物館に就いて」の演題で講演を行ったという記事がある。十月には博物館学芸員に任じられているが、これは翌年に設置予定の京都博物館の準備と関係していた。このように、この時期の覚三は、東京美術学校の開校準備とともに、博物館に関する行政に従事していた（宮瀧交二の一連の論文参照）。帝国博物館が万博展示内容で指導権を発揮していたと考えれば、一八八九年の第四回パリ万博への日本の出展で文部省（一部は宮内省）とりわけ帝国博物館付の若き官吏として覚三は、九鬼隆一の手足として働いたであろう。けれども、年譜には一八八九年パリ万博についての表立った記事はみられない。

それに対して、一八九三年のシカゴ万博（コロンブスのアメリカ「発見」四百周年記念）に覚三が深く関与していたことを示す記事は、一八九〇年八月二十一日の「シカゴ万国博覧会の宣伝のために来日したガワードを日本橋八百松にて饗応」以降、とりわけ一八九一〜九三年に多く見られる。一八九一年十二月十五日「臨時博覧会事務局の評議員に任命される」の記事における博覧会がシカゴ万博を指していると断定はできないが、翌年三月二十一日「シカゴ・コロンブス世界博覧会について、京都にて講演する」からシカゴ万博と推測して間違いなかろう。この講演は「シカゴ博覧会出品に望む」のタイトルで行われ、『日出新聞』の三月二十四、二十五日に連載された。

年譜のこのすぐ後には、「政府出品物「鳳凰殿」の室内装飾を東京美術学校で引き受け、製作に着手する」とあり、五月十九日の記事には、「シカゴ世界博覧会の事務局鑑査官に任命される（内閣）。第三部（彫刻類）、第五部（金工類）、第七部（織工類）、第九部（版工類）、第十一部（蒐集出品類）を担当」とある。六月二十日には、「シカゴ世界博覧会に関する協議会が農商務省で開かれ、高橋健三と共に出席する」、九月二十九日には「シカゴ世界博覧会に出品する室内装飾がほぼ完成し、この日から三日間、関係者に公開、岡倉も案内に立つ」とあり、十月十五日には、「シカゴ世界博覧会委員ガービルとスミスの紹介のため開かれた政府高官、紳商らの宴会が帝国ホテルで開かれ、集積する」と記されている。十二月十七日には、「事務官に任命されて手当て百五十円を下賜された」とあるが、その多くが後述のガワード歓迎の宴に費やされたことは容易に推測される。

一八九三年に入ってから博覧会開催までに三件の記事がみられる。二月二十二日に美術家の参考のために農商務省に写真師を同伴して、シカゴ博覧会出品美術品の撮影が開始されたという記事と、五月一日の、「シカゴ世界博覧会が（十月三十一日まで）開催される。岡倉の *Illustrated Description of the HŌ-Ō-DEN (Phoenix Hall) at the World's Columbian Exposition*（『鳳凰殿』）が刊行される」がこの博覧会についての最後の記載となっている。

二、シカゴ・コロンブス記念万国博覧会

鳳凰殿と鳳凰堂

博物館での仕事にとって、万国博覧会における展示法は参考になるものであり、万博への日本の工芸品や美術品の選定に帝国博物館の美術部職員が携わるのはごく自然である。したがって、一八八九年五月に覚三が東京美術学校副校長（事実上は校長）と兼務で帝国博物館の理事に就任しているが、この時すでに一八八九年パリ万博への日本の出品選びは終了し、日本の出品作はすでに船で輸送済みであった。したがって、覚三が最初に関係した博覧会は、国内開催の第三回内国勧業博覧会であるが、万博デヴューは、一八九三年にミシガン湖畔を会場に開催されたシカゴ万博であった。現地にこそ行かなかったものの、日本のメイン・パビリオン鳳凰殿の内

シカゴ博 鳳凰殿 外観

装作業の指導に一八九二年三月より半年間あたった。

鳳凰殿の建物は、政府出品として建てられたのだが、博覧会終了後の一八九五年に出版された『臨時博覧会事務局報告』によれば、鳳凰殿の設計は東京美術学校に一任されていた。政府の建築技師で、建築家ジョサイア・コンドルの弟子であった久留正道が設計し、大倉組の腕のよい大工八名、鳶《とび》人足五名らがシカゴに派遣された。建築にも造詣があった覚三が設計の過程で久留と話し合い、宇治平等院の鳳凰堂を主要棟とする日本館のためにアドバイスしていたと考えられないであろうか。その理由としては、覚三が一八八四年以来九鬼隆一を長とする京都・奈良の古社寺調査の一環として鳳凰堂の科学的調査をフェノロサやビゲロウと一緒に実施していたことがあげられる。さらに、一八八九年の『國華』三号での報告に次ぐ翌年の「日本美術史」講義において、鳳凰堂本尊阿弥陀如来像の美術的価値を力説し、木彫刻の「奈良

シカゴ博 鳳凰殿 内部

派」の創始者である定朝《じょうちょう》の作であるとした。

近年の建築史や日本美術史の専門家も、鳳凰殿を鳳凰堂のミニチュア版とする文章を書き、覚三の英文パンフの「鳳凰殿は実質的に宇治鳳凰堂の模造で、大きさをやや縮小した」という文を引用している。しかしながら、これに続いて「鳳凰殿は一〇五二年頃に藤原頼道によって建立された鳳凰堂を中心にしながらも、左の翼廊は、藤原様式で宇治鳳凰堂と京都御所の殿舎を模した。中堂は徳川時代（江戸城）、書院と茶室で構成された右翼廊は、銀閣寺を模した足利様式というように、異なる時代の建築様式を採用した」とあるのを見過ごしている。この異なる時代の建築様式を採用した日本館が完成するには、覚三が意見を述べていたのではなかろうか。

いいかえれば、このパビリオンによって日本中世から近世にかけての建築史の一端を表現させたかったのではないかと筆者は推測する。ちなみに、日本館が完成する頃に将来の日本建築史のリーダーとなる伊東忠太は、東京帝国大学の博士課程を修了した。そのすぐ後には覚三が校長をしていた東京美術学校講師に採用されたばかりでなく、遷都一二〇〇年を祝すための大事業の一つである平安神宮建立（竣工一八九五年）、さらには豊国廟（一八九八）の建築を任されているが、それは覚三が推薦したお陰である。実際、覚三は、帝国博物館の理事として豊国廟の測量に立ち会ったという記録が残っている。

ここで英文パンフに話題を戻そう。そのイントロ部分の最後、すなわち、「左翼廊」の項の直前にある一文は見落とされがちであるが、日本文化の大切なポイントをつき、室町時代の果たした役割を強調している。

足利将軍治下の一三五〇年から一五五〇年で、歴代将軍も藤原氏と同じくすぐれた教養と庇護によって美術の育成、発展に大きく貢献した。中国の影響が再び現れ、それは今日に至るまで払拭されていない。茶の湯（茶の儀式）その他の美的芸道は、この時代にはじまり、足利政権樹立以前の多年にわたる血なまぐさい闘争に疲れ果てた人々に、心の静寂を取り戻させるという、仏教の果たしたある役割を示している。この時代の美術の展開は、あらゆる面で細部の非常な緻密さと精巧さを特徴とする。

東京美術学校初の大事業

鳳凰殿の室内装飾の制作が東京美術学校に任された直前の一八九二年三月二十一日、覚三は、京都で「シカゴ博覧会出品画について」の題で講演し、二回にわたって『日出新聞』に連載されたことは前述した。その要旨は、『横浜貿易新聞』にも転載された。日本館の室内装飾の制作指導という大役を引き受けるまでには、一定の準備期間が必要であろう。覚三は、実際の万博を視察できなかったが、仕事柄から一八八九年のパリ万博の報告や写真を調べていただろうし、第三回内国勧業博覧会での仕事も役に立ったにちがいない。

覚三がシカゴ万博と直接に関係したのは、一八九〇年八月であった。駐日米国公使館書記であったガワードがシカゴ万博宣伝の広報活動のために来日したので、多分、万博鑑査官の職を予定されていた覚三が接待を陣頭指揮した。根岸倶楽部の幹事役の体験と美術学校長の立場が活かされ、向島の八百松での宴がお開きの後、隅田川に屋形船を浮かべて酒盃を流すという江戸のお大尽風、正確にはミカン船の紀文（紀伊国屋文左衛門）だけが実行したという奇抜な催しが行われたという。生粋の江戸ッ子で漆工科教授の小川勝珉が無地の朱塗りの盃を買い集め、その内側に富嶽を外側には日米国旗を金蒔絵でデザインし、すこぶる品のよい仕上がりになっていた。斉藤隆三によれば、当日が雨になったために、隅田川での奇抜な趣向は散々で、費用のみがかさみ、高利で多額の借金をしての計画だったために岡倉の家は米代が数ヶ月滞るほど台所は「火の車」となった。

貿易振興に力を入れていた明治政府は、一八九一年（明治二十四年）六月にシカゴ万博参加のための組織を設立した。農商務大臣の陸奥宗光が総裁に就任したのは自明であった。副総裁には美術行政実力者の九鬼隆一が、事務局長には東京工業学校校長を務めた手島精一が就任した。覚三も評議員に任命されたが、豪華な美術雑誌『國華』（現在も発行され続けている）を覚三と一緒に創刊し、松方正義内閣で書記長官になった高橋健三も評議員であった。評議員会は、日本の作品群が工芸品としてではなく、美術品として展示されることを第一の目標に掲げた。

覚三は、アメリカから来日したシカゴ万博委員の案内や接待役をこなしたばかりでなく、一八九〇年十一月下旬には、博物館計画や美術学校での行政職と講義などと多忙を極めていたが、シカゴ万博への出品計画の相談にのっていたことが、日記「雪泥痕」から分かる。さらに、二年後の一八九二年十二月の評議会では、若輩者であるにもかかわらず、日本の出品した美術品をそれまでの工芸品としてではなく、美術品として認めるようにとの提言を行い、それを受け入れさせた。帰国してボストン美術館のキューレーターに就任していたフェノロサがシカゴ万博の美術品選定審査委員になっていたことも、覚三には幸いした。その結果、シカゴ万博の美術陳列館に展示された装飾美術部門の二九一点中二七〇点が日本の作品であった。

以下では鳳凰殿室内装飾制作のための活気に満ちた半年間の成果について紹介するが、鳳凰殿が藤原時代から江戸時代までの様式からなっていたから、当然内装も、これらの時代の絵画や彫刻、装飾などの模倣でなければならなかった。覚三は、「鳳凰殿の内部を巡ることによって、日本の美術史が体験できる空間（建物）に仕立て上げようとした」。また、アメリカ文化史家のニール・ハリスは、「アメリカの祭典における日本 一八七六〜一九〇四」という論文のなかで、鳳凰殿を訪れたアメリカ人が職人の細部を念入りに見回していた様子をみていたことを書き留めている。そしてこれが機械時代への反動として盛り上がりをみせたアーツ・アンド・クラフツ運動に関係しているとみている。けれども、別の見方をすれば、不平等条約の改定を進めていた日本が文明国であるとの評価を得、「伝統美と近代技術力」をアピールした象徴が鳳凰殿であったともいえる。

鳳凰殿内部装飾の仕事は、まさしく草創期の東京美術学校スタッフが総力をあげた大事業であった。まずは教授陣の主だった作品を紹介しよう。

中堂の欄間（覚三は通風パネルと説明）は高村光雲が彫り、平和な日本の象徴であると覚三がみなしていた鳳凰があしらわれた。英文パンフでは鳳凰（Phenix）が日本の象徴である一例とし、「天皇陛下が憲法発布式のさい乗用された儀礼の馬車も、鳳凰の像で飾ってあった」ことをあげている。

左翼廊の左側の三枚の壁画を担当したのは、巨勢小石であった。小石は、「春の海図」と毎年二月に催される宗教的儀式を描いた「春日祭」と九世紀の巨勢派を開いた偉大なる一族の祖先、巨勢金岡（平安前期）の「那智の滝」の模写を受け持ち、見事に完成させた。右翼廊には書院と茶室があり、床の間の掛け軸が重要な装飾品であった。書院の床の間は、もとは仏前に供物を置く壇として用いられていたが、仏の画像を掛け、香炉を置く場所に変更された。鳳凰殿書院の床の間には、川端玉章教授が描いた山水画が掛けられた。襖絵のなかにも、玉章筆のものがあった。

徳川時代の江戸城を再現した中堂の中央を飾る絵は、狩野派で修行した教授、若い頃に徳川家の絵師であった橋本雅邦が陣頭指揮を執った壁画で、雌雄の鳳凰が雛ひなを連れて遊ぶ様を描いたものである。狩野友信は、小襖の花の図を雅邦とともに制作している。また、廊下を飾る梅樹は川端玉章の作であった。

美術学校生徒たちの鳳凰堂内装への参加は、教授作品の「下働き」ばかりではなかった。英文パンフは、彼らがどのような制作に携わったかのリストにもなっているので、誰がどのように参加したかが明らかにされている。彼らが制作を担当したのは、中堂の書斎と献の間を飾る壁絵と襖絵であった。その主なものを四人の生徒に限って列挙しておこう。たとえば、横山秀麿や溝口にとっては、鳳凰殿の内部装飾制作がすぐ後に京都の国立博物館での修復の仕事に役立った。下村晴三郎（観山）と溝口禎二郎の作品が多いのは、彼らが少年期からなした修業の賜物である。九歳にして狩野芳崖に、十三歳で雅邦に師事していた下村の力量は抜きん出ており、一八九二年二月に開催された東京美術学校第一回校友大会に「羅生門雨宿図」を出品して一等賞を受賞していた。

下村が描いた作品は書斎では、七十九点中七点で、鵜飼図、能楽図などであった。献の間では、八十六点中十二点を担当し、水草図、リンドウ図、松林遠望図などであった。溝口の経歴は分からないが、技量的に優れていたことは書斎で松樹旭日、古代婦人衣裳図などの五点を、献の間では元禄舞妓図、秋景など四点の制作を任されたことからも分かるであろう。西郷規（号は孤月）は、美術学校に入学する前年に狩野友信に師事していた。入学後は雅邦の目に留まり，婿になったが離婚。花鳥を得意とし、献の間の木蓮図、花籠図、牡丹図など六点を制作した。横山秀磨は、まだ経験が浅かったので、書斎の海の系図など四点を担当した。菱田三男治（春草）は、まだ年少だったためか参加していなかった。

覚三が「工芸品も美術品」というポリシーをもっていたから、茶室や書院などに置かれる葉茶壷、硯、印籠、香炉、硯箱、文鎮、手文庫などまで細心の注意を払って制作された。それらの中には東京美術学校と関係のある職人への委託した品もあったと推測される。

ところで、鳳凰殿は、一九四六年まで現存し、「シカゴ派」と呼ばれている建築家グループやフランク・ロイド・ライトにも影響を与えたという。ライトへの影響に関しては別の機会に譲るが、『茶の本』と関係があることだけ指摘しておく。筆者がシカゴ空港書店で買い求めた『万博写真集』によれば、鳳凰殿は、一九五〇年代まで建物の一部分が残されていたが、シカゴ大火を主因に、修復問題を付随的原因として壊滅してしまった。現在は池を中心とする庭のみがジャクソンパーク内に「大阪ガーデン」として残されている。ただし、光雲の欄間は奇跡的に残り、修復され、二〇一一年九月よりシカゴの博物館で一般に公開された。覚三が「鳳凰殿」（Phoenix）に記したごとく、日出《いず》る国の象徴である鳳凰、すなわち、火の鳥は、焼け跡にあっても翼の朱や青を松の緑とともに鮮明に残していたから、制作よりおよそ百二十年の時空を経て甦ったのである。

一八九三年のシカゴ万博は、コロンブスのアメリカ「発見」四百年を記念して催されたが、日本にとっては翌年に日清戦争が勃発しているように、東アジアへの勢力拡大のスタート期であった。覚三が全力を投入した鳳凰殿をはじめとして、日本政府が惜しげもなく注いだ努力と費用の背景には、政治的目的があったことは確かだ。

伊東の代表作の一つで平安京内裏大極殿を復元させた平安遷都記念館の設計は、まさに明治国家の文化的アイデンティティーの表現そのものであり、日清戦争期において、「日本人は、偉大な文化的伝統を持った国民であると同時に、西洋と足並みを揃えて近代世界で前進する国民でもある」ことを認めさせようとの努力である。可能な限りこの文化外交の課題をこなし、日本の美術と工業製品は、高く評価されたのである。専門家はここでも再び、「進歩的日本人」と「怠惰な」中国人とをはっきり区別した。

三、パリ万国博覧会

美術学校騒動とパリ万博

まず始めに、女性問題スキャンダルを表面上の理由として覚三が美術学校校長の職を追われた「美術学校騒動」がパリ万博と大いに関係していたことを指摘しておきたい。パリ万博は一九〇〇年（明治三十三年）四月の開催を予定し、今回もシカゴ万博と同様に、九鬼隆一の博覧会副総裁への就任が予定され、まずは臨時博覧会副総裁に就任した。農商務大臣が総裁になるのと同様に、帝国博覧会館長の九鬼が副総裁に就任するのは当然の成り行きであったが、反対の声があがった。

一八九八年三月、『読売新聞』は「美術教育についての私見」「美術界波瀾の真相」「美術界波瀾の真相再報」の記事を掲載した。まず「私見」で「ある新聞報道によれば、九鬼臨時博覧会副総裁をその職とともに本職の博物館長をも辞任しようとしている。九鬼男爵と因縁浅からぬ岡倉美術学校校長も辞職の意ありという。この報がはたして真かはわれわれの知るところでないが、九鬼男爵の副総裁の辞職はついに真実になろうとしている」と報じた。

実際、三月十六日に九鬼隆一が副総裁の地位を更迭され、覚三は宮内大臣に「東京美術学校校長と兼務では成立せず」と帝国博物館理事兼美術部長の辞職願を出した。けれども、こういう結果になったからと言って、九鬼・岡倉に代わるほどの実力を発揮した指導者は博物館にも美術学校にも現れなかった。

次に、「波瀾の真相」の記事を要約かつ補足説明を加えると、以下のようになろう。

美術学校の福地復一《またいち》が岡倉覚三の博物館美術部長の椅子を奪い、自分がその後任に就こうとして、九鬼博物館長の留任運動を洋画派と連繫して起こし、その「褒賞」として自分の願うポジションを手にしようとした。したがって、博物館や万博の主導権をめぐる争いの思想的説明を「欧米派」と「国粋派」との争いとするのはやや不正確であろう。

それに対して、岡倉は、もともと「福地に用心しなさい」と自分に忠告していた九鬼の曖昧な態度に業をにやし、「福地をとるか、われわれ〔覚三、橋本雅邦、今泉雄作ら〕を採るか」と迫り、結局、三月十七日に博物館美術部長および理事の二職を失った。「真相再報」は、「岡倉の辞表を認めて、福地氏を後任に登用した場合には、岡倉美術学校長の椅子にも影響するか、万一そういうことあらば後任は意外にも黒田清輝ならんか」とまで書いていた。実際には暫定的人事として、女子師範学校長の高嶺秀夫が後任に任命された。黒田は洋画科長にとどまった。

以上の新聞記事からでも、万博副総裁人事と美術学校騒動が結びついていることが分かる。この騒動の解明に推理作家である故松本清張が取り組んだが、真相は明らかにされなかった（『岡倉天心　その内なる敵』V）。福地の私憤――春草の絵の評価をめぐって雅邦らと対立し、左遷されたことが指摘されていても、福地の野望の本質が見落とされてきた。いいかえれば、福地は、パリ万博への日本の主要な出展品であったわが国初の日本美術史の編纂で指導的役割を果たしたいという野望をもっていたという仮説を提示したい。この点に関連して、まずは覚三とパリ万博（一九〇〇年）に関する年譜記事を引用しておこう。

明治二十九年（一八九六年）十一月十四日、パリ万国博覧会のための臨時博覧会評議員に任命される。

十二月十四日、パリ万博出品の事務勉励につき、百円を賞与される。

明治三十年（一八九七）九月九日、パリ万博出品に関する発言「岡倉評議員の弁疑」が『京都美術協会雑誌』第六三号に掲載される。

九月二十八日、帝国博物館はパリ万博に出品するための編纂を担当、（覚三が）その編纂主任となる。

十月二十五日、日本美術協会展と併せてこの日からはじまった日本絵画協会展（覚三が審査委員長）の優秀作品をパリに出品するため農商務省が購入することになったので、買い上げ品選択委員となる。

美術学校と帝国博物館のポストだけをみれば、木下長宏『岡倉天心』がいうように、福地は覚三の抜けた地位を引き受けることにはなっていない。けれども、福地は、九鬼のもとで覚三が主任として指揮していたパリ万博に出品するわが国初の日本美術史の編纂に携わっていた。一八九七年九月に編纂主任に任命された覚三がこの仕事からはずされ、一八九九年にはパリ万博鑑査委員にもなれなかったのに対して、福地は編纂活動を続けられた。福地は、覚三によって図案科教授に抜擢され、日本美術史の仕事も手伝い、今泉雄作らとともに一八九一年（明治二十四年）に本邦初の日本美術史年表『美術年契』を作成していた。したがって、同年齢の上司の覚三を斥けて副主任から主任に昇格したことは嬉しかったはずだし、「陰謀」による目的の一つは達成されたといえるであろう。

「陰謀」で福地の相棒とされている大村西崖は、後に中国でも知られる東洋美術史の権威になるが、『稿本日本帝国美術略史』の編集委員であった。大村は養子に行ってからの姓で、西崖は号である。東京美術学校の彫刻科一期生として入学したときの名は、塩沢峯吉であった。

明治二十年代は美術史が成立しておらず、専門家が不在な中で覚三が目立っていたことへの単なる嫉妬というよりも、美術史をめぐる揺籃時の学問的論争か対立が背景にはあったのではなかろうか。少なくとも、大村は、一八九四年（明治二十六年）の中国旅行からの帰国以来、覚三の論稿や講演に見られた中国美術と日本美術との関係についての見解に疑問を抱き、内心では反発していたと推測される。大村の東洋美術史にあっては、日本は東洋から取り除かれ、日本美術の独自性が主張されていたのに対して、覚三の泰東美術史は日本美術史も含んでいた。

ここで大観の代表作の一つ『屈原』について述べておきたい。覚三が学校長を追放された年に催された第五回共進会に出品された作品は、楚の国の重臣にして失脚した政治家にして詩人、屈原と覚三の姿を重ね合わせた作品で、屈原のモデルは覚三であると噂された。そればかりでなく、屈原の背後に描かれた眼つきが陰険邪悪な燕雀は福地、鴆《ちん》は大村とみられたという。

東洋美術史をめぐる論争

東洋美術史をめぐっての論争は、日本美術史をめぐる解釈・理解にも関係してくる。福地が主任となり、九鬼と林忠正（印象派の画家たちに浮世絵を鑑定・販売した画商として知られ、フランス語が堪能でパリ万博事務官長に抜擢された）の監修で公刊された *L'Histoire de l'art du Japon*（日本語版は『稿本日本帝国美術略史』)は、覚三の指揮下で作成されていた部分も多く踏襲していた。これは仏語版序文にある九鬼の覚三への謝辞によっても明らかだし、建築を美術に含めて、伊東忠太を編集委員に推挙したのは覚三であった。しかしながら、根本的な相違があった。日本美術史を東洋の中であるいは世界のなかで位置づけるというのが覚三の立場であり、西域文化の影響を受けはじめた推古時代から美術史がはじまるとしているのに対し、福地や二十世紀前半の日本美術史の主流は、「美術でなく古物がほとんどであった」と覚三が規定した推古以前から日本の美術史を語りはじめた。

新しい学問であった美術史研究に見られた立場の相違は、日本を東洋あるいは西洋から切り離す歴史研究・歴史教育を官製にしたことにも共通している。また、廃仏毀釈を断行し、国家神道を採用した明治国家の国策とか、宗教観にも関係しているのではなかろうか。もちろん、福地が伊勢神宮と関係があり、覚三が仏教諸派との繋がりが深かったという個人の立場から短絡的にみてはいけない。

鳳凰堂と阿弥陀如来像評価をめぐる対立

覚三は、一八八八年に平等院を調査した結果、鳳凰堂本尊の阿弥陀如来像が定朝であると認定し、一八九〇年十月より数ヶ月間行った本邦初の日本美術史の講義においても、最新の調査結果を学生に教えている。この平等院の本尊である木像に関する覚三の評価の変遷については、

『講座日本美術6』（東大出版会）所収の武笠論文に詳しい。それによれば、覚三による阿弥陀如来像の評価が一八八〇年代後半から九〇年代前半の評価よりも『泰東巧芸史』（一九一〇）において「トーン・ダウン」し、「鳳凰堂像を作ったのは定朝が八十余歳の時で、晩年の作は多くは弟子の加工ならん」と記された。現在ではこの覚三の見解が採用され、平等院の阿弥陀堂でも「少なくとも阿弥陀仏は弟子たちが中心に制作された」と説明されている。

また、武笠は、『稿本』に見られる鳳凰堂と阿弥陀如来像（鳳凰堂像）の記述に疑問を挟み、「（岡倉は）「藤原摂関時代」の「穏雅優美」な建築の代表として法成寺伽藍を高く評価し、今に遺る平等院鳳凰堂などは、法成寺に比べれば「僅かにその金屑木片たるに過ぎざるべし」と手厳しい。これは世界に向けて、（鳳凰堂）より優れたものがかつてはあったのだと誇る文脈とみられる」と説明している。その根拠と見られるのは、古社寺保存法によって鳳凰堂を本格的に調査し、法隆寺金堂とともに最初の特別保護建造物指定を受ける根拠を提供した関野貞《せきのただし》が一八九五年に建築学の雑誌に発表した論文であろう。関野はその中で、「先のコロンビア《コロンビア》万博の鳳凰殿によって鳳凰堂の名はわが国のみならず、遠く海外でも知られるようになった」と記している。

もう一つ考えられることは、完成本の『稿本』編纂者は、覚三の時代区分の名称の変更にも示されている天皇中心の立場から、鳳凰堂よりもずっと勝れたものが存在していたことを誇りたかったのかもしれない。

九鬼は、副総裁ならびに帝室博物館館長の地位を保持できた「代償」として、自分も関与していた調査結果を否認しかねない『稿本』の鳳凰堂と阿弥陀如来像の記述に従わざるをえなかったというのが筆者の推測である。そのために、『稿本』では、鳳凰堂関連の覚三や伊東忠太の見解が全く無視されたのであり、覚三本人が一九〇〇年ないしは一九〇一年の時点で見解を改めたわけではない。それは、一九〇三年に刊行された *The Ideals of the East*（邦訳『東洋の理想』）での記述からも明白であろう。

この時代の彫刻が最高潮に達したのは、定朝で、彼の阿弥陀像は今も宇治の鳳凰堂にその見事な姿が昔ながらに見られるが、この寺院は藤原家の大臣が新しい浄土信仰に捧げた無数のうちの一つであった。この彫刻家の不動明王は、その柔和さはあたかも阿弥陀のようで、このことはシヴァの神の強大な力さえをも変えてしまった女性の影響力の強さを物語っている。

なお、*Japanese Temples and their Treasures, 1910*（邦訳『国宝帖』）は、覚三が日英博覧会のために内務省より依頼され、古社寺保存運動の同志であった中川忠順や平子鐸嶺らの協力を得て編纂し、英文で書かれた。総論にあたる「日本芸術概説」と作品別の「国宝解説」において鳳凰堂全体と阿弥陀像について長文の説明を行った。いってみれば、パリ万博での無念をここで晴らしている。けれども、翌年に刊行された『泰東巧芸史』では、前述したようにトーン・ダウンがみられた。

ルネッサンスとしての新日本画運動

『稿本日本帝国美術略史』と覚三の日本美術史構想には、もう一つの相違点がある。すなわち、『稿本』では「第三篇第三章　徳川氏幕政時代」で終えている。これも明治になると西洋絵画の影響が入ってくるので、日本美術、文化の独自性が損なわれると考えたからであろうか。もちろん、江戸後期にも、司馬江漢の「七里ガ浜」のような西洋の画法を採り入れた作品があったが、まったくの例外として排除されていた。

反対に、覚三は、自分たちの新日本画運動をいわばヨーロッパにおけるルネッサンスであると位置づけていた。『日本美術史』（講義ノートを編纂）の「現代」の冒頭にはこうある。「現代はあるいは過渡期なりといえども、すべて芸術の盛んなるは過渡期に属す。すなわち、ルネッサンスに他ならず」。さらに、一九〇四年四月にニューヨークのセンチュリー・アソシエーションで開催された展覧会用カタログには、『日本美術院または日本美術の新しい古派』"The Bijituin or the New Old School of Art"とのタイトルを付け、美術院が目指す道を示唆している。すなわち、覚三や日本美術院の美術運動は、一方で新しい基礎の上に国民芸術を再建しようとするもので、「伝統」に縛られた擬似古典主義とは異なるものである。他方、自由の発想・独創性を重視するとともに日本美術の伝統も重んじる運動であると主張していた。それが、一年前に英語で出版されていた *The Ideals of the East*（『東洋の理想』）の「明治時代」に記された次のような日本美術院の説明と重なってくるのは当然であった。

まじめな制作者の一団が芸術表現のいわば第三地帯の設置に努力していた。これは、日本の古代芸術のいろいろな可能性をより高いレベルで実現し、また西洋の芸術創造においてもっとも共感をそそられる運動に対する敬愛と知識とを目指しつつ、新しい基礎の上に国民芸術を再建しようとの運動であった。この運動は、やがて東京上野に官立美術学校を設立させたが、一八九七年に教授会の分裂が生じて以来、東京郊外の谷中にある美術院によって代表されるようになった。この派の信条によれば、自由こそ芸術家の最大の特権である。

また、覚三は、東京美術学校の教授や卒業生で日本美術院の会員の作品をはじめとする明治の絵画が後世にも認められ、雪舟、北斎や応挙のものと同じように日本絵画を代表するものになると信じてやまなかった。その具体例を『東洋の理想』の「明治時代」より要約引用しておこう。

狩野芳崖の最後の傑作〔「悲母観音」〕は、万物の母たる観音を人間の母性の相において描いたものである。この画にあっては、藤原時代の画のように、色彩の力が円山派の優美さと手をつないで写実主義であるとともに、神秘的で崇高な念をそそるという自然観を表現しえているのだ。雅邦の『張果老』の画は、雪舟の力強い様式と宗達の豊かな量感とを結びつけている。

観山の『仏陀の火葬』(『闍維《じゃい》』)は、平安朝の壮大な構図を思い起こさせるもので、宋代初期の力強く強調された輪郭とイタリアの画家にも劣らない立体感の表出ぶりによって豊熟な味わいを加えている。この画は、神秘的なお官の上に乱れ散る霊妙な炎を、言い現しがたい畏怖をもって見守るところを描いている。大観は、たとえば「荒涼たる丘陵を彷徨する屈原」の図で、もの言わない純潔の花ともいうべき水仙が風に吹き乱されるなかに立ち尽くし、自らの霊のなかに募りゆく凄まじい嵐を感じている主人公を描いたように、その奔放なイメージと強烈きわまる詩想とを画面に投入したのである。

覚三の美術観は、この文章にも反映されている。観音を対象とした芳崖の「悲母観音」はもちろんのこと、優れた絵画はすべて、崇高な精神あるいは宗教性が高くなければならないというのが覚三の美術評価の規準であった。絵画における精神性あるいは自然との距離の置き方などの問題は、セントルイスでの講演を準備するなかで再考された。

四、セントルイスでの講演

ピンチヒッターとしての抜擢

一九〇四年四月末から十一月末までセントルイスで七ヶ月間開催された万国博覧会に付随の

セントルイス万国博覧会

催しとして芸術・科学学術大会（THE Congress of Art and Science）が開催された。世界各国の学会権威者だけが招待され、日本からは医学会から北里柴三郎、生物学の箕作佳吉《みつくりかきち》、法律界の穂積陳重《のぶしげ》が招待されていた。覚三が招かれて講演を行ったのは偶然の産物であるが、ラファージの力添えがなければ実現しなかった。覚三が講演するに至る経緯については、六角紫水の『紫水自叙伝』に詳しいが、講演を予定していたルーヴル美術館館長が欠席となったとき、学術大会事務局に影響力をもっていたラファージが、ボストン美術館に採用されてまもない覚三を推薦したのである。さすがの覚三も、この大役に最初は躊躇していたが、『日本の目覚め』をすでに発表し、「日本美術院展」をニューヨークやボストン周辺で開催していたので、日本文化や東洋文化に対する誤った認識をただす好機であると引き受けたのであろう。

講演当日の九月二十四日は雨であったが、会場は超満員で、外に溢れるほどであったという。芸術・科学学術大会の聴衆は三十人程度で、六十人入れば盛況であったというから、六十人を超えた覚三の講演は、異例であったといえよう。一九〇一年以来の覚三ファンであったオリー・ブル夫人やボストン美術館の女性協力会員が前の席に座って熱心に拝聴していたであろう。講演内容は、かなり高度であったが、ボストン美術館やガードナー美術館の定期的な講演活動により、上流や中流上の女性の聴衆が多いことを予測していたのであろうか。彼女たちに人気のあったベルギーの詩人メーテルリンク（代表作の『青い鳥』は未発表）の表現から、「もし花に翼があったら」を引いている。それは「芸術には翼がなく、人間世界の中に縛られている」という意見を述べる際のいわば比喩として用いられた。ここでの「束縛された花瓶の中の花への同情」は、『茶の本』の六章にもみられる表現である。

講演が無事に終了したことは、ラファージが九月二十八日にガードナー夫人に宛てた手紙に「岡倉の講演はツツガナク終わりました」とあるから明らかである。また、「講演料の五百ドルは自分が預かっている」との文面も、ラファージが講演をプロモートしていたことを証明している。

「絵画における近代の諸問題」の意義

覚三の講演全文の訳文は、「絵画における近代の問題」“The Problems in Painting”というオリジナルのタイトルで『岡倉天心全集』２に高階秀爾訳で掲載されているが（六二〜八五頁）、改題されたタイトル“Modern Art from Japanese point of view”「日本の観点からの近代芸術」でも知られている。一時間以上に及んだ講演の邦訳は二十三頁もあり、門外漢の筆者には難解なので簡単には要約できない。難解さの一因には、内容もさることながら、英文表現が関係していた。同全集の解説「国際人天心の面目」で倉田文作氏は、「豊富なヴォキャブラリーを使用するあまり、文章がこなれていなかった」と指摘している。講演の原稿にはかなり書き込みがあるが、草稿研究をすれば、覚三自身の迷いのみならずラファージらとの論議や英文添削者とのやり取りが浮き彫りになるのではなかろうか。

草稿は、覚三崇拝者でニューヨークに住んでいたオペラ歌手サースビ姉妹の家で執事をしていた日本人が覚三とも縁のある福井県の鯖江に持ち帰ったので、そのコピーを天心記念美術館で閲覧可能である。また、講演の正式の記録は、一九〇六年に芸術・科学学術大会の事務局より刊行されたが、アメリカはもとより、フランス、ドイツの新聞には、講演後直ちに要約が掲載された。なお、木下長宏『岡倉天心』の「岡倉天心の英語と日本語」という節では「絵画における近代の諸問題」の英語表現に言及している。

もっとも、筆者にとっては、木下氏の次の指摘に興味を引かれた。

最晩年の岡倉は、ボストンと日本を往復する忙しさのなかで、最愛の弟子たちに、彼が欧米で〔特にボストン美術館とガードナー夫人のコレクションなどで〕体験体得した美の経験と思索を、じっくり語り伝えることはできなくなっていたようだ。〔中略〕セントルイス万博やボストン美術館でじっくり思索を練って語ったことを彼らに話さなかったのではなかろうか。セントルイス万博での講演は、「絵画」を芸術論として語る位相を獲得している。普遍的に「絵画」を語る位相である。ただし、これを理解できる弟子はごく限定されてくるし、口数多くはないが、大観、春草、紫水らごく限られた弟子とは語らっていたであろう。

「私の話は主として、日本の立場から見た問題になりましょう。それゆえに、告白であり、訴えでもあり、抗議にもなりましょう。私は皆様方の言葉を流暢には話せません」と前置きして、覚三は本題に入った。

「自分が西欧芸術を批判するのは、それに対して尊敬の念が欠如しているからではなく、脅威の念を無意識に抱いているためである」と自分の西欧芸術に対する態度を明らかにした後で、「東洋にせよ、西洋にせよ、万人の認める偉大な画家で、時間や民族の差異を超えて、われわれに直接訴えかけてこないような人はいない」と述べている。これは巨匠とか優れた芸術作品に西洋も、東洋もない」という見解である〔一八八七年に鑑画会で行った講演でも、「美術は天地の共有なり、あに東西洋の区別あるべけんや」と述べていた〕。これに続けて、「ある者は儒教の精神風土のなかで余白を重んじ、ある者はイタリアの茶褐色を主調とした伝統を受け継ぎ、他のある者は、フランスの青を主調色としているかもしれない」として、中国あるいは日本、イタリア、あるいはフランスの偉大な画家の作品には、表面の覆いの背後が相違していても、自己を語ろうとする熱烈な精神が〔共通して〕潜んでいると述べている。筆者は、「芸術は個人の精神の表現以外の何ものでもない。芸術の鑑賞はつねに心の通いあいである」という覚三の言葉から「絵とは解釈・理解するものではなく、感じるものである」という学生時代にピカソ展で目にしたピカソの言葉を思い出した。

覚三は、『東洋の理想』でも、一九〇四年四月にニューヨークで開催した展覧会のカタログでも、自分たちの美術運動すなわち日本美術院の信条が「自由こそ芸術家の最大の特権である」と宣言している。これに共通するセントルイス演説の一節をやや長いが引用しておきたい。

芸術とは自然そのものの提示ではなく、自然を通しての暗示である。〔中略〕どんな国の、どんな時代の絵画でも、自然に忠実であろうとする欲求を示していないものがあるでしょうか。自然に対する芸術家の関係は、そもそも芸術の生まれた時から決定されていました。芸術家が制作する土地の風土、光の量、風景、人々の生き方、祖先から伝えられた記憶、時代の科学思想や道徳思想などが、その表現の性格を決めてきました。
芸術が自然の解釈であるのと同じくらい、自然は芸術についての解釈なのです。〔中略〕私が言いたいのは、画家の問題は個人的、主観的であり、自分の個性を表現する手段は完全に画家個人のものであり、何ら外部の干渉を許さないと言うことです。

覚三が明治三十一（一八九八）年に東京美術学校と京都美術学校の上に立つ現在でいえば大学院博士課程および研究所として設立した日本美術院の規則書の前文には、「研究の方法たるや、いささかも他より検束する所なく、本邦美術の特性を経とし、各作家の特長を緯として、専ら其の発達応用の自在を得せしめざるべからず」と記されていたし、定期的な合評会にもうかがえるように、教育の場よりも集団における研鑽の場と位置づけていた。覚三の一周忌に大観、観山らが興した再興日本美術院の設立式で示された日本美術院三則の二番目には、「日本美術院ハ藝術ノ自由研究ヲ主トス、故ニ教師ナシ先輩アリ、教習ナシ研究アリ」と定め、日本美術院創設時の覚三の精神が継承され、現在までほぼ一世紀が経っているのである。

＊　覚三は、フェノロサの通訳として京都、奈良、滋賀などの古社寺を調査しながら廃仏毀釈による荒廃ぶりを目の当たりにしていた。正式の古社寺保存委員会設立以前の明治二十一年（一八八八）八月に覚三は、すでに古社寺調査団に参加していた。覚三による古社寺保存運動への関わりは、一方が法令の制定と重要文化財や国宝を制定するための活動であり、「国宝帖」を日英博覧会に出品するために明治四十二年に編纂し、内務省内の古社寺保存会特別委員会に出席した。明治四十四年十二月には絵画の新指定国宝の報告を、亡くなる直前の大正二年八月には法隆寺金堂壁画修復に関する建議案を作成した。（ＮＨＫ「そのとき歴史が動

いた」参照）。

他方、国宝修理のための人材養成と作業場設置に尽力した。明治三十九年八月に日本美術院が絵画・彫刻部門の第一部と国宝修理部門の第二部に分かれ、後者は奈良東大寺歓学院に本拠を置いた。中尊寺の修復やボストン美術館での慶派仏像修復や、法華堂での修復でも責任を持たされた新納忠之介、後には西村公朝らの指導下に、覚三が死去して以降美術院として独立し、事務所を京都に移し、東京、奈良、京都、九州の各国立博物館内で修復作業を行っている。

第五章

インド 1901〜12

インド訪問前後の覚三（明治37年頃）
（日本美術院蔵）

一、第一回インド訪問

覚三の孫のシャンティニケタン訪問

国際人としての岡倉覚三というテーマにおいては、インドとの関係がボストンを中心とするアメリカ合衆国との関係とともに重要である。とりわけ、タゴール家との交流は大切である。もっともイギリスやフランス、ドイツ、イタリアなどヨーロッパとの関係は、一八八七年の調査旅行以外ではほとんど未開拓分野といえるかもしれない。

ところで、一九五五年に政府レベルのアジア・アフリカ連帯の国際会議バンドン会議が成功すると、人民（民間）レベルでのアジア・アフリカ連帯運動も活発化しはじめた。一九五七年には、セイロン（現在のスリランカ）のコロンボでアジア・アフリカ人民連帯運動の国際会議が開催された。この会議に出席した覚三の孫にして筆者の父親古志郎は、デリー、カルカッタ（現在のコルカタ）やケララなどインド本土に足をのばした。一九一六年に初来日したラビンドラナート・タゴール（以下ではタゴール）の膝に五浦で抱かれた古志郎（三七七頁写真参照）は、当時の急行列車ではコルカタから四時間かかったシャンティニケタン（平和の郷の意）に赴いた。

この地を訪問した理由は、タゴール国際大学がここに存在していたからである。同大学は、一九二一年に東西文化融合の大学として設立されたヴィシュヴァ・バーラティ大学のことで、国立大学になって以降も、国内外でタゴール国際大学の名称で親しまれてきた。けれども、一九五四年に学長に就任したネルー首相が「この学校における師弟関係は、たとえ他の大学で変化があっても変えてはならない」と挨拶したことが綻《ほころ》びてしまったことは残念でたまらない。

古志郎は、ロマン・ロランも客員教授を務めた大学の宿舎（ゲスト・ハウス）に寝泊りし、タゴールの孫たちと旧知の仲のような親交を暖めあったと帰国後に語っている。このゲスト・ハウスには、かつて、ネルーや周恩来も逗留したそうである。もっとも覚三が滞在したのはシャンティニケタンではなく、コルカタの北に位置するジョラサンコ・ハウスであろう。タゴール家の人々の中には、覚三の二度目のインド旅行研究のメイン・テーマになった「恋人」プリヤンバダ夫人の大叔母インディラ・デイヴィ・バネルジー夫人も居合わせた。同夫人は、詩聖タゴールの次兄の娘で美貌の持ち主であった（タゴール瑛子『嫁してインドに生きる』）。

ジョラサンコハウス

このとき古志郎は、覚三の第一回インド行きの鍵になると推測される「仏教の源を訪ねる旅」に関する貴重な記録である堀至徳の日誌を発見された春日井真也氏（後に仏教大学教授、当時タゴール国際学園客員教授。『インド近景と遠景』同朋舎、一九八一は有益）より何通かの書簡を見せられた。それは覚三がインドの女流詩人プリヤンバダ夫人に宛てた手紙であった。正確にいえば、覚三の十九通の手紙が掲載された『ヴィシャヴァ・バーラーティー・クォータリー』という雑誌を手渡された。古志郎は、「古風な表現だが、まさに筆舌に尽くしがたいものであった」と手紙の感想を述べているが、帰国後、『群像』一九五八年四月号にこの手紙のことを紹介した。それからおよそ二十年後、平凡社の『岡倉天心全集』編集に古志郎が着手していた際に、覚三に宛てられたプリヤンバダの十三通の書簡が覚三の弟由三郎とその息子士朗、孫の俊彦と三代に渡って保管されていた行李の中から発見された。それ以降、大岡信、さらに大原富枝らによる紹介で両人の往復書簡は、「海を越えたラブレター」として広く世に知られるようになった。

古志郎は、一九八七年に以前より気がかりであった「天心とインド」というテーマを正面から取り上げた「天心とベンガルの革命家たち」を、『東洋研究』（大東文化大学）に執筆した（『祖父天心』中央公論美術出版に収録）。それでは、タゴール研究者である臼田雅之氏が入手された西ベンガル州公文書館蔵の資料も利用して、タゴールの甥たちも関係していたベンガルの民族運動への覚三の影響あるいは関与について仮説を提示し、推論を展開している。これは二十一世紀に入ってから、稲賀繁美氏の研究や岡本佳子氏の成果にも影響を与えているから、「天心とインド」研究に一石を投じたと言えよう。

覚三一行のインド出航

一九〇一年十二月七日、覚三は、常陸丸で門司を出港し、コロンボ経由でインドに旅立った。四日後に到着した香港では、小船で釣りを堪能しているが、シンガポール、ピナンを経てコロンボに到着するのは、半月後の十二月二十九日であった。大晦日にはインド南端の港町チュチクリンより汽車に乗り換え、元旦にマドラスに到着している。このインド行きについては、さまざまな憶測が飛び交い、覚三よりやや遅れて自らもインドの地を踏んでいる「美術院四天王」の一人である大観が回顧談で語ったとされる「財政難に陥った美術院の運営に嫌気がさした」がインド行きの主たる理由とされてきた。二〇一二年の秋に福岡で開催された日本美術院関連の図録も、相変わらず「財政難説」を採用している。

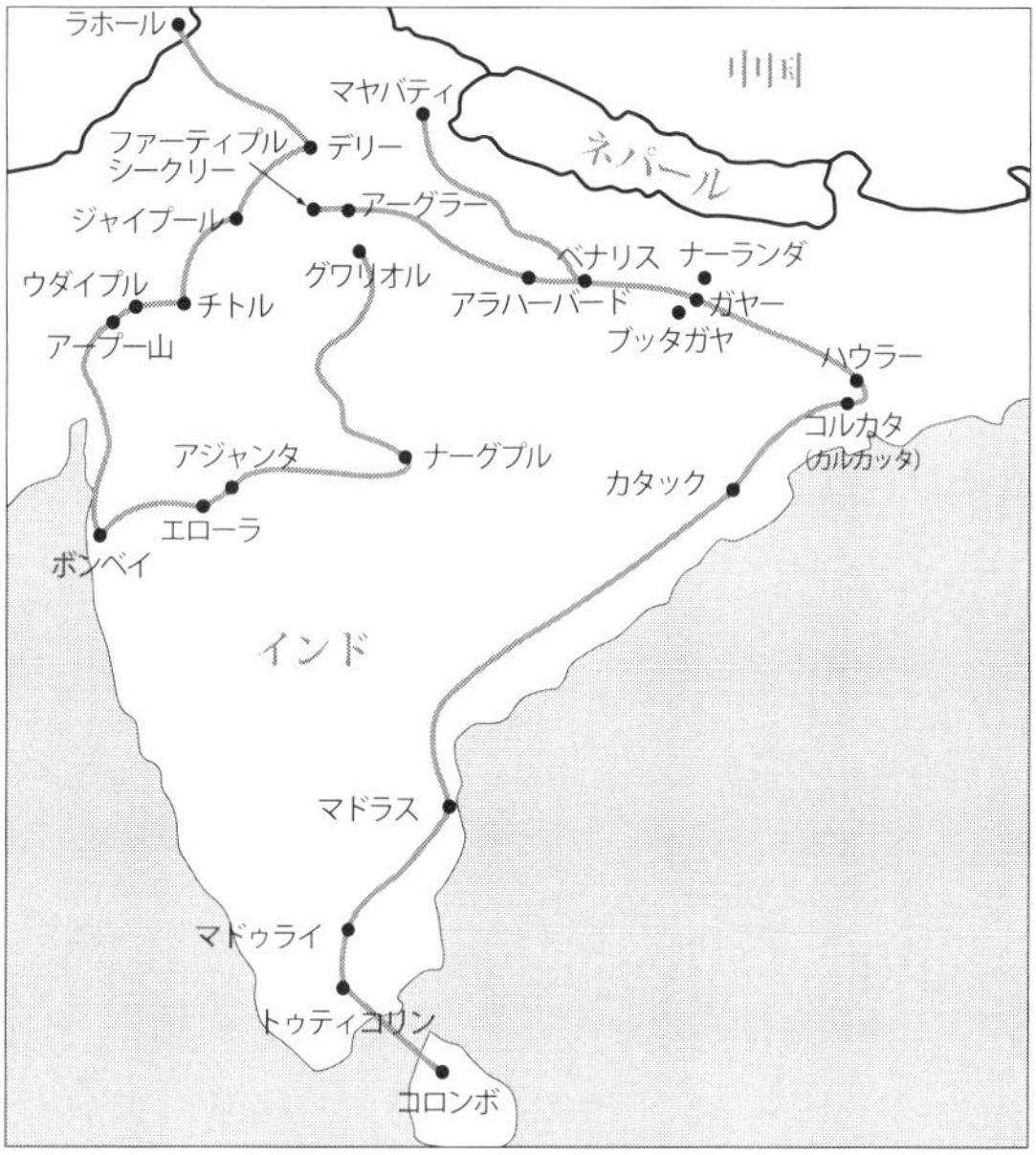

インドの旅程

覚三をかばい立てするわけではないが、筆者には当時の仏教界に「流行」した仏跡や仏教の源流探求ならびにインド美術調査という目的が覚三には確かにあったと思う。なかでも、一八九〇年代より関心を抱き、一九〇〇年のパリ万博でのフランス語による『日本美術史』刊行後に関心を深めていた「アジア美術史の体系化」を一応完成させたいという気持ちが働いたと推測している。木下長宏氏も、覚三のインド行きの主な理由に「古跡芸術文化の調査」をあげているし、帰国後の講演や最初の英文著作 *The Ideals of the East*『東洋の理想』も、それを裏づけている。大久保喬樹『岡倉天心』も、覚三のインド行きの目的を「インドから日本に至るアジア美術の交流伝播の仮説の裏づけをはかる」と指摘している。

後にボストン美術館で部下となるガードナー夫人の夫の従兄弟ガードナー・カーティスは、覚三と知り合って以降、日本美術や中国美術の質問をしていたが、一八九〇年代にはインド美術や仏像について尋ねていたことは、一八九九年二月の書簡からも明らかである。これに対する明快な回答をするためにもインドに行って実物を見ておきたいと覚三が思っていたことも、インド行きの理由であろう。また、一雄の『岡倉天心を繞《めぐ》る人々』によれば、遺跡調査を資金調達の口実として用いて「当局〔文部省をさすのか不明〕より調達に成功した」のに加えて、すでに覚三は『東洋の理想』の草稿を認めており、この印税の前借りをマクラウドに頼んでロンドンのジョン・マレー社にしたという。

次に仏教界の「流行」の一例をあげておこう。後に浄土真宗本願寺派の二十二世法主となる大谷光瑞は、一九〇二年から大谷探検隊の名で知られている中央アジアへの西域探検をしたし、仏教学者の河口慧海《えかい》は、チベットに仏典の原本を求めて三蔵法師一行のように一九〇一年に出かけた。当時のチベットは鎖国中であり、慧海は、鎖国後のチベットに入国した初めての日本人であった。一九〇二年十二月に行われた覚三の帰国談によれば、覚三一行もチベット＝西域入りを試みたが。かなわずにネパール経由でコルカタに戻っている。

ちなみにもっとも早くインドの地を踏んだ日本人は、浄土真宗本願寺派の島地黙雷といわれているが、そのルートはヨーロッパからトルコ、イェルサレムを経由してからボンベイ（現在のムンバイ）に入るものであった。黙雷は一八七二年にヨーロッパへ海外宗教事情調査に出かけた帰途にインドを通過したのみであり、彼に続く仏教僧侶や仏教学者の踏査旅行とは性格を異にしていた。けれども、帰国後に黙雷が尽力した神仏習合から神仏補完への仏教の地位向上運動におけるエネルギー源の一つが、訪印だったかもしれない（末木文美士『明治思想家論』参照）。

一八八〇年代に二人の日本人が訪印したが、二人のうち南条文雄は真宗大谷派の家に生まれた宗教学者で、オックスフォード大学の学位取得後にインド・中国の仏跡を訪問した。もう一人の北畠道龍は真宗本願寺派の学僧であった。北畠については、一九〇五年にデリーで開催された「岡倉天心国際シンポジウム」のプロモーターでもあったデリー大学のタンカ教授が二〇一〇年に真宗本願寺派の龍谷大学で講演を行った。

余談になるが、大谷光瑞は、建築という語の考案者にして法隆寺の建築学的研究の先駆者、さらに一八九五年に平安神宮を竣工させ、後に東大正門・築地本願寺の設計をする伊東忠太に西本願寺大連別院の設計を依頼していた。伊東が覚三と親しく、一九〇〇年のパリ万博に提出した豪華本『稿本日本帝国美術略史』の建築部門を覚三に依頼されて執筆していたことは前述のとおりである。また、伊東は、覚三と同時期にインド、中央アジア、さらにシリアなど中東を旅行し、貴重な乾板写真（幻灯フィルム）を残している。また、馬車の事故が原因で破傷風に罹って急死した、覚三の同行者堀至徳の最後を看取ったのも、伊東であった。

覚三一行のブッダガヤ訪問

覚三一行は、インド到着のおよそ四週間後の一九〇二年一月末に、仏跡ブッダガヤに出かけている。ブッダガヤに覚三たちを案内したのは仏教徒ではなく、一八九三年にシカゴ万博に併せて開催された世界宗教者会議で人気を博したヒンドゥー改革運動の指導者ヴィヴェカーナンダとその弟子であった。ヴィヴェカーナンダの記録には、ブッダガヤへの旅費、マラリアにかかった覚三の医療費などの諸経費が細かく記載されたメモが残っているが、これは事前に覚三が同氏に郵送したお金で賄われていた。

当時のヴィヴェカーナンダは、東方への旅行を実行し、その調査・体験を活かして『東洋と西洋』を執筆したばかりであり、多忙かつ疲労していたにもかかわらず、覚三たちをブッダガヤに案内してくれた。スワミの称号でも知られるヴィヴェカーナンダのシカゴ講演の全文は、この世界宗教者会議報告集の復刻版が近年刊行されているので知り得るが、ヴィヴェカーナンダが

ヴィヴェカーナンダ

ヒンドゥー教や特定の宗派を代表してではなく、普遍宗教いいかえれば一神教全体を代表してスピーチしたということが重要である。

覚三がヴィヴェカーナンダと会見直後に織田得能に宛てた一九〇一年一月の手紙によれば、ヴィヴェカーナンダは、仏教では小乗よりも先んじていた大乗に重きを置き、印度教（ヒンドゥー教）は仏教より伝承されたと説き、釈尊（釈迦）を印度未曾有の教主とみなしていた。ヴィヴェカーナンダ（スワミージ）を崇拝する日本ヴェーダーンタ協会のスワーミー・メダサーナンダ師も、「ヴィヴェカーナンダが敬意を払っていた大乗の教え、とりわけ不一の考えが深められ、何よりもスワミージの来日によって日本の霊性が復興することを覚三自身が確信するに至った」との見解を述べておられる。

覚三と仏教、とくに大乗について

覚三は、岡倉家も母方の濃畑家もともに僧侶を出したり、寺社に多額の寄進をする熱心な浄土真宗門徒であり、横浜時代には同派の長延寺に預けられていたことはすでに述べた。現在も天心の命日には岡倉家の墓所のある蓮如縁の西超勝寺で天心忌が営まれている。

大学入学後は曹洞宗や天台宗さらには真言密教など大乗の教えへの関心を強めていくが、その糸口は曹洞宗大学林総監となる原坦山に大乗の講義を受けたことにある。原は明治十四年（一八八一）に東京大学の講座で最初に仏教学（印度哲学）を講じた豪快な人物で、井上哲次郎や覚三も、少なからず影響を受けている。井上や覚三が日本最初の文学士になったのは前年であるから勘定があわないと思われようが、原は明治十二年に正式の印哲講座ではなく、講義を担当していたのである。

原とほぼ同じ時期に美術とともに仏教関係でも覚三に刺激をくれた人物がいた。その人物とは大内青巒《せいらん》だが、彼は『國華』に先んじて『大日本美術新報』を発刊しており、覚三も種植鋤夫の名で論稿を発表していた。同誌の発行母体は、明治十四年に結成された曹洞宗の鴻盟社で、仏教関係の『万報一覧』も刊行していた。しかしながら、同社が宗派にとらわれていないことは、明治十七年十二月二十五日号に掲載されたフェノロサと浄土真宗西本願寺派の赤松蓮城の対談からも明らかである。この立場は、後の成人した覚三の仏教観、宗教観の基盤になっており、後述される東洋宗教者会議にヴィヴェカーナンダを招請したいというプランに連なる。

大学を卒業後の覚三は、音楽取調掛を経て、明治十八（一八八五）年に図画御用掛を任ぜられ、博物館設立事業で上司となった町田久成に可愛がられた。「博物館の父」とも呼ばれている町田は、明治四年に文部省の前身「大学」の役人として集古館建設に従事したときから古社寺保存の重要性を説いた人物で、明治十五年に日本初の東京帝国博物館（現在の東京国立博物館）が開設されると初代館長に就任した。けれども、覚三が図画御用掛に任ぜられた同じ年に突然退職し、髪を剃り仏門に入った。退職は「依頼免本官」であったが、解任で、文化財保護を主張した町田と海外に売って外貨獲得の財に供してもよいとの佐野常民大蔵卿などとの方針対立が主たる解任理由とみられる（山口静一『三井寺に眠るフェノロサとビゲロウの物語』参照）。

滋賀三井寺の法名院桜井敬徳阿舎利は、明治十八年には向島小梅にあった町田の別邸で仏法の聴聞会を催していて、フェノロサ、ビゲロウ、覚三もこの会に出席していた。町田が敬徳師から受戒（明治十六年五月）に至る経緯は定かでないが、京都での病気が逆縁という説が有力である。明治十八年の九月には、フェノロサ、ビゲロウ、覚三がほぼ同時に敬徳師から諦心、月心、浄信の法号を授かった。もっとも覚三については異説があり、一雄は雪信としている。

明治二十二年春には、ビゲロウは師の宿泊所も兼ねた道場を東京の小石川に建設するために多額の寄付をし、十二月には「円密道場」と名付けられた道場が竣工式を迎えようとしていた。その矢先の十二月十四日に日光より戻り療養中であった敬徳師が遷化された。そのためにビゲロウは、敬徳師の高弟直林寛良（阿舎利敬円）を新たな師と仰ぎ、師から奨められていたのであろう、中国の天台宗大師智顗著『修習止観坐禅法要』の英訳を覚三に委託していた。ビゲロウが講演に用いた部分は、覚三の死後すぐにハーヴァード大学神学部紀要 *Harvard Theological Review* に“On The Method of Practising Concentration Contemplation”というタイトルで掲載された。『岡倉天心全集』2には春日井眞也訳「止静と観照の実践法」が掲載されている。

覚三の方は、直林の勧めで真言密教の丸山に傾倒することになるが、もともとは最澄と空海は同じ道を目指していたのであり、二〇一一年には、タゴールとも縁のある叡山の半田孝淳座主が高野山に和解を申し入れ受理された。山口静一氏によれば、ビゲロウが真言密教に関心を抱き始めたのは、明治三十五年十一月に覚三がインドより帰国した頃とみられている。「円密」の名前の意味には天台宗と真言宗双方の意味が込められているとも考えられる。

インド行きの仕掛け人

マドラス（現チェンナイで南インドにおける政治・経済・文化の中心）到着後の覚三と堀至徳たちは、ラムナッド国王に招待された後、市内の博物館見学後すぐにカルカッタに向かった。カルカッタ郊外のペルル寺のヴィヴェカーナンダを訪ねるためである。覚三らがヴィヴェカーナンダに会うのは当初から予定されていた行動であり、翌年に計画されていた東洋宗教者会議にヴィヴェカーナンダを招待したいとの願いを抱いていた。それは、出発までの準備期間と同行者について調べて見ると明確になる。覚三の同行者は、ヴィヴェカーナンダ崇拝者のアメリカ人ジョセフィン・マクラウド、室生寺の若き僧侶でサンスクリット語を学ぼうとしていた堀至徳、それにシンガポール経由でヨーロッパに留学する東京美術学校卒業生の武石弘三郎であり、彼らは十二月五日に横浜を出航している。なお、覚三が日本郵船の割引券を購入したのは、出航のわずか三週間前であった。

なお、出発前にマクラウド宅などで堀たちが相談していたコビラという人物は、『天心全集』別巻では米人？となっており、何らの裏付けなしにコビラをアメリカ人としている論文もあるが、二〇一〇年より、堀の師であり、覚三も尊敬していた室生寺管長であった丸山貫長関係資料を調べておられた山口静一氏が長谷寺所蔵文書の中から、堀が留学の機会を得るために浅草に居住していたコビラと会ったことや、堀の語学力や熱意の記されたウルド語の書簡を見つけられた。ウルド語はパキスタンやベンガルから分離したバングラデシュで一般的に使用されている言語であり、筆記体での文章や、その文面からインド亜大陸の住人と判明した。筆者は、マクラウドとコビラの距離からみてコビラがヴィヴェカーナンダの弟子であったのではと推測している。

堀至徳

覚三は、堀の母親ますにインド事情等の説明のために天理の家に出向く予定にしていたが、「九州方面に所用ができたために伺えなくなって申し訳ありません」との謝罪の手紙を長崎から出し（十一月二十九日）、十二月五日か六日に門司を出帆する予定も知らせている。九州での所用とはインド入国の査証を発給してもらうことであった。（長崎知事が友人であった）覚三は、遠いインドに息子を留学させる母親の心中を察し、安心させる情報として、カルカッタが総督の住む首都で、治安が良く保護してもらえることとともに、「先方にてお世話いただくヴィヴェカーナンダ師は、同国一流の学者であって、人々の尊崇を受けている」と記していた。

『天心全集』別巻の年譜や書簡を調べて見る限り、丸山貫長が目をかけていた堀至徳がインド留学に関連して覚三と初めて接触したのは、一九〇〇年七月一日のことである。もちろんそれに先立って、書簡を交換しているが。若い学問僧との初対面の時に覚三は、インドの線香、孔雀の羽根を手渡している。その一週間後には、堀と丸山が揃って覚三を訪ねているが、主な話題は真言宗興隆運動であり、インド行きではなかった。

覚三と丸山は一八九四年ころから親密であり、覚三は真言きっての碩学の丸山を崇拝していた。中根岸の岡倉邸に一ヶ月滞在していたこともあり、覚三の息子一雄は、よほどの業を積んでいなければ祈れない艶かしい愛染明王に祈っている丸山貫長の後ろについて拝んでいた父の姿を目にしていた。また、覚三は一八九三年に、シカゴで世界宗教者会議が開催された折に真言実行会の第二道場建設に百円寄付をしていた。しかしながら、丸山が堀のインド行きに反対したために、覚三との関係は一時疎遠になる。八月に入ると堀は、インド留学の決意を固め、二回以上岡倉邸を訪ねている。

けれども覚三のインド行きの「仕掛け人」あるいは刺激を与えた人物は、堀至徳ではない。「仕掛け人」は、「天心を国際市場に売り出した二人の白人女性」（稲賀繁美氏の表現）の一人ジョセフィン・マクラウドであった。もう一人は、マクラウドの親友であり、密度の濃い文通をしていた *The Book of Tea*『茶の本』にも名前が登場するニヴェディータ（本名はマーガレット・ノーブル）である。

ヴィヴェカーナンダは、ナレンドラナート・ダット・スワミとしても知られている。宗教的偏見を排し、イスラーム教やキリスト教にも関心を抱いていたラーマクリュナに弟子入りした師の意思を継承したうえで、インドの精神性とヨーロッパの科学の協力関係をも説いた。一八九三年にシカゴで開催された世界宗教会議で欧米人の弟子を多く得た。ノーベル文学賞受賞作家ロマン・ロランは、ヴィヴェカーナンダに傾倒し、後に覚三をヴィヴェカーナンダの後継者と考えた。また、ヴィヴェカーナンダとその弟子は、覚三のことを"uncle"「叔父さん」と呼んだという。それは岡倉のクラがベンガル語で「叔父さん」を意味したためである。ニヴェディータは、覚三を「親方」「親分」あるいは尊敬の意も含めて「大将」と呼んだ。これはグルという語の訳語であろう。あるいは、その目に由来するのか「犀」というあだ名も付けていた。

マクラウドがヴィヴェカーナンダに傾倒する重要な契機は、シカゴ万博であった。この時に開催された世界宗教者会議に出席したヴィヴェカーナンダにすっかり魅せられてしまい、それ以降マクラウドは一種の追っかけになってしまった。この両名に関する興味深いエピソードがある。マクラウドは、ヴィヴェカーナンダの「一神教の普遍性による世界平和の達成」という講話を聴いていたく感銘し、ヴィヴェカーナンダに「世界中の宗教が一つになればいいですね」と話した。それに対して、師は、「そんなことはないです。人は各人が自分の宗教を持てば良いのです。人の数だけ宗教はあって良いのです」と返答したという。

東洋宗教会議の準備

一九〇一年一月七日、覚三は、カルカッタに隣接する市にあったアシュラム僧院にヴィヴェカーナンダを訪れた。その後すぐに浅草宗恩寺住職の織田得能に宛てた手紙は、仏教について学問的に論じた部分を含め、『伝燈』第二五六号（明治三十五年二月）にも引用掲載された。

過般来当地に参りビベカナンダ師《ママ》に面会いたし候　師は気魄《きはく》学識超然抜群一代の名士と相見え五天到処師を敬慕せざるはなし　而して師は大乗を以って小乗に先んじたるものと論じ目下インド教（ヒンドゥー教のこと）は仏教より伝承せる事を説き釈尊を以って印度未曾有の教主となせり

師は又英仏語を能くし泰西（西洋のこと）最近の学理にも通じ東西を湊合不二法門を説破す　議論風発古大論師の面目あり　実に得難き人物と存候　出来得べくんば小生帰朝の際同伴可致考に候

木下長宏『岡倉天心』にも、この時の覚三とヴィヴェカーナンダの出会いについての言及があり、「ヴィヴェカーナンダは、シカゴ万国博覧会のさい開催された世界宗教会議に出席して名を馳せた人物であった。それを今度は日本で開こうではないかという話が、岡倉との間で盛り上がったことは想像に難くない」と記しているが、いささか説明不足のように思う。ヴィヴェカーナンダは、このときすでに体調不良であり、覚三の日本への招待に対して「シカゴ万博で訪米した折に日本に立ち寄り、京都や奈良などの古社寺もみている」という理由で固辞した。覚三よりも一ヶ月だけ年上のヴィヴェカーナンダは、覚三一行に会ってからわずか半年後の七月九日に三十九歳の若さで病死してしまった。したがって、日本での東洋宗教会議を話題にして二人が盛り上がったとはとうてい考えられない。

稲賀氏の研究や、ニヴェディータの著作によれば、『東洋の理想』刊行で覚三の恩人となったニヴェディータは、覚三がヴィヴェカーナンダの来日を何度も勧誘することにいささか辟易としていたようである。その主たる理由は、師の病状が悪化の一途にあった際に三百ルピーの小切手同封の招待状が届いたことであろう（堀岡弥寿子『岡倉天心との出会い』）。それがニヴェディータの気分を悪くさせたのは当然であろう。覚三は、マクラウドの指示に従っただけなのだが、無神経のそしりを免れない。そういう事態を予測できなかったから、織田は覚三の手紙を受け取るとすぐにインド出発の準備に取りかかった。

織田については浅草宗恩寺住職としか説明しなかったので、少し補足説明をしておくと、織田家も岡倉家と同じ福井の出身で、織田は真宗大谷派の僧侶として修行をしてきたが、一八九八年に巣鴨監獄の教戒師をキリスト教牧師に変更するのに反対する仏教側の騒動に関係し、同派を波紋されていた。織田は、一八八九年にシャム（現在のタイ）に出かけて体験した南方仏教にも通じていたし、ネパールにも足を延ばしていた。そして、晩年まで『仏教大辞典』を独力で編纂していた碩学である。覚三がカルカッタで織田を出迎えたのは三月十八日であったが、すぐにヴィヴェカーナンダに会って東洋宗教会議について話し合ったという。ヴィヴェカーナンダの体調もさることながら、織田には東洋宗教会議のような会議を組織するのにふさわしい人脈がなかった。覚三自身が東本願寺宗門や仏光寺門跡、京都市長などに支援を依頼したようであるが、効果はなかった。

現時点では東洋宗教会議の具体的なイメージが湧いてこない。しかしながら、一八九三年の世界宗教会議やそこでのヴィヴェカーナンダの講演にみられた宗教の普遍性とまでいかなくても、ともかく「一つ」のところで考え合える場所が覚三の夢であった。

帰国後に覚三や織田たちは、東洋宗教会議開催のために奔走した。けれども、彼らの努力は実を結ばなかった。その主たる理由としては、西本願寺が強く反対したためとの推測もある。いずれにせよ、東洋宗教会議は、まだ未解決のテーマといえそうだ。*

堀岡氏によれば、「織田の訪印には別の目的があったが、それが達成できなかったのでせめて日本で仏教徒会議でも開こうと急いで日本に帰国した」という。

事の真相は分からないが、一雄も引用しているスレンの回想録によれば、釈迦が菩提樹の下で悟りを開いたブッダガヤにいくつかの植民団を作り、それぞれの方法で祈りができる土地の提供を僧院長モハント（元の王侯か）に四月二十三日から四日間の僧院滞在中に懇願し続けた。これが実現すれば、日本から巡礼に来た仏教徒が参拝できる寺があり、そこで寝食をともにしながら修行が可能になるからであった。ところが、モハント僧院長の返事は、イギリスの地方行政官がアジア人に土地の提供を許可することはあり得ないの一点張りであった。

インド体験談と「法隆寺論争」

インドから帰国した覚三は、学会や新聞などにインド印象記を報告するのに多忙であった。それを読むと、考古学と呼んでいる分野、実際には建築を中心とする美術史観において、インド体験が覚三を変貌させたことが分かる。具体的には、法隆寺とギリシャ建築の類似性というテーマに関係する意見の修正がインドから帰国後にみられた。井上章一『法隆寺への精神史』にも、「岡倉天心と伊東忠太の両者がインドを旅行してそれぞれの自説を改めた」という指摘がある。

ここで覚三と法隆寺の関係について簡単にみておこう。一九一一（明治四十四）年五月に法隆寺研究の第一人者で『國華』にも論文を発表していた平子鐸嶺が急逝したが、その秋に催された供養会で、覚三が法隆寺再建のための法隆寺会設立の音頭をとっている。フェノロサの通訳として一八八四（明治十七）年に夢殿を開扉し、秘宝救世観音を拝して以来、覚三は、法隆寺の調査・研究に関係してきたが、追悼の辞では、法隆寺の世界的価値を世界に知らしめるために平子の遺志を継ぐ研究者の続出を祈願した（高田良信『「法隆寺日記」をひらく』）。遅ればせながら法隆寺が世界遺産になったことを、あの世で覚三は喜んでいるであろう。したがって、大学の後輩である伊東忠太が法隆寺を調査・研究していたことを歓迎していたはずであり、東京美術学校の非常勤講師を依頼したことは前述した。

もっとも、覚三が美術学校の嘱託で、伊東と東大造家科で同窓であった塚本靖工学博士に一八九六年一月に出した手紙には、「日光廟の修復調査に伊東を同行させてもらいたいとの申し出は了承するが、今朝聞いたところでは、帝国博物館に伊東君が法隆寺などの調査の費用を申請しているようなので、日光と二者撞着しないように調整が必要である」という主旨の文面がみられる。

中国文化への西域の影響は推古期にはまだ見られなかったとし、覚三は、フェノロサや九鬼隆一がすでに提唱していた「法隆寺＝天智式ヘレニズム」説に賛同したのに対し、雲崗遺跡に西域文化の影響を発見した伊東は、「法隆寺＝推古式ヘレニズム」説を唱えていた（井上章一『法隆寺への精神史』）。しかしながら、二人とも、インド調査により自説を改めるのである。それはイギリスの学者たちの学説にみられる「西欧中心主義」からの脱却をも意味していた。ここでヘレニズムを簡単に説明しておこう。ヘレニズムとは、ギリシャ的な文化・思想を意味する語で、ドイツの歴史家ドロイゼン（一八〇八～八四）の造語である。より限定的には、アレクサンドル大王が東方遠征をきっかけにギリシャ文化が東地中海から西アジア一帯に入り、この地のオリエント文化と融合して形成されたものである。たとえば、奈良の仏像のアルカイック・スマイルとか、建築物のなかに「ヘレニズム文化」がみいだされているが、日本の古代にヘレニズム文化の影響を見出し、一八七〇年代後半から八〇年代にそれを広めた中心人物の一人がフェノロサであった。

覚三は、一八九三年に竜門石窟を調査した際に、中国への西域の影響が天智時代以前、いいかえれば推古に近い時代に見られたことをすでに「発見」し、自説の不都合に気づいていた。伊東は、覚三の中国調査報告の影響を受けて、卒業論文「法隆寺建築論」を完成させている。なぜならば、それが書かれたのは一八九三年であり、「法隆寺＝天智式ヘレニズム説」を論駁するために覚三の新発見を自説に取り入れられたからである。

次に覚三の帰国報告の一例として、『都新聞』一九〇三年一月二日に掲載された「印度美術談」（三日後の『研精画』誌に再録）の冒頭部分を引用しておこう。

印度の事には英吉利《イギリス》学者のカニングハム、フェルゲツソン、ウィルソンなぞの人々がこれまでのオーソリティーであったけれども、これらの人が力を尽したのは二三十年前のもので、その後、英吉利学者の中で継続する者がない。今の英吉利の印度考古学は一頓挫している。印度においてはこの四、五年、殊に古物復旧の気運に向かって文学面などにおいて豪《えら》い考証家が出ている。〔中略〕英学者が提唱する印度における希臘《ギリシャ》の影響の如きも、従来想像するが如き大方面に渉ったのではない。バクトリア〔アフガン・トルキスタン〕、希臘の移住して居った北天〔北インド〕の一部に止まる事と認められるに至った。〔表記は一部修正〕

ここにあるフェルゲッソンとは『世界建築史』全二巻や『インドと東方の建築史を著したジェイムズ・ファーガソンのことで、伊東は論文執筆時も、インド旅行中にも懸命に勉強していた本である（鈴木博之『伊東忠太を知っていますか』）。インドで実際に建造物を調査できたことは、書物で読んだ知識から頭で建築を理解して「建築哲学」を構築していた伊東の建築研究にも大きな衝撃を与えた。ファーガソンは、ギリシャの古典古代を最高の文化とみる価値観からすばらしいガンダーラ美術にギリシャ美術との類似性を見出した折に、ガンダーラ美術のヘレニズム性を強調した。

覚三が「豪い考証家」としている学者ではベンガル・ルネッサンスの学術界の巨星ラジェンドラール・ミトラが重要であり、彼らが行ったヨーロッパ人学者に対する実証的反論は、覚三を大いに鼓舞し、「我々支那ならびに東洋の古美術を研究する上で新しき立脚地を得る。僕の殊に感じたのは、亜細亜古代の美術がほとんど一つの織物の如くで、日本は支那を経とし、印度を緯として織出した有様である」と興奮気味に語っている。この点では、覚三の指摘が的確であったが、覚三を追悼した文で伊東が述べているように、覚三の美術論は、ダイナミックで立体的な体系を追及している反面、科学的検証に欠け、細部に誤りはあった。

覚三は、「印度美術談」――印度美術へのギリシャの影響に関する一九一一年の講演（『研精美術』七〇〜七四号に掲載され、『泰東巧芸史』として知られている）では、話を西域にまで広げて考察している。「古代インド芸術は、ギリシャ的ではなく、むしろアッシリア〔ペルシャ〕的というべきである。ただし、北方のガンダーラ地方のみはギリシャ的と見るのは当たっている。すなわち、ギリシャ・ローマ文化東漸説《とうぜんせつ》を要約すれば、このガンダーラのものが中国〔支那〕西域に影響を及ぼした故に、中国芸術は直ちにギリシャ的なりという者があるけれども、この説よりもペルシャ的分子の遥かに大なりというものに肯けるものがある」（表記は修正）。

さらに同じ講演の「藤原時代」の中で、「伊東忠太氏が最近発見の結果、〔広東《かんとん》〕の塔楼〔尖塔〕は回教のもので、マホメットが生前既に使いを送っていたことを明らかにされた。カイロにあるものよりも八十年古い」とイスラーム〔アラブ〕文化の東漸にも言及していた。

英文ノート『東洋の覚醒』とニヴェディータ

ニヴェディータ（献身の意）の名は、覚三の英文三部作の二冊にみられる。すなわち、*The Ideals of East*『東洋の理想』に序文を書いているし、その出版にあたってマレー社との仲立ち役を果たした。*The Book of Tea* の一章では、ニヴェディータのインド研究がハーンの日本研究とともに賞賛されている。また、覚三本人が著書として刊行する意志があったか不明であるノートで、英文四部作とされることもある *The Awakening of East* は、『東洋の覚醒』として覚三の死後二十年以上を経て日本語訳が刊行された。ニヴェディータは、その共同執筆者とみなされ、実際にノートには彼女の書き込みが少なからずある。

ニヴェディータ、本名マーガレット・ノーブルは、アイルランド出身でロシアの無政府主義者クロポトキンを尊敬していた人物であるが、当初はイギリス当局や宣教団によるインド改良の活動に教師として参加したのであった。けれども、やがてイギリス当局のインド改良運動が民衆に浸透していない表面的なものであるということに気づき、老若男女を問わず教育を受ける機会の

ニヴェディータ

少なかったインドの民衆との交流を深めていった。このようなインド生活でのスタンスの変更とヴィヴェカーナンダへの帰依の深まりが比例していることはいうまでもない。タゴールは、ニヴェディータを『真のインドの母』と呼んだが、それは彼女がインドの地にやってきて以来、常にインド女性の地位向上を求め、一九〇〇年に著した『母なるカーリー』でイギリス人宣教師から「野蛮な偶像崇拝」と非難されていたカーリー信仰を擁護したこととも関係していたであろう。

覚三の英文三部作が当然ながら原著の英文で先に出版されたのに対し、古志郎が蔵から発見した英文ノートは、父の一雄、義弟の国文学者桐原徳重、友人でインド研究者の加藤長雄と共訳という形で『理想の再建』というタイトルで一九三八年に翻訳が先に刊行された（この翻訳の不備は、大岡信『岡倉天心』参照）。まさに太平洋戦争の開戦前という悪いタイミングでの刊行であった。

当時の古志郎は、企画院事件〔治安維持法に関係する事件〕の元思想犯であったから、警察当局の監視の眼も光り、検閲の厳しい状況で、「天心は国際主義者であった」と書くのが精一杯であった。

軍国主義の言論統制下にあって、「奴隷の言葉」を用いながら古志郎は、「天心は、決して日本がアジアの盟主になることなど望んでおらず、自称民主国家の欧米帝国主義者の植民地支配からのアジアの独立・解放をタゴールや孫文と同様に願っていたのだ」といいたかったのではなかろうか。筆者も、一九一六年の来日時にタゴールがすでに日本に警鐘を打ち鳴らしていたように、覚三が生存していれば、タゴールと同じ立場に立ち、日本が帝国主義の道を選択してアジアを支配下に置くことには反発したであろうと推測している。しかしながら、日露戦争期の政府への覚三の協力を考慮した場合、これは身びいきとみなされるかもしれない。

『東洋の理想』とニヴェディータ

まず邦訳『茶の本』〔岩波版〕第一章を開いてみよう。

諸君〔欧米人〕の〔東洋に関する〕知識は、もし通りすがりの旅人のあてにならない話に基づくのでなければ、わが文学の貧弱な翻訳に基づいている。ラフカディオ・ハーンの義侠的ペン、または『インド生活の組織』の著者のそれが、われわれみずからの感情の松明《たいまつ》をもって東洋の闇を明るくすることはまれである。

『インド生活の組織』（講談社版では『インド生活の綾』*The Web of Indian Life*）の著者こそ、ニヴェディータである。同書の出版社名は、筆者の参照した四種の邦訳註には記されていなかったが、一九九六年刊行の仏訳注には、ハイネマン社となっている。筆者は、ニヴェディータのこの著作を熟読していないが、覚三が欧米における曲解されたアジア像形成に影響を及ぼしていた刊行物の中にあってハーンのものとともに、欧米人が執筆した確かな目を持った例外的な本として推奨している。初版本にあるタゴール序文にも類似の評価が見られる。また、覚三が英文で*The Book of Tea*を執筆した動機もまさにここにあった。

『東洋の理想』*The Ideals of East with Special Reference to the Art of Japan*は、一九〇三年にロンドンで出版された。その原稿はインドで執筆され、原稿を読んで感銘を受けたニヴェディータが出版社を斡旋するとともに序文を書く労を惜しまなかったことは前述した。この点に関して、もう少し研究者の意見を紹介しておこう。堀岡氏はこう述べている。

マーゴットことマーガレット・ノーブル、スワミ〔ヴィヴェカーナンダ〕亡きあとはラーマクリシュナ＝ヴィヴェカーナンダのニヴェディータと名乗ったマーゴットこそスワミの思想を天心に伝え、『東洋の理想』の原稿の校正をし、序文を書き、その出版になくてはならない存在の人であった。〔中略〕天心の『東洋の理想』の最初と最後の章はマーゴットとの出会いなくしては書けなかったと思う。

　また、タイプされた原稿はセラが一九〇二年四月十七日にアメリカに帰るときにマレー社に持参したという。それから十ヶ月後に『タイムズ』文芸付録の新刊リストに『東洋の理想』が掲載された。稲賀氏も堀岡氏同様にニヴェディータがマクラウドに宛てた書簡を手がかりにこう言及している。

〔一九〇二年〕九月十四日付の長い手紙で、ニヴェディータは『東洋の理想』に言及し、編集者が原稿を切り刻むという自由裁量 discretion に及んだことを打ち明けている。「最初の切除はどうみても、とりわけ不運なもので、全体の音楽を台なしにしてしまったので、試し刷りで文章を元に戻しました。こんな自由裁量は、もう願い下げ。貴方はわたしの序文に満足してくれると思います。〔出版社の〕マレーも」。これは、『東洋の理想』の発刊にニヴェディータがいかに深く関与していたかを示している。

ニヴェディータのインド生活

　インドの歴史家ムケルジーは、ニヴェディータとシン・フェイン党との繋がりを強調し、「アナーキストの指導者クロポトキンや日本の革命家、岡倉との接触がニヴェディータを確固たるナショナリズムの闘士に仕立てた」との見解を述べている。すなわち、インドに来る前からニヴェディータには、アイルランドの民族運動との関係があり、いいかえれば、革命家になる素養があった。

一八九八年一月末にカルカッタに到着したニヴェディータは、一九一一年に病死するまでインドで何をしていたのであろうか。この点を明白にするには、彼女の伝記や書簡集の検討が必要となるが、以下では彼女の著作集や若干の研究成果を参考にニヴェディータのインド生活を簡単に紹介しておきたい。

およそ十三年間のインド生活（この間、英国に出た時期がある）は、第一には英語学校での教師として、第二には、著作活動、第三には、ヴィヴェカーナンダの教団におけるシスターとして、すなわち、宗教家として、第四には、ベンガルの若い「革命家たち」と行動を共にする運動家としての四つに分けられよう。古志郎論文は第四の活動に焦点をあてたものである。

ニヴェディータは、インドの停滞・貧困に対する、とりわけ女性の置かれていた状況、たとえば幼児婚や寡婦再婚禁止に伴う不幸を改善しようとするキリスト教ミッショナリーの活動に共鳴して渡印したが、インドに来て見て、イギリス帝国が改良者ではなく、抑圧者としての存在であることを見抜くようになり、教団での活動を行う一方で、インド文化を正しく伝えようとする著作を執筆するのである。

教師としてのニヴェディータの活動としては、コルカタ到着から十ヶ月が経過した一八九八年十一月のカーリー神の祭日を期して彼女がヒンドゥー教の少女のために学校（三十名足らずの規模であるからむしろ塾か）を開校したことが知られている。その学校において、彼女は、西洋教育の三要素を重視していた。すなわち、科学の基礎知識、地理的概念、歴史認識であった。しかしながら、ニヴェディータの学校の教育が前任者のものと根本的に異なっていたのは、英語とともにベンガル語を使用し、西洋教育とヒンドゥーの教育を併せ持たせたことである。具体的なカリキュラムは、英語とベンガル語を含め、算数、地理、歴史、美術、裁縫、刺繍であった。

次に著作活動であるが、ニヴェディータはインド到着から二年目の一八九九年に"The Ideals of Hindu Women"「ヒンドゥー女性の理想」、"Mother Worship"「母なるものの崇拝」などの論文を次々発表している。ヴィヴェカーナンダから学んだインドの歴史や文化の素晴らしさを伝え、誤解を解きたいという使命感が執筆の原動力になったという見解もあるが、筆者は自分自身のインド観の整理と結びついていたのではと考える。より単純に、教団での身分が「見習い尼僧」であったから、執筆に励んだとの見方もある。

カーリー神像
(Richard B. Godfrey, 18世紀)

彼女の論文は、一部で高く評価される反面、キリスト教に改宗したパンディータ・ラマバイの支持者などからは痛撃な攻撃にさらされていた。『母なるカーリー』は、キリスト教徒たちがカーリー信仰を生贄《いけにえ》を要求する「野蛮な偶像礼拝」とみなしたのを、「党派的な勝利を目指した中傷」と批判し、そうした解釈こそ「世俗的な煩悩」の証拠だと退けてヴィシュヌ神Vishnu（シヴァ、ブラフマン＝梵天と並ぶヒンドゥー三大神の一つで保存の神）を踏み敷いた漆黒のカーリーの姿の背後に、破壊と死のおぞましさを通して「仮象マーヤの彼方の精神的真実」を透視するとともに、男性原理を包含しつつ、それを超える大いなる母なる姿の可能性を認める。

覚三がニヴェディータに出会ったのは、彼女の「尼僧時代」に相当する一九〇一年一月である。ニヴェディータ書簡集とスレンの回顧談より、ニヴェディータと覚三との関係、とりわけ、彼女が覚三をどのように見ていたかを紹介しておこう。先に引用した一九〇二年四月十九日の手紙では、覚三を犀（Renoceros）と呼び、五月一日のものには、覚三たちを「山賊とその一味」（chiefein and his party）などと面白がって記している。彼女が覚三をニグNとも呼んでいたことは、十一月十九日の手紙からもわかる。また、彼女と覚三の間で「母子ごっこ」（ニヴェディータが母親役になり覚三が子供になり甘える）なるものがあったというが、これはいわば冗談関係が成立していたからか、覚三が病気（マラリアなど）の時の一種の看病法なのか定かではない。

一八九八年一月にカルカッタに到着し、ヴィヴェカーナンダの教団で修行をしているが、その身分は「見習い」であった。一九〇二年六月に師が病死する以前には女性信者のリーダー的存在にまでなっていた。師が急死した直後には教団と距離を置き、スレンとその同志や覚三とともにインド民族運動に没頭した時期もあった。これをアイルランド人のニヴェディータが「反イギリス帝国主義」のためにインド民衆と連帯したというのは、少し単純すぎるかもしれない。彼女の当時の活動や政治的立場に関して以下のような見解も見られる。

カルカッタにおいて、危険な伝染病汚染地域で救済活動を行っていた彼女は、より合理主義的なブラフマ（梵天）改良派（タゴールの父親が一八四二年頃に設立した教団）と、より信仰復興派のラーマクリシュナ派との間の仲介役を果たした。また、ベンガルの著名な植物学者J・C・ボースと親友になり、彼の編集者も勤めた。（ラムザック「インドにおけるイギリス女性活動家」）

二、岡倉覚三とベンガル・ルネッサンス

一ヶ月足らずの滞在

二回目のインド訪問は、一九一二年九月中旬から十月十二日までの一ヶ月足らずであった。もっぱらコルカタ（カルカッタ）のタゴール家やその周辺にいて、タゴール派と呼ばれる絵画グループの中心メンバーであったラビンドラナート・タゴールの甥たちの助力を得て、インド絵画の実物を見せてもらい、説明をしてもらうことが覚三の任務であった。このすぐ後に、タゴールの甥の一人がボストン美術館のためにインド絵画を送ったり、ボストンに行くことになったのである。

この訪問中に、「宝石なる声の人」で知られる覚三のプラトニック・ラブの相手プリヤンバダ・デーヴィと知り合う「一期一会」があった。このときに覚三が『茶の本』を贈呈したために、十月一日付で『茶の本』を称える詩をプリヤンバダから贈られている。

覚三が四ヶ月後に書いたオペラ『白狐』の戯曲に引用した詩を贈られたのも、この時である。

前回訪れて感激したブッダガヤに再訪したのは、プリヤンバダとの出会いの直後であった。覚三とプリヤンバダの関係については、大岡信氏や大原富栄氏らによって詳細な紹介があるので、ここでは取り上げない。また、わずか数年前までガンディーと一緒に南アフリカのナタールでインド人の人権のために活動していたイギリス人の弁護士チャールズ・アンドリュース、ウィリアム・ピアソン（一九一六年にはラビンドラナート・タゴールとともに来日し、覚三の家族、弟子、知人と会った）らと交わした会話を明らかにすることは、ロマン・ロランとヴィヴェカーナンダやタゴール、ガンディーとの関係をも含めて、覚三＝タゴール関係を再考するときには避けて通れない作業として残される。

ボストン美術館東洋部とインド絵画

二〇〇七年三月に三度目のボストン美術館訪問をした折に、タゴール一族の絵が展示されているコーナーがあった。近年のボストン美術館が旧イギリス帝国の枠組みでの展示に力を入れ、かつての東洋部はアフリカ・オセアニア部に名称変更されたことに関連しているのだろうか。

それはともかく、一九〇四年に覚三が就任してから数年間で中国・日本部門が充実してきているが、この間、覚三自身も辛亥革命最中の中国にさえ美術品の蒐集に出かけていたことは、書簡やコーエン『アメリカが見た東アジア美術』第二章から分かる。

一九〇六年十月から三ヶ月余の天心の中国での蒐集や辛亥革命期の活動については、次章でとりあげるが、一例をあげれば、一九一二年六月一日にフェアバンク教授に宛てた手紙にもうかがえる。「十三箱を送る手続きをしました。中国の税関に当館の購入品は無税扱いにしてもらうように米国公使館に依頼しました。青銅器や玉を購入したけれども、唐や宋の古画は少ない」。また、同教授宛の八月二十六日付には、「明の青銅器を購入しましたが、上海で出会った山中〔商会〕に処理を依頼」とある。

さらに、ボストン美術館は、現代インド美術を含むインド芸術のコレクションを充実させて東洋部を設置しようとしていた。覚三のボストン美術館での最後の任務がインド美術の購入と選定になったことは、亡くなる三ヶ月ほど前の一九一三年五月二十五日に五浦からロッジに出した手紙からもわかる。

G・タゴール氏が美術館にお送りしたインド絵画がどうなったか教えて下さい。あの絵画に関心をお持ちでしたか?　ロス博士がとても気にいられたと聞いています。タゴールは、私にカーングラ派の古い絵画十七枚の納められたもう一つの小包を送ってきました。目下検討中です。数日後にボストンに送ります。タゴールはこれらがカーングラ派を代表する作品であると書いてきていますが、個人的には二、三点を除いては私の好みではありません。多分、一、二点を購入するのが賢明でしょう。もしわれわれ〔美術館〕がインド美術品のコレクションを所蔵しようとするのであれば、手始めにこれらの絵画の何点かを購入するのが賢明なことかもしれません。私はタゴールにたとえ絵の値段が二倍しても、われわれはより良い品を期待していると書きました。

この手紙の一ヶ月ほど前（四月二十一日付）にロッジに宛てた手紙から、G・タゴールがラビンドラナートの甥ガガネンドラナートであることが分かる。ガガネンドラナートは、ベンガル・ルネッサンスの指導的人物オボニンドラナート・タゴールの兄である（吾妻和男『タゴール』（講談社）では「ゴゴネンドロナト」と表記）。

美術館のためにインド絵画の蒐集に当たっているガガネンドラナート・タゴール氏からの手紙を同封いたします。〔中略〕絵画が彼の言う通りのものならばいいのですが。レーン氏はインド絵画に関心をもっており、その購入のために最初の千ドルを寄付しました。私はこれらの絵画についてレーン氏に相談するのがよいと思います。

レーン氏とは一九一二～一三年当時のボストン美術館理事長である。同氏は、ボストン美術館をアメリカ随一のものであり続けさせることに最大の関心をもち、資金調達に頭を痛めていたが、「最高の作品だけを購入する」という岡倉の方針を支持していた。なぜならば、最高のものを集めることで関心が高まり、資金も集まると考えていたからである。この点についてはコーエン『前掲書』も指摘しているが、ボストン美術館館長のロッジらとの手紙もそれを証明している。中国や日本での美術品の蒐集・購入からも、覚三の購入方針は明らかにできるが、先に引用したロッジ宛の手紙からもインド絵画についても選別すべきとの意見を持っていたことがわかる。

カーングラ派**という用語は、ガガンドラナート・タゴールが覚三に宛てた一九一三年四月十六日付の手紙にも出ている。

去る二月二十七日に拙宅でお目にかけたのと類似のインド・ムガール絵画の、非常に優秀な標本を七点入れた包みをお送りいたしました。〔中略〕私は貴下がこの絵画をお気に召すものと確信しております。ロス博士はカルカッタにおられた際にこれらをご覧になられてとても気に入られました。本日貴下宛に、カーングラ派の古いインド絵画の十九点の包みを送りますが、お好きなものをお選びください。

一九一三年三月二十三日付の覚三に宛てたロスの手紙は、ロスがカルカッタに絵の買い付けに出かけていたこと、東洋部のインド部門の担当者の一人になったことが推測できる。なぜならば、レーンが推奨していたインド絵画の専門家スプーナー博士〔詳細は不明〕に会いにいったり、覚三の紹介でガガンドラナート・タゴールにも会っている。

現時点では、ボストン美術館がインド絵画部門に力を入れはじめたのは、一九一二年九月からはじまる年度とみられる。したがって、同年の春には翌年度の予算が組まれ、購入計画が立案されるであろう。前述したように、覚三は五月から六月上旬にかけての中国での美術品買い付けから帰国し、五浦で久々に釣り糸をたれたり、ビゲロウに頼まれていた中国の学者が著した天台宗の書『止静観照実践法』の英訳をしていた。

『天心全集』別巻年譜には、「七月二七日、ボストン美術館より電報があり、インド美術品購入のため、急遽予定を変更してインド経由での帰米を決める」とある。『天心全集』7の書簡によれば、七月十三日にはシアトル経由でボストンに帰米する予定であったが、四日後に打電した電報には「インド経由にて戻る」とある。この変更は、七月二十八日にレーンに宛てた覚三の手紙によっても検証される。

貴下の電報でのご提案に従い、私はスプーナー博士と購入に関して話し合うためにインドに赴くことを決心いたしました。八月十四日出帆の三島丸でシンガポールまで行き、ブリティッシュ・インディア・ラインでカルカッタに行き、バンキプールには九月中旬に到着する予定です。

予定どおりに三島丸に乗船していたことは、覚三が亡くなるまで気がかりであった八杉貞との間に生まれた次男三郎に船上から出した手紙からも、明らかである。父からの手紙に対し、三郎は八月二十五日付でいつものように英語で返事を書いている。

覚三が蒔いた種子

一九〇二年から一三年にかけて、ヴィヴェカーナンダ、ニヴェディータ、覚三が相次いで亡くなっている。その間に一九一一年にインド民族運動の分断化をも目的としていた「ベンガル分割案」が廃止された。そのすぐ後には、第一次世界大戦でのインドの英国への協力（大英帝国の長男インドとしての「当然の」協力）がみられる。こうしたインドの政治動向のなかで、「ラーマクリシュナ教団やタゴールを中心とする「ヒンドゥー革新運動」はどのような活動を行っていたであろうか」は興味をそそられるテーマである。けれども、残念ながら現在の筆者には、手に負えない大テーマである。ただ、直接的には短期間であったが、一九一三年九月に死去するまで覚三がタゴールとその甥スレンとの交流をもっていたことは確かである。

いずれにせよ、覚三がインドで蒔いた種子は二粒であろう。一つはタゴール家との公私の関係によるインド美術との交流である。覚三はタゴールの紹介でインドのティペラという小王国の宮殿の装飾画を描く仕事の依頼を受けて、弟子の大観と春草をインドに派遣した。ところが、二人がインド入りした一九〇三年は日露戦争直前の国際情勢と国内の不穏な動きもあって、イ

スレンドラナート・タゴール

ギリス官憲に妨害され、壁画制作は実現しなかった。タゴールを取り巻くグループが反英的グループとして睨まれていたことも一因であろう。しかしながら、大観と春草は、タゴールの甥たちの「ベンガル・ルネッサンス」に影響を及ぼした。とりわけ、朦朧体***という国内で不評であった絵画法は、「ウォッシャブル」という手法として彼らに取り入れられた。反対に、大観や春草もインドの水彩画の色彩や絵画のモティーフから影響を受けていた。大観の『流燈』は、その代表作であろう。

さらに、一九一六年にタゴールに連れられて来日し、五浦にも出かけたベンガルの青年画学生モグル＝チャンドラは、後にインドの美術界で重要な人物になった。また、逆にタゴール＝覚三の縁でタゴール国際大学に赴いた秋野不矩は、後半生に新境地を拓き、壮大なインドの河、砂漠を描いた。それに先立ってタゴールに請われてシャンティニケタンに出かけた仏画の達人、荒井寛方は、現地で絵を教える一方で、インドの水彩画の美しい色彩より影響を受けている。「美女と孔雀」は、カーングラ派が取り上げたモティーフではなかろうか。また、春草が朦朧派より脱して琳派的な作風に移行する過程でインド滞在中の影響があったのではないかとの素人考えをしている。

第二の種子は、インドの独立あるいは民族運動と覚三の関係である。これについては、岡倉古志郎や稲賀繁美氏の先行研究を踏まえ、覚三が発信した文明理念と文化的ナショナリズムがベンガル民族主義の文脈で、どのように受容されたかを新視点によって考察された岡本佳子論文****に詳しい。もちろん、覚三がインド滞在中にニヴェディータらと論議しながら刊行した『東洋の理想』と未完であった『東洋の目覚め』という二つの英文著作が基本資料である。『東洋の理想』*The Ideals of East* は、一九一七年にフランス語に訳されているが、最初の邦訳は一九一九年であり、しかも第三章までの部分訳であった。翻訳の遅延が覚三の遺志に基づいたものなのかは不明であるが、生存中の覚三が著者名さえ間違っている原著の不完全さを理由にあげて、『研精美術』主幹からの翻訳の依頼を一九一三年に拒んだのは事実である。

次に『東洋の理想』は、誰を対象に書かれたものであろうか。原稿が執筆された際の状況やニヴェディータの協力から、スレンのようなインドの青年運動家を鼓舞することが主な目的であったとの見解はすぐに思い浮かぶ。覚三は「アジアは一つ」の後に、その多様のあることを指摘した。それにもかかわらず、大東亜共栄圏樹立のスローガンとして「アジアは一つ」を利用した日本だけでなく、「アジアは一つ」は、他のアジア地域でも一人歩きしていた。これに関連して二〇〇二年十二月にデリー大学中国研究所が日本の国際交流基金の後援を得て開催した「岡倉天心シンポジウム」では「アジアは一つ」がベンガル語、日本語、中国語というアジア言語ではなく、Asia is one と英語で表現されたことの意味を考えるべきであるとの議論がされたようである。

しかしながら、『東洋の理想』は、文化とりわけ日本美術史の書であり、覚三の死後に刊行された『東洋の目覚め』のような政治的アジテーションはほとんどみられない。それはむしろ『茶の本』と同じように欧米人の歪んだ東洋文化、日本美術観を改めたいという意図から書かれたのではなかろうか。それは、日本滞在中に覚三から日本美術史の講義をプライベートに受けていたマクラウドがニヴェディータと一緒に『東洋の理想』刊行のため、ジョン・マレー社との交渉にあたっていたことや、内容からみても十分に説得力のある見解である。

当然とはいえ、仏像の説明では随所にインド芸術が登場し、十五章のうちの一章を「仏教とインド芸術」に充てている。この章や他の章でも度々インド彫像や建造物の素晴らしさに言及しているのは、「インドの青年たちに祖国への誇りを持たせたい」との気持ちがあったのかもしれない。さらに、覚三の個人的執筆動機としては、福地が主任となってパリ万博のために編纂された日本美術史で削られてしまった定朝作の鳳凰堂の像の価値などを欧米人にアピールしたかったのではなかろうか。他方、『東洋の目覚め』に用いられたノートの背景には、覚三、ニヴェディータ、それにスレンをはじめとする「ベンガルの志士」との熱っぽい論議があった。古志郎の論文はこのテーマの試論であり、覚三の影響力をいささか過大評価しているように思えるが、その評価はインド民族運動やイギリス植民地研究者たちに今後の宿題として託された。稲賀繁美氏や岡本佳子氏の研究はそれに十分に応えている。

また、『東洋の理想』の構想や草稿の一部により、インド行き費用の前借をしたかもしれないと前述したが、インドの地でインド美術や仏跡を訪ねた体験がこの代表作の内容に修正をもたらすことは当然あった。最も大きな点は、東アジアの美術・宗教の原点が北インドやネパールなどにあることを痛感し、覚三本人が『西遊記』の三蔵法師になったと思わせる節もある。

『東洋の理想』の平安時代、八〇〇年〜九〇〇年の記述も、ヒンドゥー体験によって修正されたと考えたい。覚三は、平安時代の日本人が精神と物資の融合（結合）という新しい哲学的立場を形成していくプロセスで、インド的理想の理解（the apprehension of the Indean ideal）を成し遂げていったということをこう述べている。「首都が七九四年に平安京、つまり京都に再度遷都されたために平安朝と呼ばれている時期、秘密的教義という仏教（密教）の新展開が起こり、この哲学的基礎は、禁欲的苦行と肉体的歓喜の崇拝という二つの相反する極端を含むものであった。

この運動は最初中国において南インド出身の二人の高僧、ヨガの経典を訳したヴァージラボーディ（金剛智）とその甥アモーガヴァジュラ（不空金剛）によって代表されていたが、後者がこの思想探究のために七四一年にインドに戻った。これは仏教がヒンドゥー教の一層大きな流れの中にまさに溶け込もうとしたものとみなせるし、事実、この時期におけるインドの影響は、宗教のみならず芸術においても圧倒的なものであった」（全集1、六八～六九頁参照）。これに続いて、覚三は真言密教とインドの関係、観音とカーリー女神、シヴァ神と愛染の関係、さらには空海の絵画にみられるインド絵画の影響にも言及している。

＊　岡本佳子「「般若波羅密多会」をめぐる人間模様」（岡倉登志・岡本佳子・宮瀧交二『岡倉天心 思想と行動』吉川弘文館、二〇一三年、九三～九九、一五六～一六〇頁）は研究の発展の可能性を示唆している。

＊＊　カーングラ派は十八世紀にインド北部、パンジャブ州カーングラで栄えたインド細密画の一派である。たとえば、一〇センチ×一三センチという大きさに詳細に描かれている。ラジプート・イスラーム王国に属していたことからラジプート派とも呼ばれ、自然によく調和のとれた服装のフェミナンな姿を描いたスタイルが典型的である。二〇一三年三月に東京国立博物館でもこの派の作品が多く展示された。

＊＊＊　朦朧体は覚三の「空気を描く方法はないか」という発言から始まったとされ、日本画特有の線を廃した没線、無線を特徴とし、一般的には洋風表現の実現として捉えられている。それが登場した明治三十五年頃には、化け物画と酷評されたこともあるが、ホイッスラーやターナーも類似の画面構成の作品を残しており、その幻想性と脱写実性は泉鏡花の作品などと類似のものとして共感をもつ者も現れた。大観、春草に代表される朦朧体が明治の浪漫主義、大正モダニズムに結びつき、彼らが覚三を追って出かけて巻きこまれたインドの独立運動の一部を成していたベンガル・ルネッサンスとも関係していった（佐藤志乃『「朦朧」の時代』、人文書院、二〇一三参照）。

＊＊＊＊　「ベンガルの民族主義と天心岡倉覚三」（岡倉・岡本・宮瀧前掲書、一〇〇～一五五頁）。

第六章

中　国 *1893, 1906〜7, 1908, 1912*

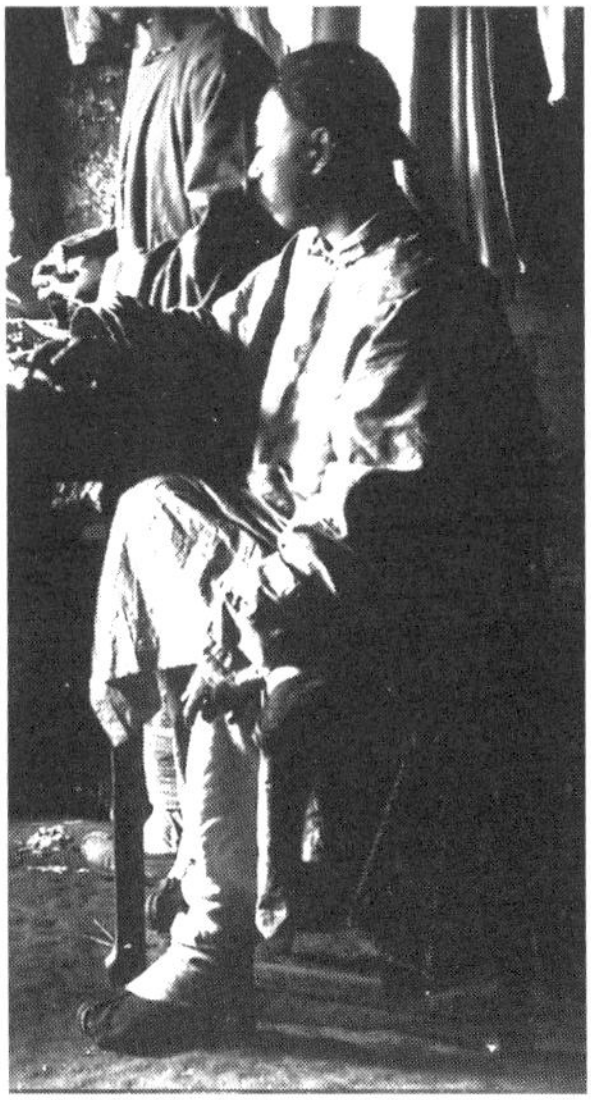

中国出張中 弁髪の覚三
（茨城県天心記念五浦美術館蔵）

一、第一回中国旅行

四回の中国旅行

岡倉覚三が調査や美術品購入のために中国（清国と中華民国時代）を三回訪ねているが、延べ日数は十ヶ月余で、欧米はもとより、訪問二回のインドと比べても短い期間であった。しかしながら、それが密度の濃い調査・蒐集の旅であったことは、日誌や講演記録・メモならびに報告書から明らかである。本章では、帝国博物館の仕事で派遣された第一回の四ヶ月に多くの紙面を割きたい。それは京都大学中国学の基礎を築き、『日本文化史研究』や『支那絵画史』の著書を著わした内藤湖南（本名虎次郎）に先立つこと六年、湖南の同僚で中国文明の研究で文化勲章を授与された狩野直喜《かのなおき》の中国調査の七年前であり、まさに覚三、早崎はパイオニアであった。覚三は、この調査の特徴を『支那行雑綴』にある幻燈*を使用した講演で次のようなことを述べている。

今回の行程一四〇日の間に私の専ら力を尽くそうと思ったことは、公共のものであります。公共の物となると寺院と□□□□□□そのものについてできる限り見ました。
支那の美術品は明と明末清初のとき（の乱）、それから近頃の回々教や長髪族の乱のためにも非常に美術品を滅ぼした。日本では後の天子が先の天子のした事をやっているのを忌むことなく昔のことを務めて残して置くようです。

支那の仏教の力は日本におけるようなものではない。支那では儒教と老子の教えと仏教と三強を持って天下を成しているから三分の一の勢力しかもっていない。

二回目と異なり、蒐集面は二の次であり、日誌を繙くと空白には歴史的遺跡とくに歴代皇帝をはじめ文人ら歴史的人物のモニュメントなどの総称が記されていたのではないかと推測される。覚三は明治維新直後の廃仏毀釈に伴う寺院、とりわけ後にアメリカ人によって仏教美術として注目される仏像、仏画の保存運動をライフワークとするが、中国での寺院をはじめとする歴史遺産の破壊の目撃がそのモティヴェーションの一つになっていたと思う。また、権力争いでの建造物破壊でいえば、徳川になって聚楽第が破壊された事例が日本にも存在していた。また、もし覚三が弟子ウォーナーを含む「調査隊」が、敦煌の壁画を剥がしたり、仏像を持ちだしていることを知ったらどう思ったであろうか。

ボストン美術館から派遣された第二回が約四ヶ月間、第三回（明治四十五年）は往復の航路を含めて一ヶ月足らずであった。けれども、本章では、この旅行を第四回とする。なぜなら、覚三の中国旅行は、明治四十一年に欧州旅行の帰路にシベリア鉄道経由を選んだための通過（六月二十六日から七月七日まで）があり、その記録が『岡倉天心全集』５の「欧州視察日誌」後半に含まれているからである。それ以外にもトランジットでの上海滞在がある。

明治四十五年（一九一二）の中国行（第四回）は、ボストン美術館の中国・日本部（インド美術部の設置が完了した暁には東洋美術部への発展的解消が予定されていた）の任務での出張であり、調査よりも美術品収集が主であった。覚三やウォーナーと中国についてかなりの紙面を割き、ボストンにある英文資料も用いているコーエンの『前掲書』六六〜六七頁には、覚三と中国に関する記述がみられる。そのうち、「ボストン美術館に職を得てから毎年中国に出かけた」とか、「岡倉は以前から中国語を学んでいた」とあるのは不正確であるが、「甥の早崎を中心とする美術品購入のネットワーク」という記述は正しい。

早崎梗吉《こうきち》は覚三の姪の八杉貞と結婚したから法的には甥で正しい。早崎は美術学校在学中から中国語と写真技術の習得を覚三（そのバックには博物館の上司九鬼隆一がいた）に義務づけられたが、彼の助力がなければ覚三の中国旅行の成功はもたらされなかったであろう。早崎にとっては、十九歳か二十歳でいわば命じられて覚三の中国旅行に随行したことが彼に中国美術研究の道を選ばせ、一九〇二年から四年間、中国の三原大学堂で教鞭を執る一方、東京帝国博物館の嘱託として西安のある陝西省《せんせいしょう》において文化財調査を行っている。西安に入る前には、唱歌「箱根八里」に出てくる函谷関《かんこくかん》を通っている。その後、覚三に呼ばれてボストン美術館東洋部監査顧問の職に就いているから、コーエンのいう「美術品購入のネットワーク」が早崎の三原大学堂時代からの人脈であるとみてよかろう。

また、コーエンは、覚三がボストン美術館の中国コレクションの充実ぶりにいかに貢献したかについても述べている。

岡倉は、一一年に名実ともに中国日本美術コレクションのキュレイターとなり、一三年の死までそのポストにあった。彼のいた時期は、美術館の中国コレクションの発展にとってとくに重要な意味をもっている。その一方日本の優品はほんの数点しか購入していない。〔中略〕知識、趣味、人間関係、資金、中国の混乱がもたらした好機、これだけあれば、岡倉が中国の偉大な宝物を美術館のために手に入れるのに十分だった。

第一回中国旅行の旅程

一八九〇年代当時の博物館は文部省ではなく、宮内省の管轄であったから、覚三は、出張報告用に「経歴書」と題して出発の日から帰国までの毎日の泊まり先と旅程距離（中国の里数表記で一万四千余里）を書き出している。日本の一里は約四キロだが、清国の一里は約五〇〇メートル（覚三の四〇清里は一三英マイルとの換算による）であるから七〇〇〇キロを走破している。けれども、道や乗り物が整備されていないだけでなく、政情も不安定な中、都市では領事館の保護やもてなしを得られても、一歩外に出れば道なき道をゆき、ドンキホーテさながらの冒険旅行でもあった。

第一回目の訪中は、一八九三（明治二十六）年七月から十二月という日清戦争開戦（一八九四年八月）の前年であった。宮内省所轄帝国博物館より出張命令が出されたのは七月十一日であり、その

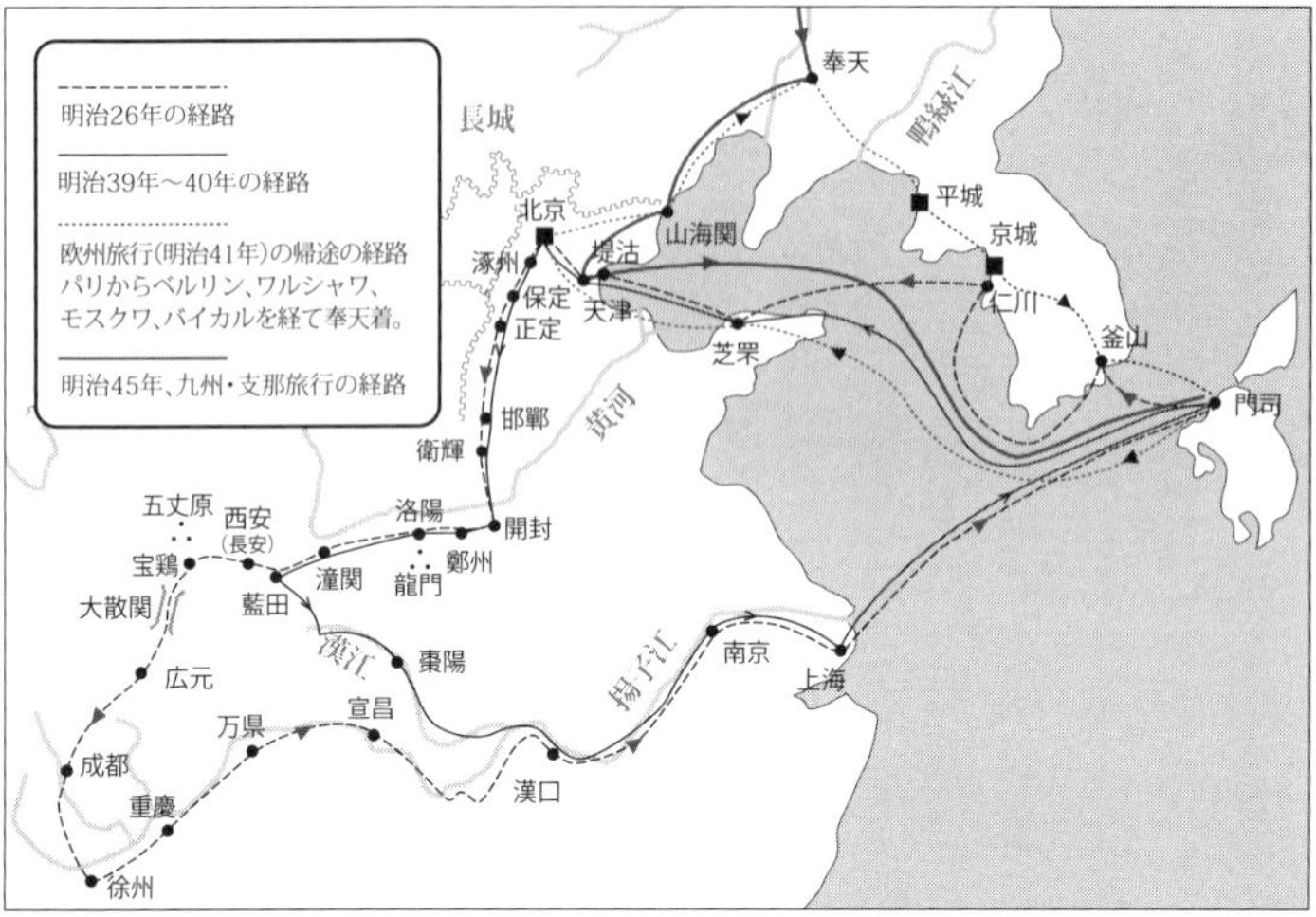

中国の旅程

四日後の「七月十五日に東京から長崎経由で天津に上陸した」（鶴間和幸「天心と中国」『岡倉天心と五浦』所収や金子敏也『宗教としての芸術　岡倉天心と明治近代化の影』）とあるが、湖の荒れのため天津まで行けず、塘沽《タンクー》で上陸し、ここから天津までは汽車旅であった。「支那旅行報告稿」（全集5「支那行雑綴」所収、一二七頁）には横浜天津間定期郵便船、天津大沽間鉄道についての説明にはじまり、利用した乗り物や旅程が記されている。鶴間論文にある三回目（本書では四回目）を大正元年（一九一二）というのはいかがであろうか。覚三が中国から帰国した六月は未だ明治天皇が生存しているから、明治四十五年である。

　天津には八月四日から北京に向かう旅も、折からの洪水のため陸路が寸断されていたので不潔な舟での移動を強いられ、蚊や蚤、南京虫にも悩まされた。もっとも、南船北馬といわれるように、南の旅行は船《クリーク》を利用するのが便利であった。九月二十五日には、富貴虫（校閲者はゴキブリとみている）が大量に発生し、二十匹退治したとある。十三年後に再訪したときは乾期で、まるで反対の悩み水不足に直面して船が出るかを心配したのであった（全集5、一七八頁）。最初から前途多難な冒険を伴う旅であったが、荒川領事に会ったり、地図をもらったり、旅の注意事項を教えてもらっている。

　この時に会った関係者のうち中西正樹は、二回目以降も世話になった人物なので、簡単に紹介しておこう。岐阜県の岩村藩士の子として生まれ、東京で小学校教師の後、明治十七年に外務省留学生となり、天津領事館を経て北京公使館に勤務した。退官後は、中国各地を探検・調査し、日清・日露戦争では軍に側面協力したと語られている。

　この折の、後になってみれば面白いエピソードは、太平天国を鎮圧した将軍として名高い李鴻章が覚三一行（といっても当初、覚三と早崎の二人で、八月二十五日の北京より通訳三輪高三郎と雇人の中国青年高二《カオアル》の四名になった）をタイ人と勘違いして訪ねてきたことである。その原因は美術学校の制服を着用していたのが間違いの源らしい。これが教訓となって、辮髪のみならず、清国にふさわしい服装に着替えることになった。

　もっとも『東京美術学校校友会誌』第十九号、昭和十五年十月に掲載された早崎の談話によれば、「明治二十六年七月に博物館から旅費をもらって最初朝鮮に渡り、釜山から仁川に上陸したときに、僕も先生も美術学校の制服の闕腋《けってき》を着ていたので、たちまち金玉均《キムオクキュン》（一八八四年の政変で政権を握ったが清朝軍と朝鮮の守旧派に敗れ、日本に亡命した後一八九四年に上海で暗殺された政治家、思想家）の一行と間違えられた。それで仁川の領事館に行って証明をもらってやっと事済みました」とある。

北京には八月七日に到着しているが、ここでも何日か足止めをくった。筆者もアルジェリアからギニア共和国に入国するにあたって苦労したが、覚三も、護照、つまりヴィザの発注を受けるために北京に予定よりかなり長期滞在した。おかげで北京城（紫禁城）周辺のみならず、昌平州にも出かけ、五十以上の寺を見て回り、ミッシュラン・ガイドのように◎、○、△の記号を付している。あるいは足止めも計算のうちで、見物や情報収集のためだったのかもしれない。八月後半から九月の日誌には暑い時候（八月十一日には夜七時になっても華氏九〇度〔摂氏三二度〕とある）のために、連日夜明け前というか夜中の二時半発とか三時発の強行軍であった。まだ三十代前半だったから無理がきいたのであろう。

北京のあとは開封、洛陽、龍門石窟、西安、成都、重慶、漢口、上海をめぐる長旅であったが、この間の概観をもちろん支那旅行日誌を参照できる立場にあった斎藤隆一『岡倉天心』復刻版七三〜七九頁の「中国内地の探検旅行」から要約してみたい。もっとも、もともと本文が五頁未満であるから、現地の具体的記述は二つくらいしかない。

八月二十七日には壮士刑軻（秦の始皇帝の暗殺を企てて失敗して処刑）で知られた易水に着いたが、日記には「衣冠の影地に映ずるを覚ゆ」と記し、「秋風易水酒荒涼」との一句を詠んでいる。翌日は劉伯倫の墓に転じ、上墳に注ぐべき好酒なしと記している。五十歳以下の読者は杜甫、李白や白楽天（白居易）までは名前は知っているであろうが、竹林の七賢の一人、劉伯倫（本名は劉伶）が魏および西晋の文人で、十五、六歳にして『史記』をはじめとする中国古典の言語・知識を自家薬篭中の物とし、己の詩表現に自在に駆使していたことは知らないであろう。

三国時代と言えば、青年期の覚三は『三国志』を愛読していたから、旅行中にも八月二日の天津で領事館員を伴って諸葛孔明の「楼門弾琴之図」をみた。九月十八日の洛陽では、「英雄美人詞（刺）客高士の踏みし土」と無欲の英雄高士の姿を見ている。十月八日には杏林で『漢書』を著わした後漢の歴史家斑固の墓を参った後、三国時代の戦場たる中原《ちゅうげん》を感慨深く通過している。鳳県では、項羽が戦った地という碑（十月十四日）を見る。『三国志』に詳しい読者は、日誌から関係人物を探してみてはいかがだろうか。

覚三の漢詩の師が酒豪の森槐南《かいなん》であったから、覚三は、当然伯倫の漢詩も知っていた。ちなみに、学生時代の漢詩創作の時間に覚三が教授から絶賛されたという回顧談を確か三宅雪嶺がしている。『岡倉天心全集』7には英詩、俳句、詩と共に漢詩が収録され、訳註は竹内実という大家が記されているが、実際には院生の解釈があまり手を加えられずに掲載され、問題点が少なくないことを専門家から伺ったことがある。日誌類もそうだが、限られた時間での活字化や翻訳による問題点はあるもので、漢詩に関しても新訳が出てほしい。『茶の本』『東洋の理想』にしても、村岡博、浅野晃以降、多くの人が翻訳を試みているが、どれも註が不十分である。

伯倫の著書に『酒徳頌《しゅとくしょう》』があり、覚三好みの酒にまつわる逸話が多いが、二つ紹介しよう。一つ目は、家では酒浸りの上、素っ裸でいることが多かった伯倫だったが、それを咎めた人に向かって「部屋は私のふんどしだ。なんでふんどしに入り込むのだ」と言ったという。もう一つは、妻が酒浸りを心配して意見したところ、「自分では断酒できないから神様にお願いする」と言って、酒と肉を用意させて祝詞をあげた後に、「もう女（妻）の言は聴かない」といって肉を食って酒を呑んで酔っぱらったという。もちろん、杜甫縁の土地や白居易の旧宅も九月に訪問している（全集5、四七、五八～五九、六四頁）。

この第一回旅行のハイライトは予期していなかった龍門での発見である。九月十七日の日誌に、「明日洛陽を見るの楽しみ」と特記して洛陽（河南）に入ったが、それは数日後に着いた古《いにしえ》の唐の都（長安のこと）、今の西安と共に、等しく荒涼惨憺，唯回顧の涙を誘うに過ぎなかった。ただこの間に龍門に登って予期せざる石仏群を発見したことを望外の喜びとした。これこそが最初の中国旅行でのクライマックスとなった。

出張命令書発令

明治二十六年（一八九三）七月十一日に覚三が受け取った出張命令書には「往復を含めて四カ月以内」と記され、当時の東京美術学校は七月卒業であったから、実質三ヶ月の留守中の校長代理を今泉雄作に託すことになった。しかし、実際に要した日数は百四十日で二十日間超過している。そもそも、新橋を出てから神戸まで東海道線で行き（途中の草津で早崎が合流）、神戸で乗船した後、三田尻、門司に停泊したから長崎に到着したのは七月二十日であった。さらに、清国に向けて出港するまでに八日もあり、その間に情報収集、下船先での見学、荷造りをしている。一雄『岡倉天心をめぐる人びと』七九頁によれば、長崎での中国行きの便船待ちの間の三日間は、妻もとの異母妹芳枝の嫁ぎ先で元美術学校教員だった荒井甲子三郎邸にも滞在し、炎という人物に二回会っている。『岡倉天心全集』6に収録されているものに限っていえば、長崎を発つ前に書き送った書簡は奈良の丸山貫長に宛てた短いもので、「匹馬千里五台の雲ヲ踏むへく長安ニハ青龍の古法窟ヲ探るへく存候　尊像陀羅尼御恵贈ヲ蒙リ常々護持罷在候」が大切である。

旅行中にはもう一通だけ一雄に宛てた九月九日付の十数行の手紙がある。この日は黄河北岸を渡る手前の韋城《いじょう》駅を夜明け前に出発しているから前日宿に託したとも考えられるが、「無事に河南に到着したが、馬夫は北京に戻ってしまう」という文面から翌日に開封府で北京に戻る車夫に荒川領事宛の書簡とともに託したとみて間違いない。他の記載は、「大変な旅だが早崎が遅くまでよく世話をしてくれる」ことと、食事についてである。酒にはありつけていないようだが、久々に生卵、中華饅頭などまともなものにありつけた様子である。手紙は「いけどもいけども続く沙土の平原を馬で走っているが、安心のほどを」で終わっている。それから六日後の十五日の日誌には「東京を出てから二カ月目である。前途なお遠し」とやや弱音を吐いている。

冒険といってよい中国旅行であったが、ときには癒されることもある。八月九日には通州という都会に入り、日本公使館で日本酒を御馳走になり、二日後の湯山城では思いもよらない温

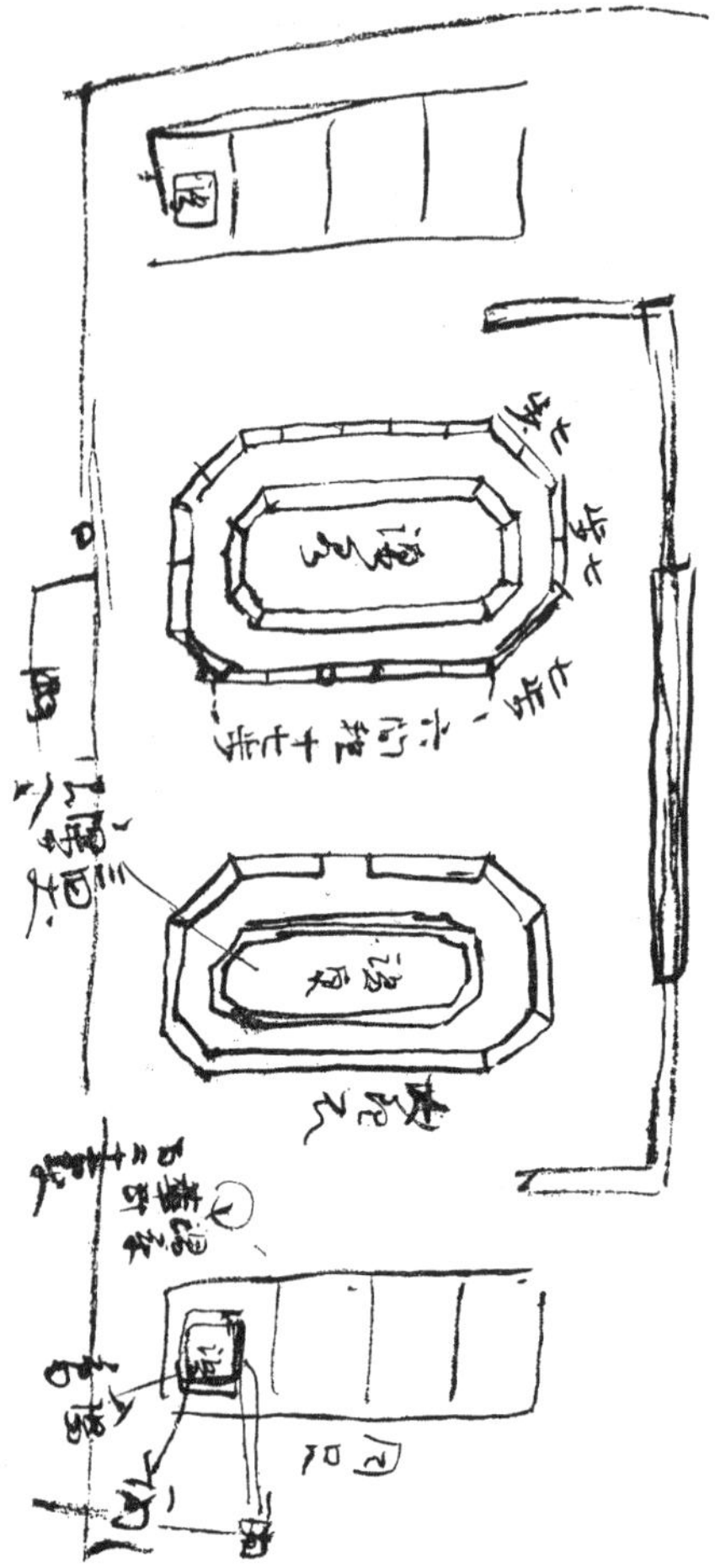

Thermasのスケッチ（『岡倉天心全集』5より）

泉に漬かれた。「誰カ曰フ羅馬《ローマ》以外ニThermasなしと試ミニ一房ニ就テ浴ス（中略）大理石使ヒ得て好し　東洋石材亦ミルヘキなり　遥カニアルハンブラと応スルカ如し　如何」。温泉は八月十六日にその名も温泉寺でと九月二十九日に臨潼県でも浴びている「試ミニ一浴ス　温度好し　垢ヲ去りて快なり」。八月二十一日には本場の北京料理を堪能し、「支那料理ヲ食テ味好し」と記している。その二日後には観劇（京劇か）も楽しんでいる。北京では公使館に宿泊したので、最高級の北京飯店（欧米風では北京ホテル）には宿泊していないし、そんな余裕もなかった。

覚三は、中国旅行の移動手段についていわば元祖『地球の歩き方 中国編』である「支那旅行報告稿」（全集6 一二七～一三五頁）を記し、その中で天津‐北京間は、第一河船、第二馬車、第三乗馬で、このうち最も安楽にして楽なのは河船であるとしている。痔もちの覚三だが、長時間の乗馬に堪え、馬車でも堪えたであろうが、九月二十日に「痔疾痛ミテ少し憩う」とある。河船には蚊や蚤という大敵が生息していた。

「妻の基には連絡しなかったのであろうか」との疑問をもたれる読者もおられよう。筆者は、夫婦関係が悪くて手紙を出さなかったというよりも、頻繁な引越しや整理ベタなどから、それが保存されなかったと思いたい。基が旅行中に覚三を心配して浅草観音に朝五時起きで日参していたという一雄の記載は、作りごとではなかろう（『岡倉天心を繞る人々』九六頁）。九鬼の妻初子との恋愛問題で基が別居するのは明治三十年であり、この頃の覚三と基夫婦はごく普通であったか、明治の女房として基がよく尽くしていたと思う。覚三は明治三十九年十月十二日にボストンのクーリッジへの書簡とともに、基や妹の蝶に書を認めている。

回顧録の類は記憶違いが少なからずある。前章におけるスレンの回顧録なども他に有力な資料がないので度々引かれるが、要注意の資料である。従来の天心（覚三）研究は、文学畑の人のものが多く、史料批判に弱点がみられる。一雄は新聞記者で覚三に近い人間で文芸部気質の人物（明治四十五年には『朝日新聞』文芸部）であったし、覚三関係の著作を著わしたのは覚三の死後三十余年経過してのものであることを割り引いて考えなければいけない。政治学者の古志郎も、「父の記憶力は並はずれ」として史料批判をしなかった。
もっとも覚三の清国出張命令への反応についての推測は説得力がある。

天心はシカゴ博覧会にさいして、みずから協賛会の事務総長として渡米の志を抱いていた。しかるに日本の出品は紡績等の純工業品が主となり、美術品は従となったので、待望していた椅子は蔵前工業学校の校長手島精一氏にあたえられることになり、天心の渡米は駄目になった。しかしその代わりに宮内省から渡支の命令に接し、かれは勇躍して壮途についた。六朝、唐宋の芸術はつとにかれの私淑するところであったから、なまじ文明がかっている米国よりかえってこの渡支の命令に欣喜したのであった。

清国出張命令に関しては、もう一例、北康利『九鬼と天心――明治のドンジュアンたち』という伝記物語を引用しておこう。

天心は彼ら美術学校第一回生の就職先で頭を悩ませていたのだ。今のように美術教師の口がたくさんあるわけではない。かといって一流の画家や彫刻家になれる者は一握りだ。全員の就職が決まる前に卒業式を迎えてしまった。悩んだ末、現実逃避する。〔中略〕隆一に頼んで宮内省から中国美術調査の命をだしてもらったのである。

「逃避説」の根拠は、学生数からみて就職が困難であるという一般論と一九〇一年年末からのインド行きにおける「逃避論」からの推量のみである。明治二十一年に初めて定められた東京美術学校規則には「師匠または製作に従事すべきもの」の養成を目的とするという曖昧な表現でしか文部当局（森有礼文相）の意向に対する配慮がみられない。けれども、全員に奨学金が支給された少人数のエリート集団であり、現在の芸術学部を念頭に置いて推測すると誤差が生じるであろう。五年課程後に二年間の研究科を卒業した学生数は、入学人数（一説では六十五人）よりかなり少なかった。絵画・木彫科の一期卒業生は大観以下八名のみで、同時入学の観山、孤月らの優等生も卒業制作の関係から翌年二月に巣立ち、観山は、卒業と同時に母校の助教授に抜擢された。

一八九〇年代の美術行政にあっては、文部省と宮内庁という管轄違いにもかかわらず、一体化がみられた。裏を返せば、覚三は、美術学校長と同時に博物館の仕事をこなし、万博や内国博覧会への協力をしなければならなかった。第一回中国出張に前後して一八九二年～三年、一八九五年にはシカゴと京都における博覧会の大イベントがあった。こういう状況に照らし、就職斡旋で校長に大きな負担がかけられていたとは思えない。もちろん、絵画科の学生を中心に木彫科や図案科の学生の卒業制作の指導にあたっていた覚三であるから、個人的に心配することはあったであろう。当時の覚三は、美術学校拡張計画を立案していたし、カリキュラム改定を実施し、校友会をも設立し、自らが会長を引き受けた。生徒に訓練・技術向上の場を与え、卒業後も陶芸、漆工、彫金、鋳金とか根付制作などに従事できた。

帝国博物館も、一八九五年に奈良、京都に新設されるが、それらの展示品不足を補うためには、摸写・模作のできる者、仏像などの修復技術を有する者が必要であった。それ以外では十九世紀末から二十世紀初頭にかけては、東アジアの北京（北京芸術学堂、これは三原学堂と同じものか不詳）、台湾、韓国に加えてヴェトナム（インドシナ）にも、少数ながら美術学校の卒業生が派遣されていた。

覚三の中国旅行日誌にも、公使館勤務の美術学校生に会ったり、世話になったりしたことが記されている。明治三十九年（二回目）の十月十五日の日誌には、「美卒松永氏迎えて種々奔走」とある。また、北京で世話になった高橋勇（号は烏谷）は、『岡倉天心全集』4にある「日本美術史」講義ノート筆記者の一人にして、旧制相馬中学の校旗をデザインした人物である。「逃避説」はいただけないが、「九鬼に出してもらった」は、的はずれでない。褒美的な意味と翌年は博物館の新設事業計画があり、多忙になるから美術学校の最初の卒業生を送り出して一段落したところで、一種の短期留学を与えようというもので、一雄が述べた父の気持は妥当である。

古社寺調査を活かす

筆者は茂木光春『永遠の天心』（六二頁）における「国家的な要請を借りての、おそらくは天心自体の内発的な意思による中国行きだったにちがいない。（それは）日本の古社寺宝物調査なり古美術品調査なりの体験から生まれた必要不可欠な要請だった。（中略）そのことを一番よく知っていた者もまた天心だった」という見解に賛同したい。その支持理由として『國華』第五四号の一節を引用しておく。

本邦美術ノ淵源ヲ探ラントスレハ、遠ク漢魏六朝ニ遡ラサルヘカラス。〔中略〕法隆寺式ノ諸仏像ニ就テ之ヲ考フレハ、支那古代製作ノ系統ヲ追フハ争フヘカラサルノ事実ナリトス。

斎藤隆三『前掲書』（復刻版七四頁）も、異口同音の見解を述べているが、右記の『國華』における覚三の意思をほとんど追認しているに過ぎない。

本邦において、奈良に京都に残存せる優秀な古美術に頻繁に接触しては、一倍強く美術情緒に打たれて陶酔感をさえ覚えたであろう我が天心が、さらに遡って、その源泉を成す六朝から唐宋の古美術に接し、学術的にも鑑賞的にも大なる知識を得たいとの切望を醸し出した。学校に日本美術史を開講するに至って、この願望はいよいよ切実を加えたのである。

奈良や京都における古社寺調査と中国調査の関連性でいえば、法隆寺や薬師寺の仏像や仏画と比較した記述が見られるので四例をあげておく（表記は修正）。

「八月二五日　城外右の天寧寺（◎）に至る。隋代の塔あり。明代重修あり。六朝の正式みるべからざるも剥落の痕に就いて法隆寺天智（天皇）の遺跡伺うべきがごとし」。別記には、「隋文帝の

龍門石窟寺院の仏像群

時の塔あり」「阿育王の舎利」とある。二番目の例は九月一四日のもので、開元寺（寺リストになし）の大雄殿後ろにある天福時代（五代後晋）の一丈三尺の石の燈籠を「鳥あれども法隆寺の壁画に近く胴に尊勝尾羅尾を刻る、実に面白きものなり」と評している。

三番目は、後で詳述される九月十九日の龍門石仏群「発見」の記述にみられ、「この山の半腹は幾百の仏像を安じたるをしらず、実に支那の奇観なり。ここに至り西遊初めて効有り。特に数小洞の観音等面白し。二王は法隆寺壁画に均し（三号）」とある。周知のことであろうが、法隆寺壁画とは、七世紀末に法隆寺金堂の外陣《げじん》に描かれた十二面の壁画（一号から一二号）を指す。その修復に従事した荒井寛方、前田青邨らは覚三が創設した日本美術院会員であった。

四番目の例は、十月三日の西安での調査でみつけた唐代の三大書家褚遂良（五九六〜六五八）の手になる石碑である。覚三は、一丈二尺の高さがあり、大理石を使用したこの石碑をスケッチしているが、法隆寺との比較は日誌にはなく、講演記録に見出される（全集5、六六、一六二頁）。「支那美術ニ就テ」の演目での講演には、「長安郊外の「大雁塔《ガントウ》」という塔は褚遂良が書いたもので、永徽三年の年号（西暦六五二年）になっている仏像もあり、龍がある。興福寺や何か《ママ》のは同じです。褚遂良のは法隆寺の天井のとも幾分か同じ式になって居る」。

また、社寺ではないが、八月二十二日に孔子廟に賽《さい》し、その大伽藍に驚いた後に、「足利豊臣の格天井的御殿風ハ明に則《のっと》リタルコト明カなり」と記している。

明治十七年以来法隆寺との縁が出来、大正三年（一九一四）十一月十五日に東京美術学校大講堂で行われた追悼式では、祭壇正面に法隆寺所蔵の法相曼荼羅が遺影のすぐ後ろに置かれ、佐伯定胤宗管長はじめ十名以上の僧侶に読経をあげていただいた。

覚三の関心と「発見」

大陸の奥地まで実見したことは、覚三に「発見」をもたらした。たとえば、日本人は中国人の風俗、歴史などを理想的に見がちであるが、「百聞は一見にしかず」ということを『清国旅中雑記』に次のように書いている。「宋画の山水ハ眼前ノ真影ニ出テ〔中略〕古来支那ノ歴史ヲ読ムモノハ実相ヲ看破スルコト必要ナリ」。

覚三は、『東洋の理想』において、アジアの多様性について述べ、中国の共同性と印度の個人性を対比するとともに、広大な中国大陸では北方が儒教的であるのに対し、南方は道教的であると述べているが、これは中国を実見したことによって確信されたのであろう。実際、第一回の清国訪問の日誌の英文メモには、** Is China one nation?（「中国は一つの国家（民族）か」）と問題提起した後に、「言語・文化的にみて南北の差があり、ヨーロッパにたとえれば、北方はドイツ、南方はフランスである。北は偉大な思想家（哲人）であり、南方は芸術家である」と書き留めている（全集5、五四〜五五頁）。ヨーロッパというものがないのと同様に支那（中国）というまとまりは存在しないと多様性、地域の特性を主張しているのである。

中国の南北が文化的に大きく隔たっていることを指摘した論稿を一八九五年に幾つか発表している。主なものとして『東邦協会報告』第三五号と『國華』第五四号があり、後者の題名はそのものずばりの「支那南北の区別」であった。

『東洋の理想』では、南方中国における道教的価値観、いいかえれば、儒教的北方中国が仏教を受容するための接着剤の役割を老荘思想が果たしたことを、「儒教的中国がインドの理想主義を受け容れることは、もし老荘思想と道教とが、周朝の末以来、これらアジア思想の相互に対立する両極の共同の展開のための心理的基礎を準備してきていなかったならば、けっして行われることのできなかったことであろう」と表現している。

「二つの中国」に比してあまり注目されていないが、『東邦協会報告』第三五号では日本と中国を比較し、こう述べている。

従来日本に居て之を考察する所によれば、支那と欧洲とは著大に殊異なるものと云へる、感覚を吾人共に抱持せさるは莫し、然るに、其内地に入りて審かに之を按察すれば、支那は寧ろ日本よりも、欧洲に近き所の者多きが如し〔中略〕支那人民の生活は、日本と大に相差異ありて、其歩するや靴を以てし、其食するや卓子を以てし、其居住するや煉瓦磚瓦を以てする者なるか故に、其生活は西洋人と近似せる者多きを覚ゆ、欧洲人古来支那人と関係の事に就ては、諸説未た定まらずと雖も、大古《ママ》に於ても、上古に在りても、支那と欧洲との交通ありたる事迹は、往々稽ふべき点があるか如し

八月十九日には、古銅鏡の記述があり、鏡に関心があり、集めて研究したことは『岡倉天心全集』2に論稿が掲載されている（ボストン美術館のために銅鐸を蒐集したことは同書一八三〜一八七頁）。また、同巻には、玉についての講演記録も掲載されているが、本書ではそこまでは立ち至らない。さらに、美術と古社寺調査の報告書であるので、社会については物価を知ることはできても、ほとんど言及がない。例外としては、朝鮮については仁川（七月三十一日）で「朝鮮は中流社会がないために衰えたのではないか」と記している。

中国社会については、八月七日河西務到着後に川で見た七、八隻の船から「乞食の補陀落を唱

えて河に沿い銭を求めるもの多し」と貧困状況を書留め、九月十七日には、「農家田畝整然好し小作人ハ地主ト収益ヲ等分スルヨシ」と小作制度に言及している。また前日には、虎牢関辺りで見た穴居生活者について、「穴居は太古の専有物か」という提起をし、「穴居生活者は特殊な種族ではなく、夏涼しく、冬暖かいというういわば生活の知恵なのである」と記している。このあたりは学生時代に学んだヘーゲル流の社会進化論とは一線を画すものであった。十月十六日と十七日には鳳嶺における道教や仏教徒らの風習にふれて、「北京には一日と十五日に礼拝する法あり。父祖には四拝し、仏には三拝す。しこうして、その拝の仕方異なるなり」と記している。

龍門石窟寺院に大感激

斎藤隆三は、龍（竜）門石窟寺院を覚三が発見した部分について、「諸仏の妙相忽ちにして喜歓の声を発せしむ」といい、六朝の正式見るべきと讃し、「西遊初めて効あり」と特記している。事実学界に捧げた大きな獲物とすべきである」と述べ、さらに、「この大旅行によって天心の胸底に収めた学術的効果の多大であったことはいうまでもなく、直接・間接、広く学界に資したこともまた甚だ少ないものとはしない。それは勿論独り竜門石窟群の発見だけではない」で中国内地の探究旅行の節を結んでいる。

茂木光春氏も、「天心には美の祖型というものまでも見かつ発見する透視力があった。その力が石仏群に触れて生き生きと発揮されている。（中略）巨大な規模で創造と破壊を繰り返す中国の歴史の中にあって、まだ完全には破壊されずに残っている中国人の偉大な創造力の跡を龍門の石仏群の中に天心は見たのであった」と記している。覚三は、今後の考古学の研究***を待つとしているが、五世紀末に北魏が洛陽に遷都してから唐の中期までに建造された石仏群が度重なる戦火で、相当部分が破壊されながら生きながらえてきた仏の姿に感銘を受けたのである。

一雄によれば、これと同じような感慨が西安すなわち古《いにしえ》の都長安の廃残ぶりを目にした折にもわき上がり、七絶一首を詠んでいる（全集7、四九七頁）。

登慈雲寺偶感　　慈雲寺《じうんじ》に登《のぼ》る　偶感《ぐうかん》
斜陽寒蝶野花風　　斜陽《しゃよう》　寒蝶《かんちょう》　野花《やか》の風《かぜ》
蟋蟀相呼亂塚中　　蟋蟀《しっしゅつ》（コオロギ）は相呼《あいよ》ぼう　乱塚《らんちゅう》の中《あいだ》
一塔空臨六朝影　　一塔《いっとう》　空《むな》しく臨《のぞ》む　六朝《りくちょう》の影《かげ》
碧苔無處不英雄　　碧苔《へきたい》　英雄《えいゆう》ならざる処《ところ》なし

日本思想史とりわけ浪漫派の研究者として知られた橋川文三は、九月十九日の日誌の文章についてこう書いている。

私はこうした文章の間にひそむ詩情と、それを固くする事実とのつながりと、さらにはそれらをより広く解放する疑問とを同じように感じる。もちろん私の感じているのは私なりの用語に言い直したものにすぎないが、私はたんなる形容とは思わない。（全集5解説）

これに続けて橋川は、「アジアは一つ」がどこに由来しているのか、この表現の不可思議さを問題にする。それににもかかわらず、「この謎は、恐らく天心その人の生活と思想に立ち入ることなしには十分に解くことはできない。その（謎を解く）ためには一個の天心伝がほとんど必要になる」という答えしか出していない。

アジア主義研究者として覚三を研究した竹内好は、この謎を次のように解いている。

天心の一回目の帰朝報告を見ると、南北の地域差がいかに大きいか、また、日本とはどんなにちがうか、むしろ中国は日本よりも西洋に近いことを強調している。アジア諸国は相互に文化がちがい、しかも相互に孤立している、というのが天心の現実認識である。にもかかわらず、アジアが一つでなければならぬのは、彼の信ずる不変価値のためである。むろん、天心は武力を否定はしない。武力は、それを支配すべきものであって、支配されてはならぬものである。このような天心の思想は、ほとんどタゴールと軌を一にしている。タゴールも天心も、ともに美の使徒であり、少数が歴史をつくるという歴史観においても共通していた。これは解放運動につながり得たが、他方は民衆を発見できなかった。

（竹内好『日本とアジア』竹内好評論集　第三巻、三六六〜七頁）。

二、第二回中国旅行（一九〇六年十月〜七年二月）

ボストン美術館のキュレーターとして覚三は、明治三十九（一九〇六）年十月十一日に門司港を出港した。覚三は九日に大智丸が神戸から門司に停泊した日から三日間を家族と過していたことが日誌から分かる。基についてては「午後六時抜錨。門司まで伴い乗れる山妻とここに別る」とある。山妻がやまのかみ基であることはいうまでもない。ちなみに、同じころ覚三は大柄な妻のことを重戸《おもと》と呼ぶこともあった。

基が重い腰をあげて門司まで来たのには二つ（長崎に住む妹と会うことを加えれば三つ）の理由が考えられる。第一には病み上がりの夫の健康を気遣ってである。この年の七月に腎臓炎の手術をし、出発の二ヶ月前には再手術を受けていたかもしれない（全集別巻、四二五頁）。第二は愛娘の夫、米山辰夫が九鉄社、鉄道院門司鉄道局に勤務していたので、高麗子の新妻ぶりを見たかったのである。余談になるが、後のノーベル平和賞受賞者佐藤栄作は米山の部下であった。

道教＝美を確信

明治三十九年十月に開始されたボストン美術館のための最初の古美術購入は、中国書画（宋、元、明、清の画家の傑作三十五点など）や古鏡をはじめ、刀、陶器などがあるが、鏡の購入は半端でなく、十月二十六日に十九点、一月九日に九十点に及んでいる。一九〇七年三月十五日のギルマンに宛てた書簡にも、「蒐集品の最初の託送を船積みしました。第一の箱には漢代から明代に至る一〇九枚の鏡」とある。この鏡の代金については、覚三が五十七点の合計額を五四〇〇円と計算した後、三つのみに数十円とメモしていることから総額は一万円程度と推察される。もちろん、こうした購入は、山中商会や早崎の事前リサーチや現地の信頼のおける目利きの助力もあったであろうが、覚三自身が優れた鑑定眼をもっていたことは大方の認めるところである。

第二回目の旅行の日記では、この購入記録以上に重要なのが、覚三の道教への関心であり、これはボストンにおけるラファージやガードナー夫人との会話においても重要な話題となっていた。大まかに言えば、覚三は、道徳の儒教、宗教の仏教、藝術の道教という認識をこの頃から明確にしはじめる。特に道教を東アジア的な個人主義の源、東アジア芸術の独創性の根源にあるものと考えていた。

覚三が人里離れた同郷寺院のある白雲観を訪れたのは、十月二十五日であった。ここで高名な道士から教えを受け、修行法も習ったようであるが、日誌には「道家者流に五種あり。修真、天師、律師、誦経、武風（略）白雲観は宗律を兼ぬ。三種には妻帯を許す」くらいしか記されていないが、訪問前の十月十三日の日記には、七項目の質問事項が記されている。たとえば、一項「道家練丹究竟する所如何」、三項「道家修養の順序如何」や、七項「全国著名の道観　西安　蘭州」

などは高度な質問ではなく、むしろ覚三があまり道教について初心者であったという推測ができよう。もちろん、半日にも満たない白雲観における道家体験は、単に雰囲気を味わった程度のものであった。

三、第三回中国旅行――シベリア経由で満州へ

覚三の三回目のボストン勤務は、明治四十年（一九〇七）十二月七日に再開され、翌年四月からヨーロッパの美術館視察の旅に出た。この旅ではルーヴル美術館でかつての恩師フェノロサとの再会かつ別れがあり（六月二日）、ヘンリー・アダムズとの再会（六月七日）を経て六角紫水、岡部覚弥と一緒にロシア経由の帰路に就いた。モスクワではエルミタージュやクレムリンなどを見てロマノフ朝の初期を質朴と感じている。また、一八一二年のナポレオン一世の陣床も見ている。

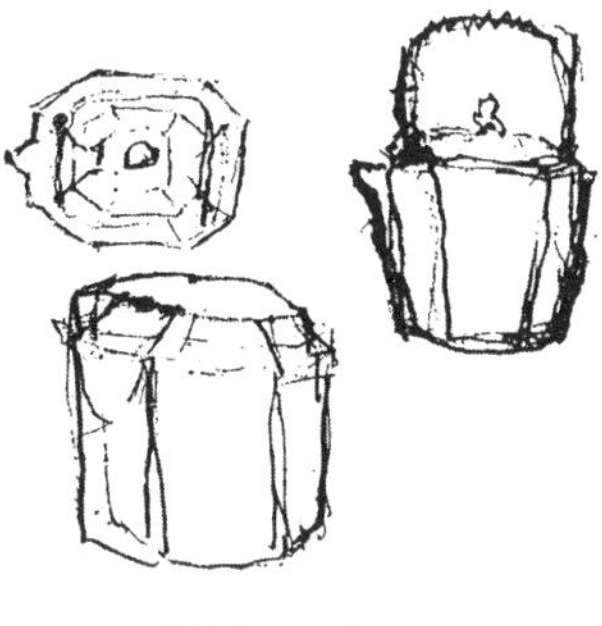

土瓶水のスケッチ
（『岡倉天心全集』5より）

六月十六日には、ハルピン行きの二等キップを購入し、原三渓と関係ある原商会の駐在員と会い、会食をしている。日記には「街でウォッカ vodka を見た」とあるが、飲んだかは不明である。翌日には、モスクワで一番のレストラン

で食事後に見たレンブラントには「佳」と評している。この日の晩七時に奉天に向け出発した。車中では土瓶水を購入したが、容器の青釉を気に入っている。二十四日にはモスクワ以来の都市イルクーツクに着き、一息ついたようだ。再び汽車旅がはじまり、二十七日の朝、ハルピンに到着した。ハルピンからは一等車に乗り、翌日には奉天の金城ホテルというよい宿に宿す。翌二十日と翌々日に後に首相となる若き外交官吉田茂に会ったことに橋川は興味をもち、次のように記している。

日誌には「奉天で官補吉田茂氏に面会」とあるが、それ以上何も書かれていないが、その時にあの毒舌家で知られる吉田が、十六歳も違う天心に、何を言ったろうかと思わざるをえない。〔中略〕天心は同じ東大出身であり、当時の多くの同志たちの間でも逗抜けた存在であり、「アジアは一つ」の著者としても世界に知られていた。当然そこには一種の外交の問題が生じたはずである。〔中略〕日清戦争以来、中国は「半世紀にわたる日本軍国主義の侵略」〔周恩来〕を受けていたのである。

橋川は、私の夢想にすぎないとしているが、吉田茂は、覚三と会った翌年に牧野伸顕の娘雪子と結婚し、牧野が覚三の親しい後輩であったことを考えれば、『岡倉天心を繞る人々』の牧野の註のように、「奉天に牧野の娘婿吉田茂が出迎えた」といえ、覚三―牧野―吉田の立場を念頭に置かないのは「夢想」である。

紫禁城見学など（七月三日～六日）

日誌ではJune 30の後にjune 1stとあるが、明らかにJulyの誤りである。この日は宮殿（紫禁城）右庫を見学しているが、記載されているのは、七百二十人前の茶碗皿があり、四庫全書（乾隆帝の勅命で編纂された中国最大の漢籍書で三万六千冊、二百三十万頁）を見たことと、奉天駅長と会ったことだけである。二日以降は山海関経由での北京への移動で、車中より見た万里長城のスケッチをしている。四日と五日は北京の古美術商に行き、雁豊を二百口で購入しているが、通貨単位が不明。六日には大智丸に乗船し、帰国の途に就き、十日には門司で妻や米山夫妻の出迎えを受ける。約一週間の休養後に奈良での講習会にでかけるが、七月十九日の奈良駅での歓迎ぶりについてはすでに第三章で述べた。

四、第四回中国旅行——辛亥革命直後の中国旅行

明治四十五（一九一二）年は、あわただしい年であった。まず、一月二十四日には弟子の小林古径の結婚式があり、同三十日には後に再興日本美術院の理事長を長く務める安田靫彦の病気見舞いのために小田原に出向いている。その前日には、内務省で古社寺保存会総会が開かれた。

国宝、重要文化財の指定・保護に関わる法案を設立することが覚三の願望であった。これが叶った結果が、現在の法隆寺や中尊寺などの世界遺産指定となっているのである。

四月も多忙であった。一日の愛弟子菱田春草追悼展に始まり、二日からは基を同行して奈良・大阪経由で福岡・熊本での古社寺調査に出かけている。基は熊本に転居した高麗子のところに五月四日まで約一ヶ月滞在した。その間に息子の一雄夫妻に長男（覚三にとっては初孫）が新潟高田で生まれ、古志郎と名づけられたという朗報が届けられた。五月四日には、覚三も門司まで基と同行し、竹島丸で門司を出港し、いよいよ第四回の中国調査がスタートする。

辛亥革命直後の入国にあたり、ヴィザを取得する手続きが必要であったため、清朝時代の中国旅行とは別の意味での難苦があったであろう。革命の最高指導者孫文（孫中山）は、清朝打倒、共和政樹立をめざし、武装蜂起を繰り返した革命家だが、西洋の科学（医学）を修得する一方で民族主義と民生主義を大切にしたアジア主義者という点で、覚三とも共通点が見出される。けれども二人が出会う前に、覚三は黄泉国《よみのくに》へ旅立ってしまった。

一九一三年の覚三の関心事、義務観は、内にあっては重要文化財・国宝にかかわる文化財保護、外にあっては宗教と密接に結びついたインド美術や中国美術への関心であったろう。『白狐』をめぐる覚三との書簡交換で、覚三が趣味の狩りのためにも中国に行きたがっていたことをガードナー夫人はこう記している。「あなたを楽しい釣りと、その後は胸踊るような中国の「狩り」に連れていく汽車を、私は心の中でお見送りすることにします」（一九一三年三月十六日付）。

第四回の九州・支那旅行日誌は、『岡倉天心全集』5（二三五～七七頁）に掲載されているが、第一回に十五の註があるのに比べ、『九州日々新聞』の記事を紹介した一ヶ所のみである。ただし、解題（五〇一頁）に若干の人名の補足説明がある。レゲット夫人以外は説明不要なものである。五月二十七日（二六六頁）にある「延清堂 at this shop Mr. Freer bought 顧愷之 8000 易元吉 小李将軍 8000」は、詳細な註を必要とするところであろう。ここに記されている Mr Freer は、没後にスミソニアンにフリーア美術館を開設したデトロイト出身のチャールズ・ラング・フリーアのことである。デトロイトの旧邸宅にある「フリーア・ハウス」には、かつてフリーア美術館にあった「孔雀の間」が移築されているが、フリーアは、日本にあれば間違いなく国宝級の俵屋宗達「松島図屏風」をはじめ多数の日本の美術品を購入した。その多くは借金苦にあった晩年のフェノロサからであったが、一八九五、一九〇七、一九〇九、一九一〇、一九一一年と五度にわたって来日し、奈良や京都などで古美術品を物色した。日本で漁った後、中国や韓国の美術品の蒐集に興味を向けている。フリーアは製薬会社への投資で大富豪になったために、四十五歳で引退して「趣味」三昧が可能だったためである。

一九一二年の文化の日にNHKが放映した番組では、日本美術に魅せられたアメリカ人コレクターとして、フェノロサ、ビゲロウとともにフリーアが取り上げられていたけれども、覚三との関係への言及は皆無であった。

革命直後の混乱期は美術品購入には好都合であった。六月二十八日付の覚三の書簡へのフェアバンクスの返信七月二十四日付によれば、購入の費用が二六九・三〇《ポンド》、修理用材料費が四百四円二十九銭だった。優れた美術品購入が首尾よく行くには人脈が大いに関係するが、覚三がカーティスに出した手紙はこのことを端的に示唆している。

> われわれがこれほど多くを成し得たのは、早崎の努力のおかげです。もし彼が昨年十月来、計り知れないほどの気配りと忍耐心をもって準備してくれなければ、このような美術品の入手は不可能だったと思います。革命の暗雲が最も深刻な形でその身に影を落とした満州貴族は、とうとう先祖伝来の家宝を売る気になりました。早崎は銃弾の飛び交う最中に一人の満州人から一点の宋代の絵画を売らせることに成功しました。

＊　覚三は幻燈をスライドとも呼んでおり、美術史や現地紀行の講演に用いていた。そのために早崎に写真技術を習わせた。口絵および中扉の写真は早崎の撮影した写真をスクリーンに映して見ているところ（NHKの番組では「道路を眺めている」と解説）。伊東忠太がインドや中東で撮影された乾板写真は長い間埋もれていたが、貴重な資料であり、堀至徳遺族宅にも所蔵されている。この写真の衣装が清風のものである。

＊＊　Is China one nation?（以下『岡倉天心全集』5、五四〜五六頁）

1 Is China one nation?

a N and S has great individuality

difference of language
of climate and soil
of race?
of manner and customs
of art?

2 China is great when the 2 combines
As 唐宋 etc. when □ the thought becomes one?
3 Or when one reaches climax?
4 Which is the real line of distinction between N and S?
(a) philologically
直隷、山東、河南、山西、陝西《ママ》
(b) historically
周南北
六朝北　Western influences
南　Indian elements

（後略）

＊＊＊　龍門石窟寺院の「発見」は、日清戦争以前には欧米の考古学界にも知られていない学術的「発見」であった。モースの薫陶を受けていた覚三は、二十世紀初頭の欧米による中央アジア探検調査にも強い

関心を持っていた。そのことを示している明治四十一年の欧州調査日誌は、大英博物館で黒板勝美（東大の後輩で当時私費留学中で、わが国の古代史の先駆者）と大英博物館で敦煌石窟寺院莫高《ばっこう》窟を調査したスタインのコレクションを丹念に見た記事や、フランスにおけるアジア考古学の先駆者ペリオの敦煌発見についてリアル・タイムで記載している。ペルシャやエジプトも含め、覚三の古代史への考古学的関心はもっと見直されるべきであろう。管見では、堀岡弥寿子『岡倉天心　アジア文化宣揚の先駆者』（吉川弘文館、一九七四年、一三一〜一三四頁）くらいしか覚三の考古学的学術に言及していない。さらに、覚三の日露戦争講和への関与には、敦煌や龍門などの遺跡保護の願いが込められていたと推測するのは飛躍しすぎるであろうか？

第七章

日露戦争前後——ボストン時代 *1904～13*

ボストン時代の覚三
（茨城大学五浦美術文化研究所蔵）

一、文化大使・先導者としての覚三

ニューヨーク・ボストンでのプロパガンダ活動

覚三は、一九〇四年二月十日、再度（正確には三度目）アメリカに旅立った。前回のアメリカ訪問は、ヨーロッパへの往路（一八八六年の二ヶ月余）と復路（一八八七年の二ヶ月弱）におけるニューヨーク中心のものであったが、今回のアメリカ行きには二つの目的があった。一つは、日露戦争に関連する「文化大使あるいはプロパガンダ」の任務であった。その代表例は *Awakening of Japan*（邦文タイトル『日本の目覚め』『日本の覚醒』など）の刊行であった。

第二には、博物館の学芸員としてボストン美術館に勤務し、同館が所蔵していた東洋の美術品の目録を作成することであった。ボストン美術館の理事たちは、覚三に会って見て、彼の力量が予測をはるかに上回っていると判断したのであろう。そのために、日本でばかりではなく、中国やインドにおける美術品の購入の任務を新たに付け加えたのである。

斎藤隆三は、『岡倉天心』の一四「米国の初一年」で、ボストンにおける覚三の初期の活動を「海外からの祖国奉仕」と位置づけている。二作目の英文代表作 *The Awakening of Japan* は、まさに「祖国奉仕」の例であるが、息子の一雄（筆者にとっては祖父）は、ボストン初年の一九〇四年三月から最晩年（一九一三年三月）までの九年のボストン美術館時代を「日米往復時代」と名づけているが、飛行機のない時代に一ヶ月近い船旅をほぼ毎年繰り返していたことになる。その滞在期間は、以下の通りであるが、ボストン美術館の任務でヨーロッパやインドにも出張している。

第一回　一九〇四年三月から翌年三月まで
第二回　一九〇五年十月から翌年四月まで
第三回　一九〇七年十一月から翌年四月まで
第四回　一九一〇年十月から翌年八月まで
第五回　一九一二年十一月から翌年三月まで

釣人覚三
（茨城大学五浦美術文化研究所蔵）

「祖国奉仕」について覚三自身も、自分がお国のために働いてきたのに、五浦で露敵などとスパイ呼ばわりされて困ったと語っているが、アザラシの革の着いた蓑かぶりは、オロシャ人（ロシア人）に見られても仕方なかろう。それでは一九〇四年二月上旬から話をはじめよう。

伊予丸での渡米

今回の訪米には、横山大観、菱田春草、それに漆芸作家の六角紫水という高弟が同行していた。覚三には彼らに新しい世界を見せてやり、行き詰まった日本美術院運営に新風を吹き込もうという意図もあったのであろうが、ニューヨークやボストン近隣での展覧会の開催には、やはり『文化的プロパガンダ』の意味合いがあった。もちろん、フェノロサに代わってボストン美術館の東洋・日本部の整備・発展をビゲロウ理事に託されたのが渡米の理由であった。けれども、これは表向きであって別の使命があったのではないかとの意見もある。一口でいえば、覚三には、金子堅太郎のような外務官僚とは異なる文化人の立場から、日本が文明国であることをアメリカで宣伝して、日本に対する「黄禍論」を払拭することに貢献するという任務が与えられていたというものである。なお、ビゲロウと時のアメリカ大統領セオドア・ローズヴェルトの親しい関係については前述した。

二月十日は、まさにロシアに宣戦布告した当日であった。伊予丸には、伊藤博文枢密院議長の娘婿末松謙澄が同盟国イギリスに積極的支援を受けるためアメリカ経由でロンドンへ向かうため乗船していた。覚三が、東大の一年後輩で当時は伊藤の秘書官、後に文部大臣となる牧野伸顕から「黄禍論」に反駁した英文の書物をできるだけ急いで書き、アメリカ人に読ませて欲しいと懇請されていたことを一雄は漏れ聞いていたという。出帆より十日後の太平洋上における任川戦捷《せんしょう》祝賀会では、末松他二名とともに覚三も演壇に立った。君が代の演奏が終了した直後にトップバッターとして登壇したのは覚三であった。演説後半部分には、注目すべき文言が見られた。

吾人は今や一躍して世界の一等国に位せんとするの希望なきにあらず。吾人は益々この国家の面目を維持するの決心を養い、常に大国民たるに恥じざる態度を保たざるべからず。

わずか一、二年前までは、インドにあって大英帝国の植民地支配に反対するインドの民族主義者と行動をともにし、南アフリカのボーア人がゲリラで大英帝国を悩ませているのをほくそ笑み、スペインの支配と戦うキューバ人に拍手喝采をおくっていた人物は、自分の国に関しては大国主義者であった。そこには、朝鮮や中国などの文化をロシア帝国から守るのは自分たちであるとの「社会進化論者」の姿があった。

覚三の朝鮮観については、韓国では、『朝鮮日報』にも覚三を帝国主義の手先とみなす手厳しい意見が掲載されている。『日本人の朝鮮人観』の著者琴秉洞《クムビョンドン》氏も同意見である。この本で覚三（天心）は、豊臣秀吉、西郷隆盛、福沢諭吉、大久保利通ら五十九人の日本人の一人であり、著者は、もっぱら『日本の目覚め』を引用して「（天心は）朝鮮の初代王檀君がスサノオノミコトの子息と考える歴史家もいる」「朝鮮は有史以前から日本の植民地であった」と主張したり、「豊臣秀吉の朝鮮遠征は、モンゴルの日本侵略（元寇）を導いた朝鮮人への報復措置だった」と記している。

確か覚三は西郷ファンであったし、日清戦争前から京都博物館計画と共に豊国廟再興に関わっていた事実がある。さらに琴氏は、有史以前からの歴史の偽造が日清戦争への参戦擁護につながることを『日本の目覚め』第十章「日本と平和」にある「朝鮮匕首論《あいくち》」を引用して批難している。朝鮮半島をどこかの敵国が占領すれば、日本へ陸軍を容易に投じうるが、それは朝鮮が匕首のように日本の心臓部を指しているからである」（全集1、二五〇頁）。

覚三は、京城（現在のソウル）で日本語教育に従事した弟の由三郎のように統治政策に直接関係しなかったが、日本は自治能力をまだ持たず、日本の保護を必要とする朝鮮に侵略しようとするいかなる敵からも守ってやる必要があると、江華島条約を支持する立場に立っていた。それは日清戦争から十年後に覚三が著わした『日本の目覚め』からも明らかである。

日清戦争は、朝鮮を朝貢属国と主張する中国の、この国（朝鮮）を実際に支配しようとした野心から引き起こされたものである。朝鮮の独立を認めた一八七六年の（日韓修好）条約は、中国の誇りを大いに傷つけた。朝鮮を中国の支配圏外に置いた日本の行動に対して中国は激怒した。

（第十章「日清戦争の真実」より）

何種かの邦訳は、昭和における支那が蔑視的に使用されたために支那を避け、中国としているが、覚三は明治時代に一般に用いられていた支那という呼称を講演でも、日誌でも用いていた。これは三蔵法師の用法に倣ったもので、中国を、英語でChina、フランス語でChineというのも、語源は、支那と同一であり、サンスクリット語や中央アジアの言語で「チイーナ」と呼んでいたことに由来している。

なお、琴氏は、前章で紹介した明治二十六年の朝鮮の描写については、「ここには同情はあるが、蔑視観はないように思う」としているが、冒頭では「看過すべからずことは、天心の日本美術及び文化の優秀性証明の論旨が、朝鮮民族に対する蔑視と朝鮮・日本関係史に対するはなはだしい歪曲を土台にして成り立っているという事実である」としている。琴氏は、第一章で言及した一九〇〇年パリ万博に出品する『稿本日本美術史』著作編纂段階での覚三の立場とか、仏教伝来における朝鮮半島に言及したものを検証せずに、覚三が政府の御用学者的立場でまとめめざるを得なかった一冊の著作のみに依拠して、覚三の朝鮮観とすることは、「私はこの本を朝鮮・日本間の真の和解と友好のための根源となるものの本質理解の一助となることを願って上梓した」という趣旨と矛盾する。

確かに覚三は、米西戦争（一八九八年）にアメリカが勝利してフィリピン周辺の文化が保護されたという意見も述べており、この点ではセオドア・ローズヴェルトと同じ立場といえよう。もっとも、日露戦争終結翌年に刊行された *The Book of Tea*『茶の本』第一章“A Cup of Humanity”「人情（人間性）の椀（盃）」では、正反対のことを述べている。

西洋人は、日本が平和な文芸にふけっていた間は、野蛮国とみなしていたものである。しかるに満州の戦場に大々的殺戮を行ない始めてからは文明国と呼んでいる。

単純化していえば、覚三は、イギリス帝国とロシア帝国を厳しく非難する反面、アメリカ帝国主義と日本の植民地主義には「寛大」であった。

ニューヨークの覚三

覚三一行は、サン・フランシスコ経由で三月二日にニューヨークに到着し、前年来日した折に谷中や五浦に長期逗留したオペラ歌手サースビー姉妹（姉エマが歌手、妹アイナはマネージャー）邸で荷を解いている。それから約三週間のニューヨーク滞在中にはいかなる活動をしていたのであろうか。覚三に姉妹を紹介してくれたのは、インドで知り合っていたオリ・ブル夫人（故人となったノルウェー人ヴァイオリニストの妻）である。

渡米中の覚三の行動で目を惹いたものの一つは、大観・春草らの新作展覧会の開催であった。

それによって現代＝同時代の日本文化が勝れたことを知らしめることこそが、ニューヨークとボストンでの覚三一行のプロパガンダ活動であった。覚三は二年前にビゲロウに依頼していたボストン美術館での定職を得るために、三月十九日のセンチュリー・クラブ歓迎会に出席した後、単身でボストンへ赴く。斎藤のいう「天心の目立った行動」とは、他に『日本の目覚め』の刊行と、セントルイス万博における講演があげられる。

覚三は、約三週間のニューヨーク滞在を中心に歓迎会に出席して人脈を広げたり、展覧会の準備、それにマスコミとの応対を行っていた。最初に発言が活字化されたのは、『ニューヨーク・タイムズ』三月七日付に掲載された「日本美術の巨匠」であった。三月十九日の歓迎会後に催された記者会見の様子は、翌日の新聞が報道し、『ニューヨーク・タイムズ』も大きく取り上げた。

その記事は、初めに覚三一行を「ミカド政府の欧化指向（志向）の中にあって、民族的理想を唱導する流派の人々」と紹介した後に、「日露戦争下における日本の状況はいかがか」であったと推測させる記者の質問に対する覚三の答えが記されている。「舞踏会、宴会、歓迎会といった社交的賑わいはすべて影をひそめました。全国民が上下を問わず決然たる犠牲的精神をもって戦費の捻出を図っております」。

これに続く「ミカドの臣民」K・岡倉の語ったことは、セオドア・ローズヴェルトを含むアメリカ上層部や新聞論調の親日的風潮をよく示している。

アメリカの同情と新聞論調とを高く評価します。土曜の晩のセンチュリー・クラブにおいては、その同情があまりにもあからさまであったため、私的には親ロシア的な気持ちにならねば相済まぬと、クラブの諸兄姉に申し上げたほどでした。

この後、「アメリカにはどういう目的で来られたのか」という記者の質問に答えているが、記事は、その中に当時著名なオペラ歌手サースビー姉妹と覚三との友情関係にふれた後（記者会見はサースビー邸の応接間で行われた）、覚三の日本での活動や最近ロンドンで刊行された *The Ideals of the East* が近くアメリカでも出版されるであろうと書いている。

記事には、いくつかの誤りも見られる。たとえば、覚三がニューヨークの印象を聞かれて、「摩天楼でしょうか。私が最初にニューヨークに来てから十六年になります」を受けて、「日本政府が欧米美術視察のために岡倉氏を派遣したのは一八八八年である」と書かれていたが、第二章で述べたように、一八八六～七年の誤りである。さらに悪意からのものではないが、「岡倉はルーヴルを素通り」などは覚三の本質理解に関わる誤解を広めかねなかった。「日本は他から学ぶものなし」の小見出しで、次のようにある。

一八八八年以降、岡倉氏は、美術学校校長となり、多くのアメリカの画家やアメリカの学者と知り合った。美術学校を西欧式に改めるのが新生日本の目的であったが、岡倉氏は学者としての洞察力と博学な批評家としての不退転の信念をもって、日本は西欧の美術から学ぶべき何ものをもたずと答申した。逆に政府は日本の貴重な文化遺産を保護し、長く名声を獲得して来た方向に副ってこれを拡大すべきであるというのが、彼の主張であった。

この記事の引用部分の前には、「メトロポリタン美術館や他の美術展もじっくり研究してみなければ、意見は述べられない」とか、「ホイッスラー展をぜひ見たい」とあるから、覚三は、西洋絵画を無視しておらず、学ぶ姿勢をもっていた。ホイッスラーは美術院の「朦朧体」に影響を及ぼし、ニューヨークなどで大観は「東洋のホイッスラー」と呼ばれさえしたという。また、この記事には覚三の弟子たちの写真に基づく線画が掲載されていたが、覚三は写真に加わらなかった。そして、「ロシアを懲らしめた暁には写真を撮っていただきます」と記者に語ったという。

この記者会見よりおよそ一週間後の三月二十六日、『イヴニング・ポスト』に「日本と「黄禍」」が掲載された。覚三が船中で執筆していた原稿がこれであると仮定してほぼ間違いないであろう。そして、近年の研究から金子堅太郎や小村寿太郎外務大臣がハーヴァード大学の同窓としてセオドア・ローズヴェルトとパイプがあり、アメリカのマスコミに対する「根回し」をしていたと考えられる。一九〇三年まで「黄禍論」がはびこっていたアメリカ世論は、中国とその周辺におけるロシアとのライバル関係から、反ロシアのために「黄禍」論から親日に急転換していた。たとえば、徳富蘆花の代表作の『不如帰《ほととぎす》』が英訳されており、グルメで知られる村井弦斎の英文『ハナコ』がかなり読まれていたという。

ラファージがお膳立てしてくれ、ギルダー夫妻やサースビー姉妹の全面協力により、「日本美術院正員展」が四月三日より三週間センチュリー・アソシエーション・ギャラリーで開催された。展覧会は概ね好評であり、四十三点中売れなかったのは四、五点のみであり、高いものから売れたという。その作品カタログでは、「日本美術の新しい古派」"The New Old School" と呼んでいた。しかし、サースビー家の執事を勤めた日本人が故郷の福井県鯖江に持ち帰った行李にあった売上記録を記したメモ（余談になるがセントルイス万博の講演記録も行李にあった）や同行していた六角紫水の証言によれば、実際にはさほど高値では売れなかったらしい。

覚三は五月下旬にニューヨークに戻り、マジソン街二六九番地の実業家フランシス・レゲット邸（レゲット夫人が覚三一行に肩入れしていたことは、『ニューヨーク・タイムズ』の記事から推測）に逗留した。それは夫人の妹ジョセフィン・マクラウドが三年前に日本で覚三らに世話になっていたことへの返礼である。一八九三年のシカゴ万博でインドのヴィヴェカーナンダの虜となったマクラウドは、一九〇一年八月にインドで修行した帰りに日本に立ち寄り、谷中の八軒屋に画家のミス・ハイドと一緒に滞在し、覚三に日本美術史を学んだ。レゲット夫人が晩年まで覚三と親しくしていたことは、一九一二年三月に同夫人が京都旅行の際の礼状を熊本出張中の覚三に出していることからも明らかである（全集5、二二六、五〇一頁）。

ボストン美術館での活動

覚三のボストンでの第一の拠点はボストン美術館の東洋部門＝中国・日本部であった。覚三の二十年以上の知人であるビゲロウは、父親が第一期の理事であり、本人も有力な理事であった。彼の推薦もさることながら、覚三は一九〇四年当時のボストン美術館にとって必要な人物であった。当時の東洋部門は危機的状況にあり、日本美術部のキュレイターはイタリア専門家のポール・チャルヒンであった。一九〇三年に開催された日本の木彫展のカタログ一つみれば、覚三就任以降の世界に誇る東洋部門を有する美術館とほど遠いものであったことが分かる。覚三が前任者よりもはるかに適任者であり水を得た魚のように活動したことを、コーエンは『アメリカが見た東洋美術』の中でやや毒舌にではあるが認めている。

日本コレクションの価値について権威をもって論じ、美術館の理事にそれを認識させ、かつ観客を集めることができる人物が必要であった。美術館は、いわば興行師、笛吹き男、ペテン師を必要とした。また、岡倉が国宝保存会委員（正確には古社寺保存会）としてボストンに到着し、幸先のよいスタートを切った。美術館の中国および日本（関係の美術品）の所蔵品調査と、保存に向けての措置を助言するという役割を担った。

一九〇四年三月二十三日に初めて美術館を訪問した覚三の応対にあたったのは、チャルヒン

1900年頃のボストン美術館

とクーリッジ（当時は理事で翌年十二月に臨時館長）であろう。ビゲロウが三月八日付と三月十六日付で両名に推薦状を出しているからである。二十五日には、日本絵画（多くは浮世絵）の目録作成の作業を開始する。フェノロサもほとんど手をつけられなかった仕事だが、十二月までに三六四二点の絵画目録（カード）を作成する。これがこの年の主要な仕事になった。

　この年の覚三関係の記事を見ると、四月十一日、美術館長ロビンソンと打ち合わせ、二十一日、美術館の日本・中国絵画と彫刻の専門委員になる。五月五日からは覚三に推挙された六角紫水が漆工芸品整理に着手とある。五月以降の活動は、ニューヨークでは、『日本の目覚め』出版の打ち合わせその他の活動をしていたことがわかるが、ボストン美術館の特記がない。それは目録作成、鑑定という日常的仕事をこなしていたためであろう。

　美術館の仕事ではないが、十一月十七日には、ボストン郊外（現在では独立の市でハーヴァード大学があり、高級住宅地もあるケンブリッジ市）のサラ・ブル邸において、大観、春草、観山、紫水の作品展が開かれた。覚三も小品を出品した作品展が閉展となった二十七日には、ロビンソン館長と二度目の会見をし、中国・日本部について意見を述べている。それを受け十二月十九日、サン・

フランシスコから岡部覚弥を呼び、金工品整理にあたらせる。二十八日、女性たちのための秀作展を開催するとともに、美術館理事・賓客相手に講演を行った。

一九〇五年一月には、前年の仕事ぶりを示す"Japanese and Chinese Paintings in the Museum"「ボストン美術館蔵の日本・中国絵画」を『ボストン美術館紀要』第三巻に発表した。二月十三日、館長と美術館の充実を話し合う。同月二十日、ウォーレン（サミュエル・ウォーレンは当時の美術館総裁）、プリチャード（副館長、イギリス出身で後に覚三をロンドンの美術館やルーヴルに案内）と「日本美術品の写真収集」を話し合う。二十三日、評議委員会で中国・日本部コレクションの保存・修理・目録作成と分類・拡充について演説。

ボストンでの六角紫水（村野夏生『漆の精 六角紫水伝』構想社、1994より）

三月二十六日に帰国後は日本で美術品蒐集の仕事を行った。これはボストン出発直前の二月二十四日に美術館と結んだ「美術品の購入費として月二五〇円が支払われる」という契約に従ってのことである。たとえば、五月下旬には京都・奈良で美術品を蒐集する。九月十一日には、美術館に十四箱の仏像の梱包を発送する。十月六日に横浜より渡米の途につく。二十五日にボストンに到着し、二期目の勤務を開始。十一月二日に中国・日本美術部部長の要請をことわり、顧問に就任する。この日に「日本美術部でなすべきことの覚書」を提出。翌一九〇六年一月十七日にも再度部長職就任を要請されたが、辞退する。三月十二日に帰国の途につくまでは、もっぱら新収品の整理とカタログ作成の仕事に従事した。

一九〇六年は京都と奈良などでの美術品の蒐集や、第三章で述べたように、美術館の幹部候補生ウォーナーの指導にあたった。十月八日には、手術後の体調で清国に美術品蒐集の旅に出た。翌年二月上旬までの中国旅行については、前章で言及した。

八月七日に館長代理のクーリッジに宛てた手紙にも、中国における蒐集活動の成功が示唆されている。覚三はこう述べている。

中国の政情が安定化に向かい、最近友人が中国から興味深い美術品を持ち帰り、また、現在、中国内陸部の省には蒐集のチャンスが大いにあると請け負ってくれているので、自分もぜひとも出かけて美術品の蒐集を行いたい。資金はボストンへ戻る旅費として支払われる五〇〇ドルと毎月の給与で賄えるでしょう。

二、『日本の目覚め』刊行の経緯

刊行の経緯

覚三の英文三部作の一冊 *The Awakening of Japan*（『日本の目覚め』）が一九〇四年一月に伊予丸で執筆していた『イヴニング・ポスト』掲載のものをベースにしていたことは、ほぼ間違いないが、ここではまず、ギルダー夫妻宛の手紙から『日本の目覚め』刊行の経緯を辿ることにする。

五月十二日のギルダー夫人への手紙で「黄禍論についての私の原稿《ペーパー》は手許にありませんが、写しをとってお送りするようにします」と返事をしていることから、それ以前にギルダー夫人が「黄禍論」に関心を抱いていたことは確かだし、日本出発時より覚三にこれを反駁する著書の執筆の任が担わされていたと思える。六月十六日の同夫人宛手紙にある「私の本のための草稿はほぼできあがっています」から、少なくとも五月上旬にはセンチュリー社と出版の約束が成立していたと推測できる。七月六日のギルダー宛には、「草稿のタイプが二、三日中には打ちあがる」と述べた後に、序文のための履歴が記されている。そこには、「自分は一八六三年生まれである」と明記されている。それにもかかわらず、天心伝や展覧会の年譜では、文久二年を一八六二年とするため、一八六二生まれが流布されてきた。

ここで、「黄禍論についての私の原稿」と *The Awakening of Japan* の草稿とは別物ではないかという見解を提起したい。『岡倉天心全集』6の解題・註は、『日本の目覚め』の原稿と断定しているし、木下氏の『岡倉天心』でも、執筆の動機に言及した二六五頁で、「岡倉は、この本のことを端的に黄禍論についての原稿と呼んでいる」となっている。けれども、編集者に渡す以外で本のための草稿が手許にないというのはあまり考えられないことだし、「写しをとって送ります」からも、別に短い完成原稿があったことを示唆している。近年これを裏づける研究を岡本佳子氏が発表され、ニューヨークに到着直後の一九〇四年三月二十六日付の *Evening Post*（現在の *New York Post*）に掲載された覚三の論稿のタイトルが“Japan and ‘Yellow Peril’”であったことが明らかとなった。この論稿が『日本の目覚め』の骨子となったのである。

覚三は、七月二十一日付の（センチュリー社編集者）ジョンソン宛の手紙には、「原稿についての多大なお骨折りに対し、再度御礼申し上げます。残りの原稿は一週間前にギルダー氏のご忠告に従ってスコット氏に送りました。できる限り早く本の完成を見たいと望んでおりますので、あなたの社が急いで結論を出して下さるようお計らいのほどお願い申します」と記している。

八月四日付のギルダー夫人宛手紙の追伸が興味深い。「『日本の目覚め』の草稿を整理しなおそうとしております。実のところ、私以外は誰もこれを理解することができないようです。そもそもこれを書いたということが愚かでした」。

これ以降十一月に『日本の目覚め』が刊行の運びとなる直前の十月十六日までのジョンソンとの手紙では、もっぱら「生け花」についての論稿が話題にされている。この「生け花」の論稿は、一九〇六年に刊行された代表作『茶の本』の第六章につながってくる。また、ギルダー夫人宛では、大観に挿絵を画かせて、日本の叙事詩の英訳を出版する話がもちあがっている。九月のセントルイスでの講演準備や美術館の仕事もあるから、『日本の目覚め』の完成原稿を八月いっぱいでセンチュリー社に入稿したであろう。アメリカにおける親日世論を形成するためにも、黄禍論を正面から論駁した著書の刊行は急務であった。

反応と評価

『日本の目覚め』に対する日本での反応であるが、官僚クラスは相反する反応を示した。金子堅太郎はやや冷ややかで、牧野は好意的であった。日清戦争以来、とりわけ一九〇二年より国際的に「黄禍論」が強まるなかで、国内における反論や「白禍論」が唱導されていたから、世間に好意的に迎えられたといいたいが、英文で書かれていたからさほど話題にならなかった。

それに対して、アメリカの世論は、新聞にも書評がいくつか掲載され、好意的なものが多かった。それは刊行の時期が、まだ日本が劣勢であった旅順の戦い前後であり、大国ロシアに対する小国日本への同情という時代背景が追い風となっていた。もちろん鉄鋼王カーネギーのようにロシアにシンパシーを感じていた有力者もいるにはいた。セオドア・ローズヴェルト大統領も『日本の目覚め』をすぐに読んで感心していたと伝えられているが、覚三と大統領の関係については、六角紫水の回想談くらいしかなく、それは一雄の著書同様に記憶が鮮明すぎて、眉唾的にも感じられる部分がある。

明治三十八（一九〇五）年四月に発行された『日本美術』第七五号に「くれがし」筆「となりのうわさ（岡倉先生の近著について）」という記事が掲載された。この記事中の『日本の目覚め』へのアメリカでの書評紹介は信頼できるが、ローズヴェルト大統領の反応については、典拠不明で、「ルーズベルト、本書を得るや、即夜之を読了して、翌朝直にその書評をものして著者の許にいたせりという」としているが、これはまさに「うわさ」である。「くれがし」というペンネーム(号)の主は、覚三の弟由三郎であるが、このような重要なことを回顧談その他では言及していない。由三郎は当時ロンドン滞在中で、末松や金子が目立っているのに対し、兄の「御奉公」への過小評価を腹立たしく思い、この記事を書いたのではなかろうか。

アメリカの新聞・雑誌の書評について「くれがし」の記事から紹介しておこう。『シカゴ・トリビューン』では、出版社の人間ギルダー氏が筆を執ったものであるから、書評というよりも宣伝文に近かかった。『ニューヨーク・グローブ』は、ハーンの遺作『日本』とともに『日本の目覚め』を推奨していた。『ニューヨーク・タイムズ』は、「数ある東洋関係の書物のなかで良質の書である」と評した。アメリカ全国の重要な新聞が多くは数段、少なくても数十行をこの本の書評に割いていた。すべての書評は、黄禍論批判を扱った五章「白禍」に注目し、概ね覚三を支持していたが、日本の女性の地位向上について論じた八章にも関心が向けられていた。ローズヴェルト大統領も、『東洋の理想』になかった「婦人《レディー》のことが『日本の目覚め』では言及されていたのが良い」との感想を述べたという。

要するに『日本の目覚め』の刊行は、アメリカにおける「親日・反露」の世論形成に一役買い、米国内の「黄禍論」を払拭することに役立った。一雄によれば、一九〇五年上半期にアメリカで出版された著書全体で『日本の目覚め』はベスト4に入っている。しかしながら、プロパガンダの一時的な著作であった『日本の目覚め』よりも、引き続いて執筆に取り掛かった『茶の本』(第八章参照)の方が覚三の本領を発揮し、戦国時代の「野蛮」な日本イメージを覆した点で大いに影響力をもち、現在にまで至っている。

日露戦争中のアメリカの立場は、中立であり、ポーツマスでの調停によってローズヴェルトにノーベル平和賞が贈られたと思われているが、アメリカの東アジア(中国・シベリア)進出に好都合なのはロシアの後退であったから、彼は最初から日本に肩入れしていた。したがって、開戦から二ヶ月後の日本が優位な戦況を喜び、息子に『日本はわれわれのゲームをやってくれている』と書いた。友人の金子堅太郎にも「日本は文明のために闘ってくれているのだから、われわれのシンパシーは日本にある」(三月二十日)と書き送っていた。アメリカの上層階級には、ロシアは中国の寺院や美術品の価値を理解しないが、日本は理解できるとの発想もあったであろう。実際、一九一一年に覚三は中国にまで出かけてボストン美術館のために美術品を購入していた。

最後にあまり知られていない海外での『日本の目覚め』の反応について一言しておく。ポーランドの政治家で翻訳がある後に首相に就任するピルツースキは、来日したこともある独立の志士であり、占領国ロシアと「勇敢」に戦っていた日本を敬愛していた。そうした背景で、『日本の目覚め』は明治期以降の日本の書物として初めてポーランド語に翻訳された。*

三、フェンウェイ・コートでの日々

ガードナー夫人との出会い

ガードナー夫人は、幾つもの企業を経営し多くの鉄道株を有していた夫の死により莫大な財産を一八九八年に相続したとき、すでに所有していた絵画を中心にエレガントな美術館のオーナーになりたいという夢の実現に邁進していた。一九〇二年には私邸兼用の四階建てのヴェネチア風の美術館がフェンウェイ・コート（沼地地帯）に完成し、年明け早々にオープンした。レッドソックスの本拠地がこの地に設置されたのは、十年後であった。

覚三がラファージの紹介状を持参してフェンウェイ・コートを初めて訪れたのは、一九〇四年三月二十七日であった。紹介状には「岡倉はまだ若いが、卓越した東洋美術の学者にして鑑定家である」と書かれていて、推薦状といった内容であった。覚三を案内したのはガードナー夫人の亡夫のいとこで、ボストン美術館の中国・日本部門で覚三の部下になったフランシス・ガードナー・カーティスであった。覚三はカーティスをフランクと呼んだが、二人は旧知の仲であった。

『天心書簡』によれば、カーティスは、一九〇八年十月頃に来日し、翌年二月半ばまで日本に滞在していた。来日目的がフェノロサの葬儀に出席することにあったことは、葬儀記帳名簿に署名があることからも分かる。カーティスのもう一つの目的は、ボストン美術館の仏像修復担

1908年のガードナー美術館コートヤード（©Isabella Stewart Gardner Museum）

当者を連れ帰ることであった。日本美術院の仏像修復の第一人者の新納忠之介を同行して帰米し、新納がボストン美術館収蔵の仏像を修復したことはすでに述べた。

斎藤隆三『日本美術院史』に出てくる「美術院開設時の資金難を打開するために寄付をしてくれた日本在留の異邦人の一人」がカーティスだった。カーティスとしか書かれていないが、岡倉一雄によれば、一八九八〜九九年にカーティス・ガードナーが覚三の自宅側に居住し、岡倉家と親戚づきあいをしていた。また、日本画を習い、日本美術院の共進会にも一八九九年以来数回出展していた。

ロジャー・フライ

フェンウェイ・コートのサロン

ガードナー夫人との初対面から三、四年が経過したある日、覚三は、イギリスの美術評論家ロージャー・フライと出会っている。おそらくはフェンウェイ・コートのサロンにおいてであろう。覚三は、ニューヨークのメトロポリタン美術館で自分と似た仕事（絵の購入と鑑定）を行っていたロジャー・フライとガードナー夫人のサロンでポスト印象派の絵画についての論議もしたはずである。フランスの画壇に強い関心のあったフライは、印象派に続くゴッホ、セザンヌ、マティスなどをpost-Impressionistと名づけたが、最初はセザンヌ、マティス、ゴッホらを、イギリスやアメリカにおけるアカデミーに反発心を抱いていた画家たちと同じように、Neo-Impressionist（新印象派）と呼んでいた。

『国華』の記事によれば、アカデミーあるいはサロンで落選した素晴らしい画家、たとえばバルビゾン派のミレーを、覚三も評価していたし、日本における官製美術展の文展が成立した時点では協力していた。ところが、それが自分たちの理想と異なっていることが分かると、文展から手を引き、現在、日本画展の主流になっている院展への道を開いた。

ラファージによれば、一九〇四年にガードナー夫人は、その当時フランスでもあまり有名ではなかったマティスの作品をアメリカで最初に購入した。実際、覚三のボストンでの最後の滞在期（一九一三年）に少なくとも二点のマティス作品が購入されていたことは、ガードナー美術館の展示記録から明らかである。

生前のフライの願いをかなえ、彼の伝記を書き上げたイギリスの有名な女性作家ヴァージニア・ウルフは、『フライ伝』の中で、ガードナー夫人をこう評している。「現代最高の蒐集を行っている驚くべき強い個性の持ち主、素晴らしくも変人のガードナー夫人」。この人物評が適切なものであれば、ガードナー夫人と覚三が似たもの同士ということになるが、パトロンたるガードナー夫人との関係はいかなるものだったのであろうか。近年、二人の関係を詳細に取り上げた著作は少ないが、ガードナーの伝記作家トウッチは、『スキャンダルの芸術——イザベラ・ガードナーの生涯と時代』において、ガードナー夫人の覚三評価について、「詩人にして哲学者でもあった岡倉は、多分チャールズ・エリオット・ノートン、ジョン・シンガー・サージャントを併せたよりはベレンソンに比較できない」という回りくどい表現をしている。

学生時代のベレンソン

サージャント「ガードナー夫人像」
（©Isabella Stewart Gardner Museum）

バーナード・ベレンソンは、アメリカを代表する美術批評家で、三十一歳で代表作『ヴェネチア派の画家たち』を著している人物である。また、エリオット・ノートンは、一八七三年にハーヴァード大学で初めて美術史を講じた学者で、ボストンの上流夫人たちを虜にし、社交界でもてはやされた人物で、後にハーヴァード大総長を務めている。エリオットこそがガードナー夫人をイタリア美術に開眼させた人物といわれている。以上のような人物は、フェンウェイ・コートのガードナー邸のサロンの「花形」であった。ガードナー美術館元館長のモリス・カーターは、ガードナー夫人の死後すぐに執筆した伝記にこう書いた。「日本の芸術家、鑑定家にして詩人、哲学者の岡倉覚三ほどフェンウェイ・コートで深い印象を与えた人物は他にはいなかった」と記した。

この辺りのことは、海野弘『パトロン物語』にも簡単な紹介がみられる。ガードナー夫人はイタリア・ルネッサンス、とりわけヴェネチア派の賞賛者であったから、彼女のサロンに集った若い画家や評論家たちの中には、美術鑑定家としての力量も評価されていたベレンソンがいた。それは二人の間で交換された膨大な書簡も、その証であろう。その往復書簡で、ガードナー夫人は、初対面での覚三の印象を「とても興味深く、精神主義的で女性的な人物である」と書いていた。ベレンソンは、ガードナー夫人と覚三との関係を「二十歳以上の年齢差がある二人の関係は、母と息子のような、恋人のような、ある種不思議な謎を秘めていた」と記している。

トウッチの記述には、新参者の覚三の方がガードナー夫人のお気に入りと取れるが、この評価の根拠は一例しかない。それは二十四人のゲストを招いた食事会が中華レストランで催されたときに、ガードナー夫人の隣りに座っていたのが覚三だったという他愛ないものである。ちなみに、サージャントはイタリア生まれだったが、イギリスにおいて美人の肖像画家として知られ、ロイヤル・アカデミー会員になっていた。ガードナー夫人は、一八八六年以来、彼にことある毎に肖像を描かせた。また、二十年の歳月を要した大仕事であったボストン公立図書館の壁画の仕事は、同夫人の口利きがあって指名されたのである。

別の伝記作家ルイーズ・ザープは、ガードナー夫人がヴェラスケスの「イノンセント十世」が競売に出るとベレンソンに鑑定してもらっている。同夫人は「目利き」という評判を聞いて、覚三にも東洋美術の鑑定を依頼したいと考えたであろう。ザープは、ガードナー夫人と覚三との関係を次のように述べている。

日本の若い学者の岡倉は、一九〇四年にボストン美術館のスタッフに任じられた。ガードナー夫人は彼を取り巻きに加えた。彼は、ガードナーの友人たちの大多数が行ったように、彼女にへつらった。けれども、彼は、いつも彼女を啓発したセールスマンの一人であるばかりではなく、彼のへつらいは複雑で微妙なものであった。その背後には真心がこもっていた。

「へつらい」(flattery)、「へつらった」(flattered)という用語は、パトロンに対して普通に使用されるものであろうし、二十歳以上も年配の美術通のレディーに対する謙譲の態度と採るべきで、覚三を「イエス・マン」とみるのは誤りであろう。もちろん、東洋美術に関してはアドヴァイザー的役割を果たし、西洋美術についても自分の見解を述べた。西洋音楽同様に西洋美術でも、覚三は、ガードナー夫人に一目置いていた。ガードナー夫人に誕生日のプレゼントとして贈った詩や手紙の呼びかけなどで、覚三は、「ボストン社交界の女王」に対して The Presence of Fenway Court「フェンウェイ・コートの御前様」という尊称を用いていた。

最初のフェンウェイ・コート訪問から二ヶ月も経たないうちに、覚三は、新しい就職先での仕事やニューヨークでの展覧会の仕事に、さらには執筆にと多忙をきわめていたが、「フェンウェイ・コートの御前」に「仕えた」。覚三がガードナー夫人に出した最初と思われる現存する書簡は、五月二十四日付のものである。そこには訪問した折に依頼されていた明代の画家で兪達《ゆたつ》作の鑑定の返事となっている。また、追伸には松ノ木（盆栽か）とライラックを贈られたことへの感謝が述べられている。

七月十日には、ゲスト・ブックに漢詩を認めている。八月にはカーティスに頼まれて「義経物語」と「小敦盛」を執筆しているし、十月二十日にガードナー夫人の別荘のあるグリーン・ヒルでも一緒に釣りを楽しんでいる。この手紙や別の手紙からも、日曜日にしばしば弟子ともども招かれてゲーム（たとえば双六）を楽しんでいたことが分かる。

ボストン時代 覚三の愛用茶器
（茨城大学五浦美術文化研究所蔵）

十一月十七日からオリ・ブル夫人邸で開催された作品展覧会四日間の会期中に、ガードナー夫人は、午後三時に開催されたお茶会でお茶を点てている。これは十一月七日に、覚三が依頼してのことであった。

覚三がガードナー夫人に茶道具一式を贈り、茶道に関する話題が書簡に登場するのは一九〇五年九月十一日で、それは『茶の本』が刊行される約八ヶ月前である。『茶の本』は、日露戦争期のアメリカ滞在中に準備されているが、八章で詳しく『茶の本』を取り上げる。

覚三とサージェントやフライとの交流は、一九〇八（明治四十一年）五月の欧州でもみられた。たとえば、覚三が『ナショナル・アート倶楽部』の名誉会員に推挙された祝いの席などである。覚三の五月二十二日の日誌には、「サージェント、フランス・サロンを久しく見ず。今日の名家はベルナール、モネ、ロダン。アカデミーなどなき方好しと称す。それは障害物である（と語った）」と記されている。これはガードナーのサロンで顔見知りになっていた覚三とサージャントがロンドンの『ナショナル・アート倶楽部』で同席したときのものである。

筆者は、二〇〇二年七月にガードナー美術館を再訪したときに、ガードナー＝覚三＝サージャントの三人を結びつける一つの「発見」をした。前回、学会のついでに訪れた折と異なり、このときには事前に幾つかの要請事項を出しておいた。一つは『白狐』原稿を見せてもらうことで、これは「フェンウェイの御前へ」という覚三の筆跡があるかを確認するためで、この目的は達成できた。第二は、「日本美術院正員展」に出品されたといわれている「双頭の龍」（『東洋の理想』『茶の本』にも出てくる場面である東と西を代表する龍が宝玉を取り合っている図）を見せてもらうことで、これもクリアーされた。

第三は、覚三がガードナー夫人に寄贈した *The Book of Tea* を見せてもらうというものであったが、出された初版本には覚三のサインはなかった。だが、それは後述するエピソード付きの本であった。

ガードナー美術館での日本祭

『天心全集』年譜には、「一九〇五年一月のフェンウェイ・コートでの茶会に天心が出席した」から「九月に茶道具を送った」まで関連の記載がない。この空白期間を少し埋めておこう。三月八日にサン・フランシスコを出発した覚三は、一時帰国し、ボストンに戻るのはポーツマス条約が締結された十月である。覚三の不在中にも定期的にバザーや、日本に因んだ催しが開かれていた。いわば、ミニ日本祭があり、茶席はそれに華を添えていた。サン・フランシスコ出発直前に覚三がガードナー夫人に宛てた手紙の文面にはこうある。

稲荷祭に使う道具の詰め合わせ二組を送ります。一組には提灯二十一個と日本のビスケットが入っています。もう一組はバザーで売れそうなガラクタです。〔中略〕中のいくつかはあなたの花の会や茶会で仕えるでしょう。

『ガードナー伝』には、五月の日本祭のことが詳細に記されている。まずはそこに引用されている証言を補足も加えながら紹介しよう。

覚三最晩年のオペラ『白狐』の作曲を履行しなかったロェフラー〔アルザス出身のフランス人で、ボストン・フィルのヴァイオリン奏者となった〕に恋人で後に妻となったエリーズ・フェイが宛てた手紙にはこうある。

毎週金曜日にはガードナーの音楽室〔おそらく『白狐』も完成していれば最初にここで演奏されていたであろう〕に「日本村」が作られた。そこへアダモフスキー〔ポーランド人ヴァイオリニスト〕夫人も招き入れられました。私は本物の人力車に乗りました。

なお、本書での Loeffler の読み方は『全集』のロェフラーを採用したが、大岡信氏はロウフラーである。『白狐』を詳細に検討された清水恵美子氏によれば、音楽関係者はレフラーを採用しているそうだが、フランス語読みならルフレルも可だし、祖父の代まではドイツ人だったのでルフラーであったと思う。

ガードナー夫人お気に入りの芸術家であるリンドン・スミスは、「音楽室のステージで日に何回か上演された日本の芝居を書いた」と述べている。

地元紙 Town Topics にも、紹介されている。「ガードナー夫人の人力車夫は本当の日本人であった。日本の調度品と装飾品を備えたブース＝小部屋のような塔〔パゴラ〕があった。〔中略〕ステージの片側には、日本の寺の小さな木立があり、反対側には、仏教の聖堂が木々の間に見え隠れしていた。日本人の男女が村人としてあっちこっち行き来していた。商取引の最良の好機を求めてか、ブースに目を釘づけにしている人がいた。実際の貿易商は、すばらしい日本の手造り品を入れたトレーを抱えていた」。また、同紙はリンドン・スミスの脚本による芝居を「奇妙なステージ・ショー」と評している。これよりも人気を博していたのは、ハーヴァード大で教えていた内村（覚三が一九〇六年二月十二日にガードナー夫人に宛てた手紙にも登場）による柔術の形を見せるステージだった。この祭りにはシャロン（地名）療養所が助成金を出していた。また、山中商会も協力していた。

覚三の展示法と「仏像展示室」「仏陀の間」

すでに一八九三年のシカゴ万博鳳凰堂の展示においても、本物を縮小した模倣の建造物に、各時代に相応しい模写や模造品などを作成して展示した。いいかえれば、美術品の鑑賞と美術史の学習が併せてでき、タイム・スリップして疑似体験することもできた。最近の博物館では、展示デザインという分野があり、たとえば、東京国立博物館で二〇〇〇年に開催された「国宝平等院展」では、雲に乗った姿の菩薩像を光ファイバーを使った照明で浮かび上がらせるという演出＝「展示法」が採られた。

覚三を採用する一年前（一九〇三年）のボストン美術館中国・日本部では、展示法に弱点が見られた。この年に副館長に就任したスチュアート・プリチャードは、イギリス人で弁護士であったが、ガードナー夫人とも以前から知己を得ていたし、ロンドンはもちろんパリの美術関係者との交友関係も広かった。プリチャードが職務に熱心であり、一家言を持っていた。アジアを理解していないチャルヒン指揮下の「日本木彫展」の展示に失望させられたので、アジア通のビゲロウの推薦で採用された覚三に対し、大いに期待を寄せた。一九〇五年に新設された日本品陳列室は、覚三と相談して作品が活かされるように展示された。

プリチャードは、「日本の作品を日本的道具立てのなかで展示することを批判し、展示室そのものが中に置かれた作品の影を薄くしてしまう」とチャルヒンの展示法を批判していた。覚三は、副館長の意向に沿うように一九〇五年の展示室をレイアウトしたのはいうまでもない。名古屋ボストン美術館で開催された「岡倉天心とボストン美術館」展のカタログ、とりわけ、アン・西村モース論文によれば、一九〇四年までのボストン美術館は、美術作品を材質や技法ごとに構成して展示するサウス・ケンジントン博物館（現在のヴィクトリア・アルバート美術館）の展示方法を採用し、日本の工芸品は、金工や漆工の作品を並列して陳列していた。

覚三は、プリチャードの案に従って、名品厳選、時代・文化別展示に切り替えているが、彼自身、シカゴ万博の展示や帝室博物館の展示において同様な展示方針をすでに採用していたから、プリチャードと意見が一致した。一九〇五年の日本品陳列室の彫塑《ちょうそ》展示方法が系統的にコレクションされた彫像と塑像（彫刻の原型となる像）を時代・文化別（八世紀の奈良様式から十五世紀の足利時代の名匠の作品まで）に展示されていたことは、覚三が美術館の紀要に発表した「新設された日本陳列室の彫刻」（全集2所収）から明らかである。

ところが、美術館が現在のハンティントン通りに移転した一九〇九年に新装なった日本陳列室のメインとして「仏像の間」がオープンした。これが計画されたのは、一九〇六年にプリチャードが辞職し、カーティスが実権を掌握してからである。カーティスは、「作品を活かすために元来置かれていた場所とは切り離して展示すべきだ」としたプリチャードの考えを斥け、「仏像が元来置かれていたのと近い状態で展示されるべきである」という覚三の「現場復元」の展示法を支持した。

しかしながら、「仏像の間」がオープンした時点において、覚三はボストン美術館の職務を離れていた。この職場に復帰するのは、一九一〇年十一月であった。覚三の復帰にあたってレーン理事長の尽力があったことは、十一月十六日付手紙でのレーンへの謝辞からも明らかである。それは「中国・日本部に関する意見と提案」ともなっていて、陳列と設置方法には満足しているけれど、いくつか改善点があるように思うので提案したいと述べ、十一項目をあげている。その八番目には、「インド美術」の項があり、「インドの仏教美術を中国日本美術館の中に含めること、必要ならば、部の名称変更を行う。インド美術部門に積極的な関心を喚起するための権限を喚起してください」の三点を提案した。この提案への対応については五章ですでにふれた。

ここでガードナー美術館「仏陀の間」を紹介しよう。一九一三年十一月に覚三の追悼会が催されたのも、この部屋であった。「仏陀の間」は、山中商会から釈迦三尊などの仏像を購入した際に、これらが神々《こうごう》しく厳かな印象を与えるにはどうすればよいかとガードナー夫人から相談された覚三が、「闇の演出」をアドバイスした成果である。覚三は、月の淡い光に照らされたときこそが仏像の本来の美しい姿になると力説した。それゆえにガードナー夫人に「翡翠の階」The Stairway of Jade という詩**が贈られた。大理石でなく翡翠の階段を実際に建造したのか確認していないが、覚三がガードナー夫人との会話の中で、緑色の翡翠が古代の中国や日本で玉《ぎょく》と呼ばれ、中国では美の最高を表す語であったことを説明していたと推測される。一九一一年にボストン郊外で女性たちに行った覚三の講演のタイトルは「中国の玉」Chinese Jade であった。

講演において、覚三は、「玉が宗教的儀礼にとって不可欠であったので、玉に迷信的なまでの尊崇の念を抱いていたこと、子供の柔らかい肌や蘭の花の花弁に似た手触りで、他の石に比べてはるかに心を打つ。ダイアモンド、サファイヤ、ルビーは美しいが、自意識が強い」と女性の関心ある宝石をテーマに東西の美について語っている。

ハーヴァード大学での名誉学位授与

東京大学学長や文部大臣を務め、覚三が十七、八歳のころより庇護してくれていた浜尾新は、覚三を欧州視察に派遣し、東京美術学校の校長に任命してくれた人物であることはすでに述べた。その浜尾は、覚三追悼の辞で次のように述べている。

Okakura Kakuso, unrivaled adept in the mystery of Oriental art, hospitable to what western lands can give, but determined to maintain as a priceless heirloom the native genius of Japan.

GIVEN DEGREE

OKAKURA KAKUSO
Of the Boston Museum of Fine Arts, Marching to Receive His Degree of AM. Beside Him is Prof George Chase.

名誉学位授与の新聞記事（茨城県天心記念五浦美術館蔵）

君の卓抜する技量は外務大臣の選ぶところとなり、米国諸州と交換教授の任を帯びて米国に派遣せらるるの命を受け、出発の期近きにありしなり。

具体的には、フェノロサ、モースをはじめとして覚三の師たちの母校ハーヴァード大学での客員教授として招請されていた。

同校の総長を務めたチャールズ・エリオット・ノートンもガードナー夫人のサロンの常連であったろうし、ボストン美術館とハーヴァード大学の間に協力・提携関係があった。たとえば覚三の外国人一番弟子ウォーナーは、一九一〇年にボストン美術館の学芸員の身分でハーヴァード大学の奨学金を授与されたし、少なくとも東洋美術の部門では、ボストン美術館がハーヴァード大学の講座に協力するという覚書が一九〇八年四月に交わされていた。

覚三は、一九一一年の六月に、ハーヴァード大学より名誉修士号（当時は博士号がなかった）を授与された。一九一〇年度の学位授与者は九五五人、名誉学位授与者は十二人であり、覚三はそのうちの一人であった。同時受賞者には作家のヘンリー・ジェームズやハーヴァード大学で教鞭も取っていた哲学者ジョシア・ロイスがいた。覚三の授与理由は、「ボストン社会に日本の芸術と宗教を紹介したことへの功績を称えて」であった。

推薦者は一八八七年から一九一〇年まで古典学を教えていたヒックス・モリス老教授であった。覚三は、ペルシャ・コレクションの手伝いをした折に教授と親しくなった。そして退職の年に覚三を推薦し、審査委員会が設置された。委員の一人フレドリック・フィッシュ教授は、委員長のアボット・ローウェル総長が四月十五日に審査委員会を召集する前に、ローウェルに覚三のことを問い合わせていた。総長の返事は、「ペルシャ・コレクションの蒐集でモルガン教授を助けたという以外に彼のことを知りませんが、教授によれば、彼は蒐集家としても活動的で、知的です。最も卓越した日本美術の権威であり、われわれにとり大変有益な人物であるということも、あちこちから耳に入ってきます」であった。

この文面からは、セントルイス万博の学術大会で講演をし、『茶の本』を刊行した数年後にしては覚三の知名度がいささか低いと思うが、ペルシャ美術に通じていたことも評価された名誉学位授与であった。清見陸郎『天心岡倉覚三』には、ハーヴァード大学総長が覚三に対して授与式でこう呼びかけたとある。

東洋芸術の秘儀に通ずることにおいて比類なき達人であり、西方の与えるものを受容するにふさわしい寛容な心を持ち、しかも日本固有の精神を無上の遺産としてゆるぎなく保持する岡倉君。

ところで、筆者が覚三に依る美術史関係の論稿を繙いてみたところ、和辻哲郎も聴講した『泰東巧芸史』では、アッシリア、(古)波斯《ペルシャ》について、「海馬葡萄鏡はアッシリアより漢の時代に中国に東漸したというヒルト説があるが、正倉院の御物を調べると唐の時代であろう。この葡萄鏡を取りて西方文化の漢式を形作れりとなすはいささか早計ならずや」と語っている。また、同書は、飛鳥期の法隆寺夢殿観音の玉虫厨子の紋様がギリシャのものよりも古い物で、ペルシャ起源の密陀絵具が用いられているからギリシャ的手法というよりもペルシャ式手法といったほうがいいのではなかろうか」とある。また、『日本美術史』の「天智時代」には、「聖徳太子所用の錦旗の紋様には、騎馬虎を射る人物あり。これ正しくアッシリア、バビロンなどの美術に属するものなり。人物は髭髯《ママ》ひじょうに多く、その髭多きはかの国の特徴なり」とある。

『泰西美術史』の「アッシリア」の項には、錦旗の例をも含め法隆寺にある獅子狩りの図なども、アッシリアから中央アジア、蒙古などを経由して入ってきたと記されている。また、「波斯」の項に二頁割いているが、美術については建築と彫刻について言及している。石を用いた建築はさほどのことはないが、銅や錫の素材に施された彫刻とか象牙の彫刻など、アッシリアの美術は彫刻であるとの評価をしている。おそらく大英博物館とかヨーロッパの博物館でアッシリアを含むペルシャ美術のコレクションに接していたのであろう。従来の天心研究のある種の盲点が中東やペルシャではなかろうか。それは資料が断片的かもしれないが、美術史のみならず、イスラームへの知識をも併せて考察される必要があるのではなかろうか。

ハーヴァード大学の学位授与式に当初は「都合がつかないので欠席します」と連絡していたが、式当日には出席している。授与式のハイ・テーブルに座っていた来賓の中には、覚三の部下ロッ

ボストン、ブル氏宅ニテノ柔道会員（『六角紫水アルバム』個人蔵）

ジの父親で上院議員のカボット・ロッジの姿も見られた。

余談になるが、ペルシャ関連でいえば、一九〇九年一月、覚三がガードナー夫人からプレゼントされた本は、『茶の本』と同じく岩波文庫に収められているペルシャの詩人オマール・ハイヤームの『ルバイヤート』であった。それは覚三が愛読したバイロン『ドン・ジョバンニ』とは、時代も国も異なるけれども、恋物語というジャンルが共通し、宗教的偽善を批判し、酒を称えて刹那的快楽を詠んだ四行詩で、おそらくエドワード・フィッツジェラルドの英訳であった。覚三は、この詩集を冬の海の波音を聞きながら、六角堂で読んだかもしれない。

ハーヴァード大学とは他にも繋がりがあった。前述の内村の他にも数名の柔道家がハーヴァードで柔道を教えていたことは、六角の撮影した写真からも明らかであるが、これは東大での親しい後輩であった嘉納治五郎に覚三が口利きした成果であった。

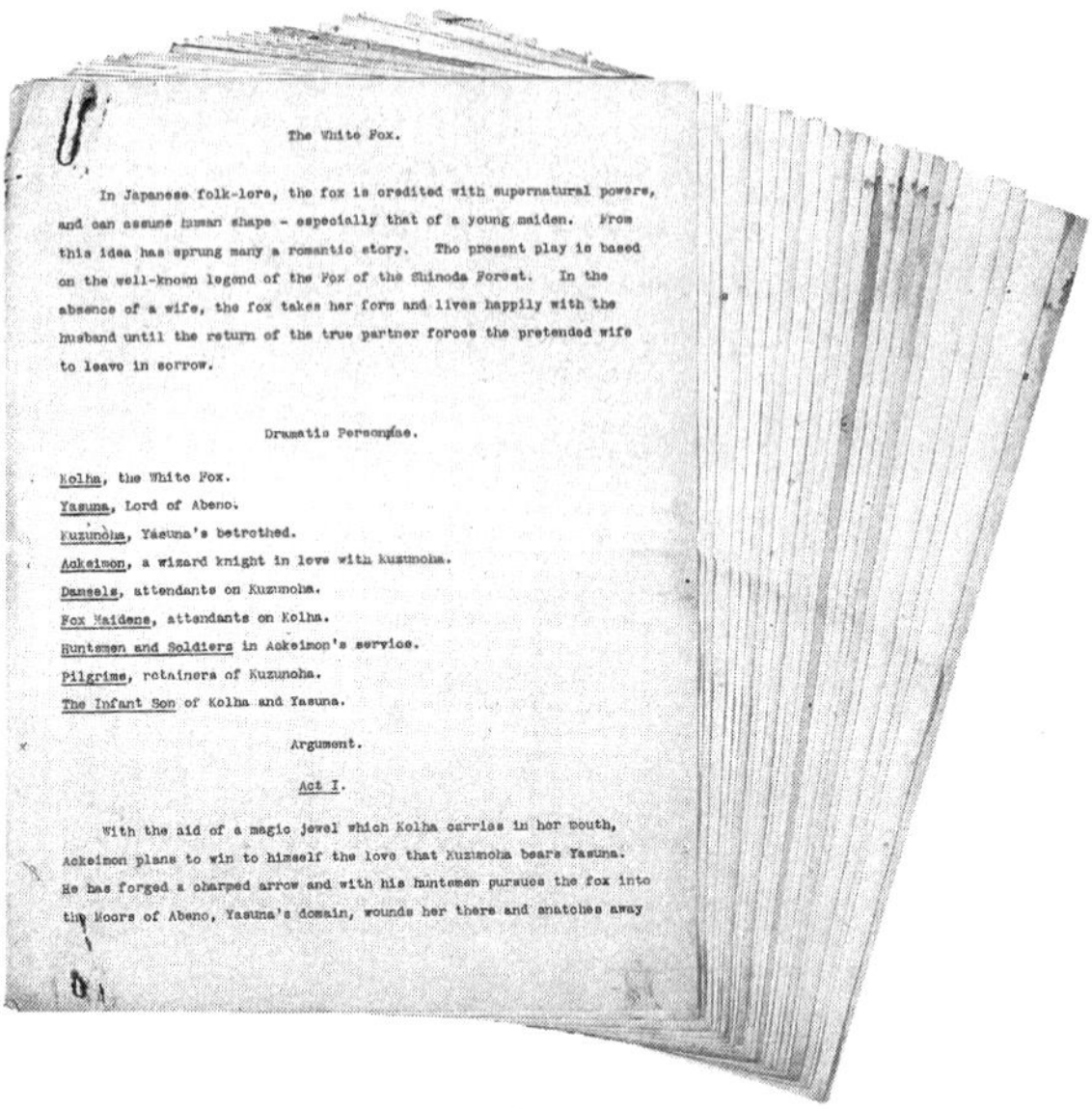

The White Fox.

In Japanese folk-lore, the fox is credited with supernatural powers, and can assume human shape - especially that of a young maiden. From this idea has sprung many a romantic story. The present play is based on the well-known legend of the Fox of the Shinoda Forest. In the absence of a wife, the fox takes her form and lives happily with the husband until the return of the true partner forces the pretended wife to leave in sorrow.

Dramatis Personae.

Kolha, the White Fox.
Yasuna, Lord of Abeno.
Kuzunoha, Yasuna's betrothed.
Ackeimon, a wizard knight in love with Kuzunoha.
Damsels, attendants on Kuzunoha.
Fox Maidens, attendants on Kolha.
Huntsmen and Soldiers in Ackeimon's service.
Pilgrims, retainers of Kuzunoha.
The Infant Son of Kolha and Yasuna.

Argument.

Act I.

With the aid of a magic jewel which Kolha carries in her mouth, Ackeimon plans to win to himself the love that Kuzunoha bears Yasuna. He has forged a charmed arrow and with his huntsmen pursues the fox into the Moors of Abeno, Yasuna's domain, wounds her there and snatches away

（茨城県天心記念五浦美術館蔵）

『白狐』上演をめぐって

覚三は昇天される七ヶ月前の一九一三年二月四日にプリヤンバダに宛てた手紙で、念願のオペラ作詞中であると知らせている。それはプリヤンバダの詩を借用させてもらう許可を得る手紙でもあった。次いで二月二十日には、「オペラを脱稿しました。うんざりする仕事でしたが、終わってほっとしています。拝借した詩句は次の部分です」と詩を引用し、「本当に私の作中人物の台詞《せりふ》にしてもいいのでしょうか」と記している。

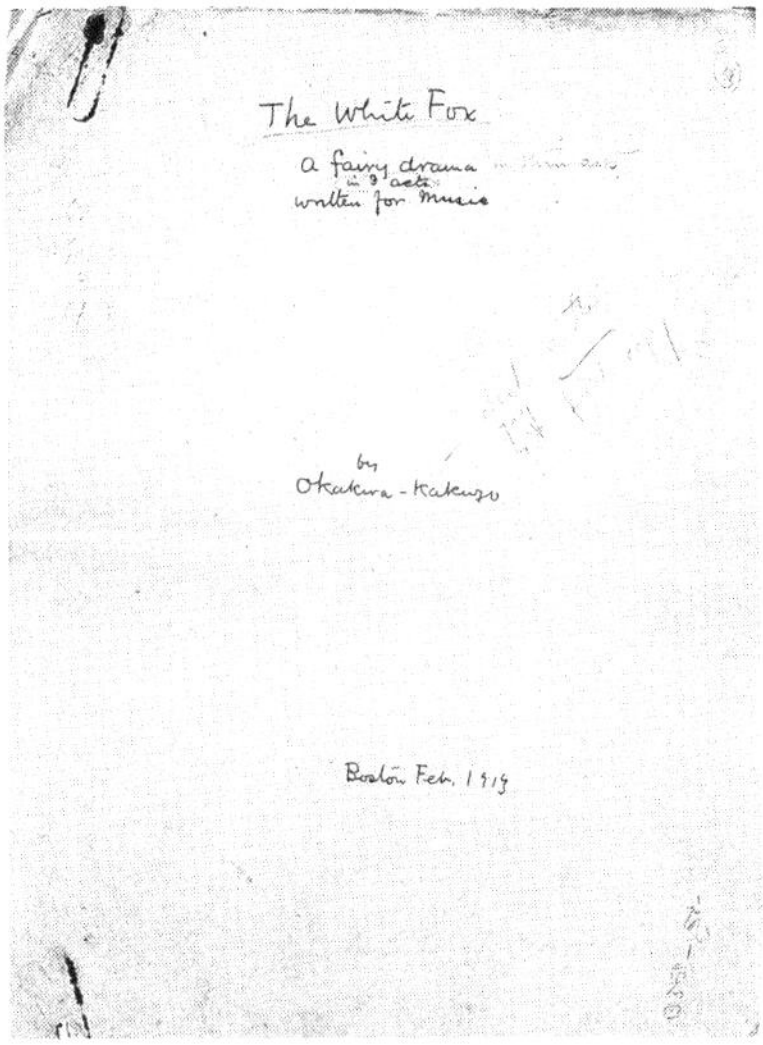

『白狐』タイプ原稿と自筆の扉

また、この手紙にはタゴール親子がボストンの覚三を訪ねてきたこととともに、死期の接近を感じている記述がある。それは「ベンガル語を勉強してあなたの詩を（英語でなしに）味わいたいが」という文脈の中で、「詩を味わえる時には、もう地下に横たわり、樹々が私の上で溜息するのを聴いているだけかもしれません」と告白していた。三月三日の手紙には、「書留便で『白狐』一稿をお送りします。あなたの宝石の詩句がどれほど貧弱な道具立ての中にはめ込まれたかをご覧になるのも一興でしょう。今作曲家がこれらの作曲に取り掛かっていて、次のシーズン（来る冬）には上演を考えています。」と書いた。

詩は韻律が大切であり、とりわけベンガル語は音や抑揚を重視する言語というが、覚三がプリヤンバダの詩をベンガル語で読み、理解しようとしていたことは、彼女にベンガル語文法の本を頼んでいたことからも明白である。五月二十八日付のプリヤンバダからの手紙には、「ベンガル語文法書を同じ便で送ります。長い間私のもとにあったものです。最上のものではありませんが、これが私が探し得たすべてです」と記されていた。

斎藤隆三によれば、『白狐』は、ボストンに新装されるオペラ座での公演を予定していたというが、ガードナー夫人の力をもってしてもそれは実現しなかった。ただし、近い将来には上演される可能性もあったであろう。というのは、一九〇八年に「ボストン・オペラ・カンパニー」が結成され、『白狐』の作曲が予定されていた点は後述する。余談になるが、NHKの「そのとき歴史が動いた」で晩年の覚三が取り上げられた折に、プリヤンバダの詩の部分に初めて曲がつけられたが、二〇〇三年十月と二〇〇七年三月に、『白狐』の断片的な公演が覚三所縁の五浦と横浜、東京芸術大で行われた。今後も二〇一三年十二月の新潟新井市での公演(日本語)が内定しているほか、国際人覚三に相応しい英語での本格的オペラ『白狐』上演計画が立案されている。

ところで、『白狐』のタイプ原稿は少なくとも八部がコピーされているといわれ、一部はプリヤンバダに、一部はガードナー夫人に贈られた。筆者がガードナー美術館で見せてもらったものには、'To the Presence of Fenway Court' というペン書きによる覚三の筆跡が読み取れた。また、一八九三年来のボストン美術館館員で、美術館の紀要や出版物の担当もしていたベンジャミン・ギルマンは、覚三逝去のおよそ一ヶ月前である一九一三年七月三十一日の覚三に宛てた手紙で『白狐』の写しを改めて四部作成し、そのうちの一部をガードナー夫人にお送りしました」と報告している。

「改めて四部」とあるから、先に四部作成されていたと思う。おそらくオリジナルのタイプをカーボン紙を使ってコピーするのは、三部が限度であった。覚三の甥の演出家岡倉士朗と夕鶴を共同で作り上げた木下順二は、『白狐』に感動して、『岡倉天心全集』1に訳出し解題を執筆した。同氏によれば、三月一日までに『白狐』の数部がタイプされていて、ガードナー夫人には三月二日に献呈されている。タイプをしたのはギルマンの同僚で、後に覚三の後継者となった富田幸次郎と結婚したミス・ディキンソンであった。

ガードナー夫人に献呈したものは、推敲・校閲を終了したもので、ギルマンたち職員に見てもらっていたことは、先に引用した七月三十一日の手紙の文面によって明白である。つまり、「第二幕で同じ音節の繰り返しが一箇所あることに気づきました」とした後で修正案を提案しているが、覚三にはそれを採用する時間がなかった。

そもそも『白狐』は、ガードナー夫人のために書かれ、彼女個人か美術館の大切な日に公演を予定していたのではなかろうか。覚三に作曲家を紹介してくれたのがガードナー夫人であることは、『白狐』の詩を献呈直後にガードナー夫人に宛てた手紙にも書かれており、『白狐』を二幕ものに改めるようにとの要請は受諾できないことをロェフラーに伝えて欲しいと依頼した。さらに、戯曲だけでの刊行に踏み切る意向も述べている。

ロェフラーが作曲を放棄しながら、その「作曲権」を譲ろうとしなかった。清水恵美子氏は、この事実から、彼が死ぬまで『白狐』作曲の意思を持ち続けていたとされているが、筆者は、それだけではこのような断定はできないと考えている。この点に関して、富田幸次郎夫人は、回顧談でこう語っている。

ロェフラーは決して曲を作りませんでした。彼は若くして亡くなりました。ガードナー夫人は、彼をかばい、絶大な信頼をおいていました。それが悪かったのです。

他方、ガードナー美術館初代館長であったカーティスにロェフラーが宛てた書簡では、「岡倉の劇には今でも興味を持っています。部分的に曲をつけて見ましたが、他の仕事で中断、言葉の（歌詞としての）ぎごちなさのために難航しています」と書かれていたという。

それではプリヤンバダが一九一三年五月二十八日に記した絶賛にちかい『白狐』への感想でこの章を閉じることにしよう。

あなたのオペラを何度か読みました。読むたびに新しい美を発見します。とても気に入りました。簡潔で、均整がとれ、生き生きとしています。読みながら目の当たりに舞台を見、音を感じることができます。舞台での上演は必ず魅力的に違いありません。

プリヤンバダは、これに続けてチェーホフの戯曲を引き合いに出し、「戯曲であってもドラマではありません」とした後にこう続けた。

あなたの作品では、野をさまよう騎士が表現する情熱の強さに圧倒されてしまいます。

* Okakura Kakuzo, *Przebudzenei sic Japonii*, Z oryginalu angielskiego przetłumaczyła Marya Wentzowa. Warszawa: Nakład Gebethnera i Wolffa, 1905.

** "The Stairway of Jade"〝翡翠の階段〟

Alone and White
Shadows but wander
In the lights that were,
Lights but linger
In the shadows to be
The Moon
White and Alone.
The stars have dissolved
To make a crystal night.
Fragrance floats
Unseen by flowers,
Echoes waft,
Halt answered by darkness.

A shadow glides
On the stairway of jade
Is it a moonbeam?
Is the One?
In the Abode of Solitary Shadow?

ガードナー夫人に覚三が贈った詩では、『岡倉天心全集』7にある"Taoist"は知られているが、この詩は未訳である。銀閣寺の建築が観月を配慮したものであったことが近年知られ始めたが、覚三の建築への関心から、改造する美術館東の階段の月の光には大理石よりも翡翠の緑青が良いことの示唆だという見方もできるが、大岡信氏が全集7の解説で言及しているように、ガードナー夫人への覚三の英詩には、自己の苦悩の告白が含まれている。また、この詩では、ガードナー夫人の孤独に自分が気づいていることも伝えているのかもしれない。

第八章

The Book of Tea『茶の本』1906

The Book of Tea
（茨城大学五浦美術文化研究所蔵）

一、『茶の本』の刊行

『茶の本』刊行百周年

二〇〇六年、『茶の本』原本 *The Book of Tea* 初版がニューヨークのフォックス・ダフィールド社より刊行されてから百年目を迎え、これを祝う催しが国内外で催された。その皮切りは二〇〇五年十一月にワシントンのフリーア美術館「*The Book of Tea* 出版百周年記念展」であるが、残念ながら日本では話題にならなかった。フリーアが合衆国政府に茶の湯に関わる陶磁器を中心とするコレクションを寄付したのは『茶の本』刊行の一九〇六年であるが、これは偶然だろうか。フリーアが離日後のフェノロサと親しくなり、中国・日本コレクションの多くを購入したことは第六章で述べたとおりである。

フリーアは、自分のコレクションを展示した美術館を「荒涼たる荒れ地における『オアシス』(『茶の本』二章「茶の源流」)にしたかったのである。

国内でのシンポジウムや記念の茶会は、九月二日の覚三命日＝天心忌に朝日新聞社主催の国際シンポジウム(『茶の本の百年』として刊行)をはじめ、秋以降いろいろ催された。

十月に東京女子大で開催されたシンポジウムは、『茶の本』新訳を出された大久保喬樹教授が司会、パネラーは「何が和でないか」という独自の『茶の本』論を発表したばかりのドイツ哲学者黒崎政男教授、武者小路千家の千宗屋若宗匠、それに人類学の船曳建夫東大教授であった。論議は、若宗匠の発言を除けば、『茶の本』から逸れた方向に流れたが、覚三や新渡戸、鑑三ら英文で著作を残した世代、すなわち明治憲法発布以前に成人した知識人が発布以後に成人した人々のように「植民地人間」であったかどうかという船曳教授の問題提起は興味深かった。後日このシンポジウムへの意見を「茶の湯文化学会会報」五二号に掲載された田中秀隆氏も、横浜の居留地で生活した覚三を汎アジア的な対抗軸を立てた点で「立派な植民地人」として評価され、宗主国の文化に同化してキリスト教を普遍的な枠組みとして受け入れた内村鑑三や新渡戸稲造と一線を画したことに注目している。

覚三の先祖の地である福井県では、半世紀以上の天心顕彰活動があり、近年では、県の「ブランド」として郷土の偉人としての「天心」を前面に出している。たとえば、高等学校の英語授業で『茶の本』を取り上げ、タレントのパックンをはじめ欧米人の教員による英語の特別講義が開催され、春草の『落ち葉』を所蔵する福井県立美術館では、九月に「天心展」に併せて日本美術院同人で東京芸大教授の手塚雄二氏による『茶の本』刊行百周年記念講演が実施された。

十月九日には、西川福井県知事、永平寺の天野後堂、私がパネラー、『天心物語』の著者新井恵美子氏の司会で「刊行百周年記念座談会：日本の文化――禅の心」が永平寺で催された。座談会に先立って百六歳の宮崎貫首が簡潔に「天心と茶道と禅」という講話をされた。天野後堂は、永平寺の修行で大切なのは食事作り、配膳であるといわれた。これは『茶の本』第三章にある「禅僧はことごとく禅林の世話に関する何か特別の仕事を課せられた。妙なことに新参者には比較的軽い務めが与えられた。立派な修業を積んだ僧には比較的うるさい下賤な仕事が課せられた」を思い起こさせた。

『茶の本』*The Book of Tea* 刊行の経緯

岩波文庫版『茶の本』表紙カバーには、執筆の動機に関して、「故国恋しさの思いを茶事の物語によせ、それを英文に写してニューヨークの一書店から出版したものである」とある。これは「はしがき」を認めた覚三の弟由三郎の文に基づくものである。

もちろん覚三はそのような気持ちを抱いていたであろうが、筆者は、覚三が一八八六年に初めてアメリカの地を踏んだ折から日本や東洋が野蛮とみなされていることを知り、これを正したいと願っていたことが執筆のモティベーションになっていたと思う。

日清戦争後、ヴィルヘルム二世を筆頭とする「黄禍論」が欧米に蔓延し、一九〇四年の日露戦争の開戦でより一層増幅されていった。前章でみたように、覚三は、日露戦争中に「日本文化に対する誤解を解くことが自分の使命である」という認識をもっていたが、伊藤博文や牧野伸顕らに依頼された政治プロパガンダの書『日本の目覚め』の執筆を優先しなければならなかった。

センチュリー社のジョンソンと覚三との往復書簡からは、ジョンソンが見て欲しいと送ってきた「花」論稿が花の宗匠をハナヤサンとしたのをはじめ、あまりにも誤解が多いことに覚三が落胆し、自ら日本人の生活にまで説き及んだ“Floral Arrangement”を執筆しようとの思いにさせた。けれども、生け花の論稿はなく、第六章に「花」Flowers の章があり、“Floral Arrangement”よりも日本文化をより広く深く取り扱った *The Book of Tea* という著述になったとも考えられる。

一九〇四年七月二十一日、八月二十五日に覚三がジョンソンに宛てた書簡からも、覚三が花（生け花）のテーマで執筆を依頼されていたことが窺えるが、十月十六日の返書にあるように、「美術館での仕事が余りにも忙しく、参考資料も日本に帰国してから探さないと記憶に頼らなければならないことを怖れます。帰国まで延期願えませんか」と頼んでいる。十一月に *The Awakening of Japan* が刊行されているから、校正にも時間をとられていたであろう。

「花より茶」

結局、日本文化の精神＝大和心をより広く、深く伝える「総合的日本文化」としての「茶の文化」をメインテーマに据えて、日本人の自然観を伝える一部として花の章を執筆したのではなかろうか。十月十六日の追伸には、「どうしてもその論文が必要なら全力を尽くして書くよう努力しますが、そうでないのなら、そうするのを望まないのです」と、回りくどい表現ながら「花」だけを扱った論文を執筆する気持ちがないことをジョンソンにほのめかしている。

五月四日付ジョンソンへの書簡からも、覚三の日本文化論執筆の使命感が推し量れる。

〔同封の短篇からは〕私たちの理解する限りでの日本的なものとか、日本風のものとかの印象は得られませんでした。（中略）筆者は日本に行ったことがあるのでしょうか。彼はわが国固有のもののなかで本質的なものを何一つ表現することに成功していません。

『茶の本』執筆の直接的経緯としての定説は、タトル社版（一九五六年）の序文を執筆しているエリーズ・グリや、ボストンに居住した天心研究家堀岡弥寿子氏ら多くの人が支持している「上流夫人への講演説」である。堀岡説のオリジナルは、『禅文化』昭和五十四年六月に掲載された論文「岡倉天心と禅」であろうが、同氏は『岡倉天心との出会い』の九五頁では次のように述べている。

一九〇五年一月二十一日午後五時、ガードナー美術館の一室で蝋燭の灯のもとで（覚三）が茶を点てた。招かれた客はガードナー夫人、ビゲロウを含めて、たったの五人である。同じ年の九月には東京の天心からガードナー夫人に茶道具一式が送られてきた。いずれもガードナー夫人がベレンソンへの便りに報告している。『茶の本』の出版とは無関係かもしれないが、『茶の本』の前奏曲としてふさわしい出来事であった。

一九〇五年の一月下旬以来、ガードナー夫人を囲んでのビゲロウ、ラファージらとの少人数の茶会が定期的に行なわれていた。また、ガードナー美術館の三階では、音楽会のみならず東洋文化講演会や日本祭も開かれ、上流婦人が『茶の本』の最初の聴衆であったとされる。けれども、講演会があったなら記録が残るはずであり、ガードナー美術館やオリ・ブリ夫人邸などで催された「茶会」（tea-ceremony というよりも performance に近いものか）は、生け花よりも神秘的なものとみなされ、ご婦人たちを魅了したことであろう。

マサチューセッツ州、ボストンに縁の深いモースやフェノロサは、『茶の本』よりも四半世紀前の一八八二年に名古屋で茶会に招かれているが、日本の住居に関心を抱いていたモースは、当然ながら茶室に注目して『日本のすまい：内と外』（一八八五年）の中で、簡素化された茶室や道具類の素朴さなどから茶道＝禅（道）とピューリタンの精神の共通性を指摘している。フェノロサが能に惹かれたのに対し、モースは茶の湯（茶道）を本格的に習い、高嶺秀夫（会津藩士、生物学者、教育学者）の茶会で正賓に招かれるほどの腕前に上達したと自身が『日本その日その日』*Japan Day by Day*（一九一七年）に記している。

一八九三年のシカゴ万博でも茶が点てられ、*The Book of Tea* の発行前々年の一九〇四年にセントルイス万博が開催され、日露戦争もあったから、日本への関心が高まっていた。したがって、*The Awakening Japan* の著者でボストン美術館のキュレイターでもある覚三による日本文化論の書に出版社は食指を動かされた。その証として、第一章 "The Cup of Humanity" が掲載された『インターナショナル・クォタリー』一九〇五年四月発行の欄外に「全版権所有者はフォックス・ダフィールド社である」という但し書きがあった。

同誌の七月号（五七～六七頁）に掲載されたセントルイス芸術・学術大会での講演記録には、「老子は〝語り得ざるもの〟こそ至高の尊崇の対象であるべきだとして、家の実体は屋根にあるのでもなければ壁にあるのでもなく、それによって作られる何もない空間にあるのだと指摘しました」とある（全集2、六七頁）。これは老子の建物を本質的に「有効な虚空」としている道教思想に言及したもので、『茶の本』第四章〝Tearoom〟で展開された内容と重なる。すでに述べた第六章〝Flower〟にある文章もここには見られるから、セントルイス講演のための原稿は、美術館における講演準備と同じように『茶の本』へと結実していく。

実際には、フォックス・ダフィール社以外のプットナム社版がロンドンで発行されたが、ユダヤ系の経営者カーティスが双方に関係していたためであろう。

『茶の本』の最初の聴衆が上流婦人であったというのは間違いないが、その講演場所はボストン美術館であろう。後にボストン美術館東洋部長になる富田幸次郎が伝えたエピソードは、最も説得力がある。ボストン美術館の中国・日本部にボランティアとして協力していた女性（「柳会」会員）相手に行った講話が『茶の本』のベースであるという説である。英文天心著作集2巻に収録された「中国・日本部の仕事を助力してくれた婦人たちへの講話」がそのときの講話の記録であるが、マクリーンという助手が「草稿」をくずかごから拾ったものが『インターナショナル・クォータリー』誌に掲載されたのだ。

覚三は、『茶の本』一章で溜まっていた思いを吐き出したのである。その代表例が1で引用された「西洋人は、日本が平和な文芸に耽っていた間は……」であることは言うまでもない。もう一例は、次の文章であろう。

> 西洋の態度は東洋を理解するのに都合が悪い。キリスト教宣教師は、与えるために行き、受けようとはしない。諸君の〔日本についての〕知識は、通りすがり旅人のあてにならない話に基づくのでなければ、わが文学の貧弱な翻訳に基づいている。ラフカディオ・ハーンの騎士道的ペン、『インド生活の縦糸・横糸』の著者〔ニヴェディータ〕のそれが我々自身の感情の松明をもって東洋の闇を明るくすることはまれである。

余談になるが、弟の由三郎は、茶道にも言及した日本文化論を兄より一年前に出版している。同じ年にポルトガルの外交官で日本に帰化したモラエスも、『茶の文化』について発表していた。そのためか、*The Book of Tea* のポルトガル語版は刊行されていない。由三郎の *The Japanese spirit*（『日本の精神』）はロンドン大学で行った講演に基づいたもので、すぐに独訳も刊行されたが、広く浅いものである。にもかかわらず、覚三は、明治三十八年（一九〇五）五月二十九日付の奈良から出した手紙に、「夜半灯で『大和心』精かに読了。行文の快く詩に富み、論旨の公平穏実なる敬服の外なく兄なぞ《ママ》なまじの物たるが懐かしきまでに候」と評し、「一門の誇りであり、父上御存命ならいかほどに喜ばれたことか」と〝弟ばかぶり〟を発揮している。

二、『茶の本』への国際的反響

アメリカでの反響

斎藤隆三は、『岡倉天心』のなかで、「本書（『茶の本』）一たび米国に出でてたちまち全米を席捲する観あり、中学校教科書にまで転用された」と述べているが、すでにウォーナー父子の反応については前述した。ガードナー夫人周辺における反応は、今後の検討課題になるのだが、多分私だけが知っているエピソードを一つ紹介しておきたい。

二〇〇二年にガードナー美術館を訪問した際に予め三つ見せて欲しいものを手紙に記したことは前述した。その三つ目がガードナー夫人が所持していた『茶の本』であった。若い学芸員のリングナー君が初版本の頁を開いてすぐに、「おや、これは」と声を発したので、「どうしたのですか」と聞いてみると、「これはガードナー夫人がサージャントにプレゼントしたものです。サージャントの遺族が贈り主所縁の当館に寄贈したものです」との返事がかえってきた。サージャントは美人画の名手として知られ、わが国でも、フランスの貴婦人「マダムX」の画家として知名度が高まっているが、ガードナー夫人をモデルに肖像画を描いているし、ボストンのパブリック・ライブラリーの壁画を制作できたのは、同夫人の推薦があったればこそである。

アメリカの上流社会には、自分の好みの本をプレゼントするという習慣があった。一九〇六年にノーベル平和賞を受賞したセオドア・ローズヴェルトは、新渡戸稲造の『武士道』を友人に配ったし、ビゲロウと親しかった第二十六代アメリカ大統領が『茶の本』もプレゼント用にしたのではないかとの説もある。本のプレゼントで思い出されるのは、哲学者九鬼周造のことである。九鬼は、「根岸」「岡倉覚三氏の思い出」という随想の中で、パリ滞在中に英文の『茶の本』を丹念に読んで影響を受けるとともに、フランス人やドイツ人の知人に、自分が父のように慕った人物で、ベルクソンの講義も聞いていた詩人哲学者のこの著書をプレゼントしたと述べている。

話を本題に戻そう。覚三が『茶の本』で主張し、最初に訴えたかったことが、第一章 "The Cup of Humanity" における「茶の心とはヒューマニズムであり、反物質文化である」ということは、すでに言及したが、『茶の本』が刊行されてから三、四ヶ月後にいくつかの新聞、雑誌が書評*を掲載している。それらの中から注目されるものを二点紹介しておきたい。まずは、ニューヨークの週刊紙 *The Independent* 八月二十三日付を取り上げよう。同紙の書評は長いものではなく、簡単にいえば、第一章で覚三が述べている『茶の本』を刊行する意図、いいかえれば、何を主張したいかを書評の形態を取りながら代弁している。

書評のポイントは三つあり、第一には、「茶の宗教」という表現で「微笑の哲学」、茶道の宗教性に触れている。すなわち、「日本では茶道すなわち、宗教である。それは美しいものへの崇拝であり、神として祀られた審美主義であり、一言でいえば、偽装した道教である。日本人は香を焚くのと同じように茶を飲む」としている。東郷登志子氏も指摘していることだが、第三章

「道教《タオイズム》と禅道《ゼニズム》」は、茶の文化という大きな主題に道教と禅道を第二主題として重ねあわせるためのものであったと思う。

第二には、『茶の本』が小著でありながら、茶道の歴史・詩歌・象徴主義や、日本における茶道と宗教・芸術の関係を概観するとともに茶の全哲学を凝縮させている総合性のある本であるとの評価を下している。

この指摘と類似のことを大岡信氏が『岡倉天心』で指摘している。

『茶の本』はいろいろな読み方ができるであろう。いうまでもなく、茶道入門書として読めるであろう。また、道教思想を中心とする東洋思想入門書としても読めるだろう。ただ、もう一つの読み方があるのに思いあたる。つまり、芸術論として読める。私は実のところ、今までこれを芸術論として読んできた。

第三には、『茶の本』前半部分のよく引用される一節「西洋人は、日本が平和でおだやかな文芸に耽っていたときは野蛮国とみなし……」を引いて、「白人人種はこの性質（日本独自の詩的国民性）のために、日本人が満州の戦場で手柄を立てるまで真剣に彼らのことを考えることができなかったのである」と指摘している。これを理解するには、『茶の本』に先立って刊行された『日本の目覚め』や『東洋の理想』に示された黄禍論（日清戦争後にドイツのヴィルヘルム二世によって再燃した人種差別をあからさまにした反日論）とともに、覚三が時にはイギリスの芸術家ウィリアム・モリスと同様な反物質主義に立ち、西洋的合理主義の対極に東洋あるいは日本の芸術・文化を位置づけていたことを知る必要がある。一言でいえば、当時のアメリカ大統領セオドア・ローズヴェルトの政策原理の一つであった「社会進化論」に反発していたといえよう。もちろん、大学時代の教育から覚三が基本的には社会進化論の立場に立っていたのは確かである。

シカゴの有力紙『ザ・ダイアル』*The Dial*（四八五号、一九〇六年九月一日）に掲載された「茶人の儀礼」"The Cult of the Cha-jin"というタイトルの書評は、フレドリック・グーキンの署名入りであった。評者はシカゴ出身の博物館学芸員を務めた後に評論家に転じた人物で、九ヶ月前には『東洋の理想』の書評を『ザ・ダイアル』に執筆していた。また、メトロポリタン美術館の『紀要』で日本画について論じている。まずは前半部分を要約紹介しておこう。

茶の湯の形式はすでに十分に説明されているし、実際に茶の湯を習っている在日外国人さえいる。茶の湯に対してはいろいろな立場があり、この高貴な芸術を修得しようとする者は、「もっとも興味深い」といい、一般的な観察者は、「面白い習慣だ」という。また、茶の湯に否定的な人は、「子供っぽい」と評し、精神的な退屈さを見抜く。少しは理解を示そうとする者は、「へそまがりな茶人の審美主義」として茶の湯を否定する傾向にある。

岡倉覚三の『茶の本』は、いくつかの魅力ある随想を通してまさしく審美主義について論じている。『茶の本』という題名が誤解を招きやすく、芸術鑑賞についての探求の書であるのに、茶の種類や、茶が市場に出回るまでのプロセスを論じた論文と間違えられてしまう。『茶道――審美主義の宗教』とか、『茶の湯の哲学』とした方がこの本を対象としている読者の注意を促すのに適していると思う。しかし、断言はできない。また、文学という美しい花が雑草に埋もれてしまわない限り、読者層が広がっていくはずの書物である。

また、題名での提言にも示唆されているように、評者のグーキンが『茶の本』をよく読みこんで理解していることは、難解な「三章　道教と禅道」の要約、解釈にもうかがえる。

〔利休は〕派手な絵、けばけばしい色彩の衣服を捨てて、原始の状態にあった簡素さに戻れという福音を説いた。使用する者の心や魂が清ければ、台所にあるもっともありふれた茶碗を使えばよいのだ。〔中略〕彩色の鮮やかな絵よりも、数筆の墨絵の方が好まれるのも、遡って見ると禅宗の抽象哲学に端を発している。〔この哲学の〕すべての根底にあるのは美に対する鋭い喜びであり、芸術的高貴さに達する鑑識である。〔中略〕芸術のあらゆるジャンルの作品、建築・彫刻・造園・生け花・短歌、またあらゆる行為も、それに似た観念によるかどうかを見る茶人の厳しい吟味を経て認められたものでなければならない。

岡倉氏のエッセイは茶人の真の精神のもとに生まれ、完成された。その筆致は軽く、言葉の選択は正確で、明確な表現である。彼の言葉が控えめなので、最初読んだときにはこの書の背景をなしている学問的深さにほとんど気づかされない。

グーキンの書評は、「本書が読者に伝えたいことは、物質主義の蔓延している二十世紀に必要なことは精神を向上させることである。岡倉氏の誘いを受けて茶でもすすろうではないか」と一章最後の文章のパロディーで結ばれる。

フランク・ロイド・ライト

二十世紀を代表する建築家フランク・ロイド・ライトのプレイリー用法と呼ばれる方法がシカゴ万博の日本館（『鳳凰殿』と茶店）や道教の影響を受けているといわれている。ライトはアメリカのパビリオンで仕事をしていたから、日本館の建築現場を見学していたと考えるのが自然である。また、建築史の藤森照信氏によれば、ライトの「ユニティー・テンプル」と日光東照宮の平面図には相似性が認められる。もっとも、ライトが『茶の本』を手にするのは、関東大震災で破壊された帝国ホテルを再建するための設計を行った後である。すなわち、一九二六年にダフィールド社より出版された『茶の本』に序文を寄せた当時の松平駐米大使から贈呈された『茶の本』を読んだ。この本に出会ったときの感想をライトは、『自伝』のなかでこう述べている。

私は駐米日本大使から送られていた小冊子を手にした。それは岡倉覚三の『茶の本』というタイトルの本であった。あなた方の中には読んだ人もいるだろうか。頁をめくっていると、中国の偉大な詩人で預言者であった老子の次の言葉にぶつかった——部屋の実在性は、四方を囲んでいる壁と屋根ではなしに、その中にある空間にある。私はこの考えを自分の「発見」だとずっと思いこんでいたのだが、これが古代東洋のものであるということを『茶の本』で知ったのである。

ライトは青年時代から設計の仕事に携わるなかで空間・虚無ということにたどりついていたが、その深い意味を十分には理解していなかった。ライトと日本文化の関係を研究しているオレゴン大学のケヴィン・ニュート氏は、浮世絵のコレクターであったライトがグーキンと親しかったから、『茶の本』の存在や評判はだいぶ以前から知っていたはずであると推測している。けれども、この本がライトの専門分野に関する部屋 room に割いているとは思いもよらなかったので目を通していなかったようだ。ライトが老子の「有効な虚空」の思想を学んだのは、著名な宗教学者ポール・ケイラスが英訳と解説を書いた『老子の道徳経』と考えている。その理由は、覚三が老子を Laotse と綴っているのに対し、ライトはケイラスと同じ Laotze と綴っている。なお、鈴木大拙は、ケイラスの *The Gospel of Buddha* を『仏陀の福音』と訳している。

ライトへの『茶の本』の影響については、二〇〇五年にワタリウム美術館で開催された「天心展」カタログ『岡倉天心　日本文化と世界戦略』（平凡社）巻頭に執筆した論稿で磯崎新氏も、ライトが『茶の本』の中に「発見」し、学んだ「道教の虚無と建築空間」を建築家の立場から分りやすく解説している。

ヨーロッパにおける反響

第二次世界大戦以前のヨーロッパ言語への翻訳では、ドイツ語が最も早くて一九一九年、二年遅れてスウェーデン語訳が出た。『日本の目覚め』の訳本をすばやく刊行したポーランドは、管見では一九八七年まで訳本を刊行していない。ムッソリーニが大観を歓迎し、一九三七年に枢軸国となったイタリアでの訳本は一九五四年まで刊行されなかった。

次に、イギリスとフランスにおける書評を簡単に紹介しておこう。先ずはロンドンの文芸誌『ディ・アセニウム』*The Athenaeum* の十月二十七日号の書評を紹介する。これは、堀岡の論文以来、立木の解説書やハーヴァード大学の学位論文（村井、二〇〇四）にも引用されている。また、一九一九年にＴＮフォーリス社から出版された版は、それまでの書評での提言を参考にしてか、「日本の芸術・文化のハーモニーと簡素な日常生活」という副題が付けられた。

イギリスにおける『茶の本』への反響の今後の検討課題として筆者が考えているのは、美術評論家・鑑定家として活躍し、とりわけ、ニューヨークのメトロポリタン美術館におけるポスト印象派のコレクションに影響力を発揮したロジャー・フライがどう読んだかということである。

フライは、『茶の本』刊行以前からガードナー夫人のサロンやロンドンで覚三と親しくしていた。現時点では、フライ書簡集に収録されている妻のヘレンに宛てた手紙(一九〇六年十一月三十日)にある一文のみしか紹介できないが、"some quite amazing revealing things in it" (*The Book of Tea*) として感嘆した内容は、一言でいえば「癒し」ということである。すなわち、ロジャー・フライは、都会の生活で神経を病んでいた妻に「この書がデューイングの風景画の森や緑のような効果を発揮するであろう」と、読むように薦めたのである。

フランスでは、『東洋の理想』と『日本の目覚め』が一冊の本として翻訳刊行された第一次世界大戦以前に、『茶の本』の刊行が進められていた。それは予告広告が出る段階にまで達していたが、訳者が戦死したために、フランス語訳の刊行は十二年後の一九二七年まで待たなければならなかった。最初の翻訳が計画される契機になったとも思わせる書評が一九一四年二月八日に有力紙『ル・タン』*Le Temps* 紙に掲載されていた。書評のタイトルは「茶の宗教」であった。残念ながら、筆者は *The Book of Tea* を事実上最初に仏訳したムーレイ氏の序の紹介を読んだだけで、書評は未見であるので推測になるが、『ディ・インデペンデント』の書評や、グーキンによる「『茶の本』は茶の湯の哲学を説いた本」という理解と類似の見解が述べられていると直感した。

最後に一つのエピソードを紹介しておこう。ベルクソンやサルトルとも交友のあった日本を代表する哲学者の一人は、フランス語訳が出版される以前にパリの知人たちに *The Book of Tea* をプレゼントしていたという。その人物とは、母親と親しかった覚三を父親ではないかと思ったともある『「いき」の構造』の著者で九鬼隆一の息子、九鬼周造であった。

インドでの反響

インドでの反響についてはあまり注目されていないが、覚三の最晩年の「ラブ・レター」あるいはその詩的表現が詩人で評論家の大岡信氏によって有名になったプリヤンバダ・デヴィと覚三との往復書簡（岡倉古志郎は「相聞歌」と表現）のなかで『茶の本』が話題になっていたことはあまり知られていない。けれども、『天心全集』別巻に収録されている覚三の手紙から、この点に早くから注目していた作家がいた。大原富枝『ベンガルの憂愁』（一九八六）には、「岡倉天心とインド女流詩人」というサブ・タイトルがあり、二人の間で『茶の本』が話題になっていたことを往復書簡から明らかにしている。

プリヤンバダ

ディンキンズ氏（ケンブリッジ大学の教授で、ロージャー・フライが紹介者）があなたについて私に尋ねたことをご存知ですか。私たちは、あなたの『茶の本』の花の章を話題にしていたのですが、そのとき突然に彼はいったのです。岡倉さんは魅力的な人ですか。私はドキッ

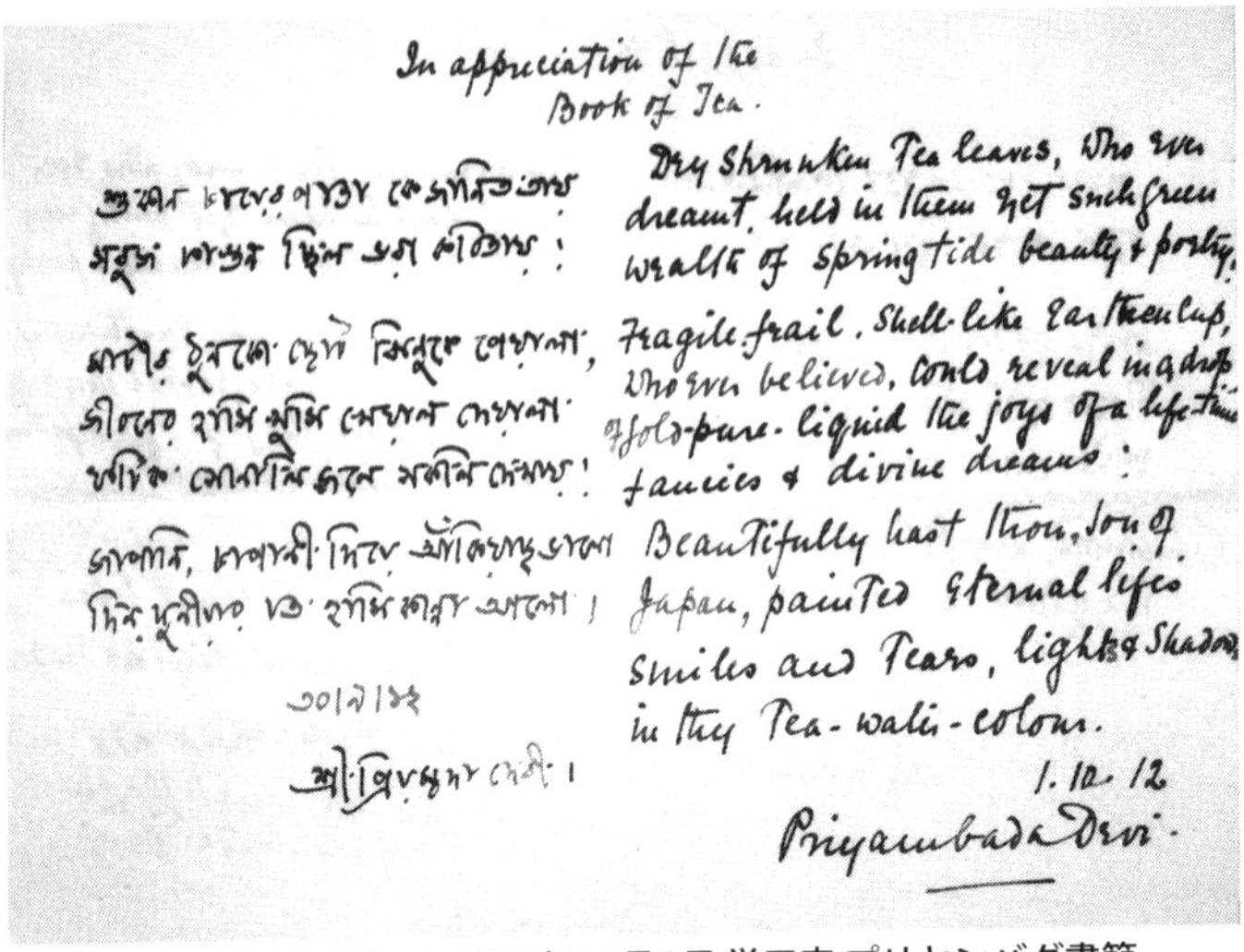
In appreciation of the
Book of Tea.

Dry shrunken Tea leaves, who ever
dreamt, held in them yet such green
wealth of springtide beauty & poetry.
Fragile frail, shell-like Earthen cup,
who ever believed, could reveal in a drop
of gold-pure liquid the joys of a life-time
fancies & divine dreams:
Beautifully hast thou, son of
Japan, painted eternal life's
smiles and tears, lights & shadows
in thy Tea-water-colour.

১০।৯।১২

শ্রী প্রিয়ম্বদা দেবী।

1.10.12
Priyambada Devi.

「『茶の本』を称えて」1912年10月1日 覚三宛 プリヤンバダ書簡
（茨城県天心記念五浦美術館蔵）

としました。そしていいました。そうですね。彼はとても無口な人です。老先生はその暗示に気づかずに話し続けました。〔プリヤンバダより覚三へ一九一三年六月十三日付〕

それではプリヤンバダは、いつ、どのようにして『茶の本』を入手したのであろうか。大原はこう推測している。二人が会ったのは一九一二年九月十六日から十月六日の期間に三回ほどであり、初対面の折に覚三が贈呈し、何度も繰り返し読んで感銘を受けたからプリヤンバダは、この本を称える詩を作り、十月一日に覚三に贈った。『日経新聞』（二〇〇六年十月二十九日）にも掲載された詩の書き出し部分を紹介しておこう。

乾いたしわしわの葉よ
いったい誰が夢見たであろうか
こんな乾いた葉の中に
かくも緑なす春の潮の歌と詩と美が保たれていたなどと

『岡倉天心全集』には、プリヤンバダが〝『茶の本』を称えて〟を贈った三日後に、ベンガルの詩人プロモトナート・チャウドゥリが創作した『茶の本』献辞という詩が掲載されている。

『茶の本』献辞

日本に茶の湯の道を教えたのは中国
心を染めつけた　かの国の黄の色
目をほのめかす茶の酔いは　ひと日を夢にひたらす
インドの幻影はといえば　それとは違う様式だ
私たちは知っている　サフラン色は褪せることなく
埃の灰色によごれた　心の血潮
茶葉は心を解き放つ熱く流動する黄金

魂の本性があると　黄色の帰依者は見るのだ

緑の葉に黄色はしるす　最後の言葉を
だから草稿に読むのは　黄金への嫌悪
秋には春が満ちていると知って　日本人は
美の限界を守る　まだ訪れぬ死に魅せられて

（臼田雅之訳をベースに表記修正）

チャウドゥリについて調べてみた結果、プラモトナート Promoth Nath は英語でプラマタ Pramatha と表記されている詩人ではないかと思う。この人物は、タゴールの姪インディラと一八九九年に結婚し、ベンガル・ルネッサンス運動をタゴールと一緒に行った詩人であり、覚三と接触しえた。しかも、インディラがプリヤンバダの叔母であり、大家族のタゴール家で親しく接していたから、プロモトナートやプリヤンバダらが『茶の本』を同じ時期に読み、感想を語り合ったことは大いにあり得る。

大原は引用していない一九一二年の年末か翌年早々にボストンから出された手紙にも、『茶の本』の言及がみられる。それは筆者にとても興味深い想像を掻き立てる。

私の馬鹿げた『茶の本』〔全集6の「茶」の本は誤植〕に関するご親切なお力添えまことに痛み入ります。あまりまじめにお考えにならないで下さい――そんな値打ちはございません。一語一語、ご随意に切り刻み、打ちのめし、殺してやって下さい。あなたの美しい言葉づかいが、この本を蘇らせてくれると信じています。どうすればベンガル語を修得できますか。

これは明らかにプリヤンバダが『茶の本』をベンガル語に翻訳しようと試みていたことを意味している。ベンガルの知識層は英語が堪能であるからベンガル語への訳は必要ないとも思えるが、詩や文学に適したベンガル語に愛する人が自著の翻訳を試みたことを知った覚三は、小躍りしたい気持ちになったにちがいない。

プリヤンバダらが『茶の本』に感銘してから百年近い歳月が経ったが、未だにベンガル語版は出版されていない。しかしながら、数種類の英語版が現在でも廉価で刊行されていることは、日本や欧米と同様に、インド、バングラデシュなどで『茶の本』が現在も読者を得ていることを示唆しているのである。

覚三死後の『茶の本』翻訳

フランスでの翻訳の刊行については前述した。他方、鷗外とも親交のあった覚三の『茶の本』のドイツ語訳がライプツィヒで刊行されるまでには、七年かかっている。その一因は内容の豊富さ、難解さではなかろうか。ドイツ語の次に出た訳本は、スウェーデン語で、一九二一年にストックホルムで発売された。

イタリアには日本に印刷技術を伝達したキオソーネがいた。キヨソーネは、浮世絵コレクターとしても知られているが、コレクションの整理に携わったのは覚三の弟由三郎で、ジェノヴァを訪れた折には地元の新聞に紹介されたが、後には天心と誤って知られてしまった。キヨソーネがもう少し長生きしていれば、『茶の本』のイタリア語訳がもっと早かった可能性もあるが、管見では、イタリア語訳は一九五四年まで刊行されなかった。

ムッソリーニ統治時代に横山大観が招待されてローマで美術展を開催し、ムッソリーニとも親しく交流したことや、一九三七年に同盟国となっていたことからすれば、一九三〇年代に翻訳されていても良さそうなのだが、翻訳されなかった一因は、茶道文化が当時のイタリアに普及していなかったためであろう。

スペインでは、スペイン語とバルセロナ周辺でのカタローニャ語の訳本が一九七八年に同時出版された。他にもヨーロッパ系言語の翻訳には、エスペラント語（一九六五）、ルーマニア語（一九七六）、クロアチア語（一九八三）、スロヴァキア語（一九九四）がある。

ところで、アジアでの翻訳であるが、天心生前に注目されたインドやバングラデシュでは未だにヒンドゥー語やベンガル語訳は刊行されていない。中国では一九四五年に部分訳が『立春以前』に掲載された。ベトナム語訳は十数年前に出ており、ボストンの公共図書館で手にしたことがあるが、刊行年を控えるのを忘れてしまった。

日本での翻訳は、二十以上あるが、インターネットからも調べられるのでここでは省略する。

初版本の誤植について

誤植と誤訳という対象は、覚三＝天心伝という本書の目的から益々逸れてしまうので、いくつかの例を示すに留めたい。

先に紹介した一九〇六年の書評に、「Yosimasa が Vosimasa になっているのは次の版で修正されなければならない」との指摘があり、一九一九年のエディンバラ版ではスペリング・ミス以外でも "a vase on an incenannse burner" の on が or に正された。最初にまとめて訂正されたのは一九三五年のオーストラリア版（アンガス・ロバートソン社）で、一九六四年にアメリカで発行されたドーヴァー社版でもまとめて修正がなされた。山口静一氏が二〇〇六年三月に重要な指摘をされた。もっとも大きな内容に関わる誤植は、道教思想理解に関わるものである。

「絶対は相対である」「彼らは法律と社会の道徳律を罵倒する」などに続いて、「定義は常に制限であり、〔一定〕〔不変〕は単に成長の停止を表す言葉に過ぎない」とある。英文では不変の原語は unchangeless であるが、これでは二重否定であり不変にはならない。したがって研究社版では誤植と考えてか unchangeness に改められた。しかしながら、アメリカでの二〇〇一年の版でも訂正されていない。以上の点は less と ness の誤植として処理もできる。

けれども、引用文に直接続く屈原の言葉は、校正ミスでは済まされない。それは社会の変化に対応する道士 Tao の処世法を述べている『楚辞』（屈原の作品を中心に編纂された中国戦国末期の楚地方の歌謡集）の「漁夫」を引用した部分である。邦訳すれば「聖人は物に凝滞しないで、よく世とともに推移す」となる文を覚三は The Sages move with the world と英訳したはずであるが、初版では、with の脱落に気づかないまま印刷された。日本の研究社英語版には with がつけられたが、他の英文[**]は初版のままである。また、村岡の初訳以来、大半の邦訳は『楚辞』にあたっているので、「聖人（は）、世とともに推移する」と訳出している。欧米では、原典を知らないままに、すなわち道教における思想を理解しないままに、西欧的な聖人観からすれば理にかなっている「聖人が世の中を動かす」の誤記を訂正しなかったのであろうが、ラファージのケアレスミスが大きな内容の取り違いへと導いた（元凶は校正できなかった覚三である）。ちなみにスペイン語版では、move に revolucionan をあてているから、聖人が革命家になってしまっている。それならば、屈原は自殺しなかったであろう。

　人物や作品などの固有名詞についても不明なものが未だに多い。国内外で何十種類もの訳本が刊行されているにもかかわらず、二〇一三年現在十数種の邦訳が刊行されていても、文語体で読み難い村岡博以上の訳注の本が現れていない。言い換えれば、『茶の本』研究は、まだまだ開拓分野を残しているのではなかろうか。

三、『茶の本』の構成と読み方、読まれ方

The Book of Tea『茶の本』の構成

The Book of Tea は、The Cup of Humanity（人情の碗）から Tea-masters（茶の宗匠）までの七章構成となっている。邦訳本文は六十頁に満たない本で、英文原本はその半分にも満たないから、「虫の翅《はね》」（松岡正剛）のような冊子である。けれども、内容はきわめて濃厚な濃縮ジュースのようである。

まずは章題をあげておこう。

Ch.1 The Cup of Humanity（人情の碗）
Ch.2 The Schools of Tea（茶の諸流）
Ch.3 Taoism and Zennism（道教と禅道）
Ch.4 The Tea-room（茶室）
Ch.5 Art Appreciation（芸術鑑賞）
Ch.6 Flowers（花）
Ch.7 Tea-Masters（茶の宗匠）

『茶の本』（岩波版）目次には各章の内容要約的な語句が記されている。これは以下で参照する松岡千夜千冊『茶の本』のモナロジー（mono- logy）とともにポイント理解に役立つ。道教については

ラファージ先生の蔵書や英文の大事典も活用しながら中国の古典・漢詩などを引用している。種本ともいえる陸羽『茶経』は日本から持参していた。

引用文には記憶違いもあろうが、故意の変更もみられる。一例をあげれば「三聖人吸酢図」は、ネットで検索すると『茶の本』第三章で覚三が示した解釈が紹介されているが、山口静一氏によれば、「オリジナルは道教、仏教、儒教の三教が同じ教えを説いていることを示すもので、釈迦〔ブッダ〕も、孔子も、酢を舐めれば酸っぱいと言った」という話である。それを覚三が三教義の特徴を示すために、人生の象徴酢瓶から舐めた酢の味を釈迦は苦い、孔子は酸っぱい、老子は甘いと言ったと三者三様にアレンジしたというのが山口氏の解釈である。覚三はこの三教について、仏教は宗教、儒教は道徳・倫理、道教は美術の教えであると考えていた。

三聖人吸酢(日光東照宮)

第三章の章題になっている Taoism and Zennism の Zennism (禅道)は、Taoism への対として覚三が考えた造語という(東郷 二二二頁)。一八九三年の世界宗教者会議の報告には出てこないのか確認が必要であろうが、訳者・解説者によっては Zen 禅としているが、オリジナルは Zennism (禅道)

である。『茶の本』七章の利休の自死における五言絶句をサブタイトルにされている木下長宏氏も構成紹介で「道教と禅」とされている。Zen は英語の辞書にある一般的用語であるが、覚三はTeaism と同じく、道としての禅を示すためにZennism という造語を作り、使用した。これに関して、堀岡氏は『岡倉天心との出会い』（二〇〇〇）九八頁に、「接尾後の ism を付けると、その言葉に対する信仰ないしは信念を示す。イズムに相当する日本語は―教、―主義である。たとえば、ブッディズム＝仏教、道、つまりタオにイズムを付けて道教となった」と説明されている。

二章の Schools は、諸流、流派、諸派と訳されているが、千家における裏、表、江戸、武者小路というような流派と誤解されがちである。ここでは茶の進化をおおむね唐、宋、明の三期における「団茶の時代」「抹茶《ひき》の時代」「煎茶の時代」に分けている。団茶＝固形茶（cake-tea）は細かく削ったものをゆでて飲み、粉の抹茶は湯の中で泡だてて飲み、ダシ茶（煎茶）は成分を湯で溶かし出して飲む。八世紀半ばの陸羽が著わした「茶経」＝茶の聖典には、水の選定、煮沸の度合いなどの茶の点て方や、茶葉の選択、茶摘みの道具から茶道具の説明などが細かく書かれていた。抹茶に最も関心を寄せた覚三は、陸羽が茶を調和と秩序のある理想の域に達せさせた茶道の鼻祖（first apostle 始祖）としている。

ところで、覚三は、幼少時より英文に慣れ親しんでいたから、英語小説やことわざなども引いている。シェークスピアの『から騒ぎ』*Much ado about nothing* と『テンペスト』*Tempest* を織り込んだ第一章第四パラグラフにある「よその目には、つまらぬことをこのように騒ぎ立てるのか、実に不思議に思われるかもしれない。一杯のお茶でなんという騒ぎだろう」がその最初の例である。英語圏の聴衆、読者を意識していたからであり、欧米人の人種偏見の例としてはスウィフトを引いている。

数ある邦訳は、苦労され工夫しているが、原文の洒落や詩的リズムを表現しきれていない。『茶の本』が『東洋の理想』や『日本の目覚め』と大いに異なる点がその詩的文体にあることは研究者が認めているところである（金子敏也 二六〇頁、東郷登志子 一〇七〜一一一頁）。翻訳の問題性はフランス文学を英語で読んでいた覚三も十分承知していた。『茶の本』第三章にも、「翻訳は常に叛逆（treason）であって、よくいったところでただ錦の裏をみるに過ぎぬ」とある。しかしながら、私のような凡人には邦訳は有り難いし、何種類かを読み比べるとよいであろう。ただし、茶の本の訳註や解説本でも、出典研究が不十分であり、共同研究による『茶の本事典』のようなものが刊行されていないことは残念である。最終章の利休の自害に関する覚三の解釈の意義については、熊倉功夫氏をはじめ利休や茶道研究家によって論じられている。

Ch.1 The Cup of Humanity

humanity は、覚三が一九〇四年以降頻繁に用いるようになった語彙とされているが、もともと humor ユーモア好きであった。その例としてはシェイクスピアの喜劇、落語などの趣味と覚三の洒落のセンスを伝えている有名な話を紹介しておこう。ボストン近郊を歩いているときに若者から声をかけられ、“Which-nese are you ,Chinese, Japanese or Javanese?” と何人《なにじん》であるかを聞かれた。これに対して覚三が逆にこうたずねたという。“Which-keys are you, Monkey,Yankey or Donkey?” ちなみにDonkeyにはロバのほかに間抜けの意味もある。

章題の邦訳には二つの問題が含まれている。一つはhumanityを「人間性」とするか、「人情」と訳すかである。茶というテーマから「人情」の方がよかろうとの意見の方が有力である。このタイトルの付け方にも覚三のユーモアのセンスが反映されているとみるのは、山口静一氏である。同氏は、humanityにはhuman Teaという意味が隠されており、A Cup of TeaだからCupは当然茶碗だとする。二〇〇七年に新訳『茶の本』を上梓した大久保喬樹氏も、その四年前に『日本文化論の系譜』の中で、「天心が英語に熟達し、講話のような場合に効果を発揮する機知、ユーモアに長けていた。The Cup of Tea〔人情の碗〕もA Cup of Tea〔一碗の茶〕のもじりである」と述べ、自身の訳文は「茶碗にあふれる人間性」としている。筆者はこれを定説としたい。また、ヒューマニストはユーモアを解する人間であり、Ch.1第三パラグラフにある“with too much tea”「あまり茶気がない」と訳されるが、茶気、茶目っ気は、ユーモアと同義語である。

二番目の問題は、Cupが茶碗なのか、盃（酒杯）としても使用されているかである。岩波版の訳者村岡博と同じく岡倉由三郎の羊々塾門下であった福原麟太郎は、一九二二年にこの章を『亡羊』誌上に最初に邦訳したときに、「人道の盃」と訳している。けれども、それから四年後に村岡が「人情の碗」と訳した岩波文庫版に解説を書いているから、初訳では単にCupを盃としたが、村岡の碗に同意したのであろう。二〇〇五年に『茶の本』の文体研究に力を注いだ東郷登志子氏が「人間性の器」と訳し、その理由として、英文原書では cup と tea-cup が区別されているし、酒の神バッカスへは、献茶よりも盃＝酒杯での献杯のほうが相応しいとされている。ここだけ読むと説得力があるが、*The Book of Tea* の巻頭の章ということから、少なくとも章タイトルの Cup は、茶碗であると素直に考えてよかろう。第四パラグラフ（岩波版の二二頁）の文脈の前半からは、東郷氏の主張されるように Cup は欧米人が聖体拝領に基づくワインの聖杯や酒宴の盃ととれるが、後半部分の中国の例にある liquid amber 琥珀色の液体や queen of the Camellias が cup にそそがれているのが茶であると思わせる。

茶は椿科であるが、表千家の『茶の本』研究会に「カメリアの会」がある。この会所属の川原澄子『茶の本を味わう』は、各章のポイントを抽出され、用語解説も親切である。裏千家の淡交社からは *The Book of Tea* の翻訳をだされ、博士論文で覚三を扱った立木智子『岡倉天心「茶の本」鑑賞』がある。他にも千家の「英茶会」で話された山崎武也氏の『岡倉天心『茶の本』を読む』がある。

戦国時代と明治時代、どちらの日本が野蛮か

以上に紹介した『解説本』や訳書解読でもそうだが、第一章の注目点は、文明化、先進国の基準とはなにかである。すなわち、「西洋人は、日本が平和な穏やかな技芸にふけっていたとき、野蛮国とみなし満州の戦場で大々的殺戮を行い始めて以来、文明国と呼んでいる。近ごろ武士

道（わが兵士に喜び勇んで身を捨てさせる死の術）について盛んに論評されてきたが、茶道にはほとんど注意がひかれていない」ということである。

保田與十郎や浅野晃とともにカリスマ天心像の生みの親でもある斎藤隆三『岡倉天心』では、『茶の本』には『東洋の理想』の十二頁に比し五頁しか割いていないが、「死の術」でなく、「生の術」を説いた『茶の本』が「お国のため」に役立ったことを強調している。覚三は、日本文明の本質が武士道という「死の術」にあるのではなく、お茶という「生の道」「生の術」にあるのだと主張し、日露戦争で国際社会の眼に晒されるようになった日本人が「好戦国民」と誤解される危惧を払拭する結果をもたらした。この点について斎藤は「日常を優雅に活き、平和愛好を国民性として保っているもの実に日本本来のすがたであることを紹介しようと企てたものが、即ち、『茶の本』の生命とする」（吉川版 一七一頁）と記している。

『日本の目覚め』が「お国のため」に役立ったが自己撞着に悩んだことにふれたが、『茶の本』は、自己に忠実でありつつ、「文化大使」としての役割を果たし満足していたように思う。一雄によれば、「（父が）自分は武器を手にせず、筆の力で国の役にたった」と語った。

松岡モナドロジーを参考にして

良書選定のプロと自他ともに認められる松岡正剛氏は、千夜千冊の七五夜で『茶の本』を取り上げ、「『茶の本』をわずか十箇条のモナドロジーに集約していて参考になるが、以下では一章に関する最初の二項目のみを紹介する。

①西洋人は、日本が平和な穏やかな技芸に耽っていたとき〔とくに十六世紀か〕、日本を野蛮国とみなしていたのである。だが、日本が満州の戦場で大殺戮を犯し始めて以来、文明国とよんでいる。

「日本が大殺戮を犯しはじめ」とあるが、旅順をはじめ日本軍兵士が十数万人戦死していたことも、覚三は知っていたであろう。明治の思想家、とりわけ仏教史を専門とされている末木文美士氏は『明治思想家論』の第十一章「アジアは一つか?」で『茶の本』に言及され、「ここには、それまでの著作に顕著に見られた政治性を捨て、生の憂愁に満ちた美の追求者天心の内なる声が結実している」と評価した後に、①に続く「もしもわが国が文明国になるために、身の毛もよだつ戦争の光栄に拠らなければならないとしたら、喜んで野蛮人のままでいよう」を引用して、「好戦的態度を転換して、戦争に批判的視点を示している」と述べている。日露戦争開戦期に執筆を余儀なくされた『日本の目覚め』と和平条約締結期に刊行された『茶の本』とではわずか二年足らずの期間でも世界へのアピール内容に大きな変化がみられた。その意味では、『茶の本』には、秘められた政治性があったのではなかろうか。

②いつになったら西洋は東洋を理解するのか。西洋の特徴はいかに理性的に「自慢」するかであり、日本の特徴は「内省」によるものである。

これには補足説明が必要になるであろう。要するに西洋と東洋の隔たりに言及したもので、十六世紀に来日した宣教師は、自分たちのキリスト教文明を、十九世紀の産業革命後に来日した欧米人は物質文明、科学を理性的に「自慢」して、相手の言い分を認めようとしなかった、いわば文化的侵略者だった。日露戦争後の日本のアジア諸国に対する態度もそれを踏襲していたことを指摘することは、けっして自虐史観ではないと思う。「日本の特徴は内省による」の部分は、第三パラグラフ冒頭にある「日本が長い間世界から孤立していたのは、自省（introspection）する一助となって、茶道の発達にとって好都合であった」を念頭においたものである。

「東西文化の融合」に関しては次項「双龍争珠」に詳しいが、東西が争いをやめ、相互に理解し合い共生するために一つの部屋に集って、一服のお茶を飲みながら、対話をしようというメッセージで、「人情の碗」は、結ばれている。

われわれは大権化 great avatar〔インド哲学に起源のある化身のことか〕の出現を待つ。まあ茶でも一口すすろうではないか。明るい午後の日は竹林にはえ、泉水はうれしげなる音をたて、松籟はわが茶釜に聞こえている。はかないことを夢に見て、美しいとりとめのないことをあれやこれや考えようではないか。

大久保喬樹氏は、この最後の句“the beautiful foolishness of things”「おろかしくもうつくしきもの」という表現こそが『茶の本』の思想を一言で要約するようなキーワードとみている。

「双龍争珠」

横山大観には一九三六年に皇室に献上した「龍咬躍四溟《りゅうこうしめいにおどる》」をはじめ、龍の絵が何点かある。狩野派の画にあっては、龍は虎とともに力の象徴として描かれることが多い。中国の南部における道教＝老荘思想では、龍は変化の力＝至上の力を意味し、天子の身体を「龍頭」とか「龍身体」の文字で表現する。『東洋の理想』四には、『史記』からの「余（孔子）は魚の能く泳ぐを知り、鳥の能く飛ぶを知るが、竜の力に至っては余はこれを測ることができない」との一文が引用されている。

大観が描いた「双龍争珠」を題材にした画も、表面上は力の象徴として龍を描いているが、内面的には融合の象徴として龍を描いたと推量させる。大観が天心岡倉覚三の理想を表現したとの仮定も成り立ち、「双龍争珠」は、『茶の本』第一章の結語部分の挿絵に使用できる。そこには「東西両洋は、立ち騒ぐ海に投げ入れられた二竜のごとく、人生の宝玉を得ようとすれどそのかいもない。」（翻訳は岩波文庫版による）とある。確かに、覚三は挿絵入りの『茶の本』豪華本の出版を

横山大観「双龍争珠」（横山大観記念館蔵）

心積もりにしていたようだが、大観が「双龍」をテーマとする画を制作したのは *The Book of Tea* 刊行よりも前であった。すなわち、一九〇四年に日露戦争の最中にアメリカで描かれていた。

だからといって、このテーマが覚三の思想と無関係であったとはいえない。すなわち、一九〇三年に刊行され、その前年にインドで構想されていた『東洋の理想』「十四　明治時代」において、覚三は次のように述べている（翻訳は講談社学術文庫版による）。

> 日本人の心を束縛している二つの強大な鎖があり、双方竜のごとくとぐろを巻いて、それぞれが生命の宝珠の独占者になろうとして争い、ときどき両者とも、狂瀾沸騰《きょうらんふっとう》する大海の中に姿を没する。その一つは特殊具体的なるものを通じて流れる普遍的なるものの雄大な

幻影に溢《あふ》れたアジアの理想であり、もう一つは、組織立った文化を持ち、分化した知識のことごとく揃《そろ》えて武装し、競争力の切先もするどいヨーロッパの科学である。

融合の象徴としての龍

日本で昔から語り継がれている龍は、旱魃を救うために雨を降らせるとともに、要石、すなわち鯰が起こした大地震で亀裂の入った日本列島を安定化に導く存在でもあったことは一六二四年の「大日本国地震之図」によって推測できる。それは龍蛇＝大蛇《おろち》といってよかろう（黒田日出男『龍の棲む日本』岩波新書参照）。

文明史の視点から龍の研究をした安田喜憲氏は、『龍の文明史』（八坂書房）の中で、一つの龍が超越的秩序を重視する融合思想と創造されたとみなし、今こそ、東アジアの文明史を牽引した北の融合思想と南の循環思想の二大思想潮流に学ぶべきであると提唱されている。また、安田氏は、「紅龍から青龍」（『宗教と文明』所収論文、朝倉書店）では、「小さなこの限られた地球の中で人類が生き延びるためには、自然と人間の共存をはかり、欲望をコントロールし、異民族・異宗教との共生と調和をはかることがなによりも欲求されているのである」とし、二十一世紀にはハンチントンの「文明の衝突の時代」ではなく、「文明融合の時代」を創造しなければならないと述べている。

余談になるが、宮崎アニメ『千と千尋の神隠し』で千尋が思いを寄せる少年は白龍の化身であった。このアニメでは、自然のみずみずしさ、自然と人間の霊的交流などが中国的背景を用いて、空想と現実を織り交ぜながら日本の生活を素材として普遍的に愛と人間の心が描かれていた。そこには、『茶の本』一章「人間性（人情）の碗」における絵画的描写との共通性がある。

筆者は、百年以上前に岡倉覚三が『東洋の理想』や『茶の本』などで主張した龍のことは、根底において安田氏のそれと共通するものであり、ヨーロッパ列強や日本や清などのキリスト教、儒教、イスラーム教、ヒンドゥー教、仏教、神道などが争っていたのでは、巨大な戦争（世界大戦）の勃発を招き兼ねないと危惧していたと考える。いいかえれば、環境問題への警告をも含め、二十一世紀の現代人が覚三から学ぶことは少なからずある。実際にアジア主義とが東アジア共同体が注目を集めているが、けっして一九三〇～四〇年代前半にみられたような「アジアは一つ」のミスリーディングを繰り返してはならない。

『茶の本』第一章には、先に引用した文に続いて「この大荒廃を繕うために再び女媧を必要とする」という文章がある。覚三は、女媧について「女皇であり、角冠竜尾（角をいただき竜尾をそなえ）、火の甲冑をまとい、不思議な大釜に五色の虹を溶解して中国の天空を再建した女神」と定義している。厳密には女媧の姿は、上半身が女性で下半身が鯉であり、

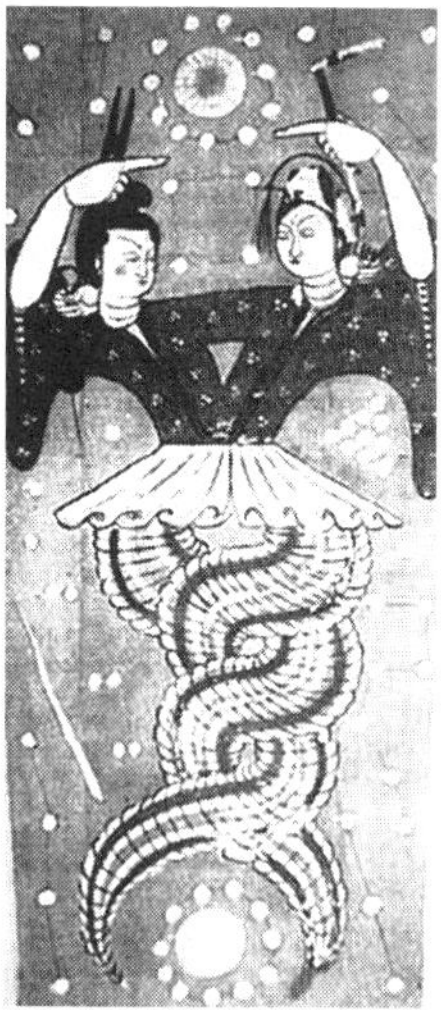

女媧の図

中国では鯉は龍の仲間とされ、鱗の数によって龍と鯉を区別していた。けれども、覚三にとって女媧も、龍と同じく融合の象徴であった。

東西文化の融合には、同化主義的な、強い西が東を吸収して(あるいは融かして)飲み込んでしまうとか、「進んだ」日本文化が他の「遅れたアジア文化」を同化させることもある。けれども、覚三が意図していた文化の融合はけっしてそのようなものではなく、文明の衝突で勝利した西側のキリスト教文明＝外に進出(侵入)する文明が東側の非キリスト教文明＝内に蓄積する文明を飲み込むという意図はなかった。覚三が生きた明治という時代の日本では、西の科学が東の精神性よりも価値あるものとみなされていた。

『東洋の理想』や『茶の本』を通じてもっともアピールしたかったことは、アジア＝東洋が決して野蛮や未開状態に停滞しているのではなく、独自の文明を有しているというメッセージであろう。さらに、科学を蔑む攘夷ではなく、西の良いものは自然に摂取されて、日本に入り込むであろうという「自然発達」の立場であった。いいかえれば、力づくで自己の文明・文化を無理やりに押し付ける「帝国主義」に反対した。もっとも、三十代以降の覚三は「自然発達」という用語、概念を使用していない。ルソーの「自然に還れ」や覚三の「アジアは一也」と同様に、本人の意思に反して用語が独り歩きすることはしばしば見られる現象である。

＊　英文書評については、立木智子『岡倉天心「茶の本」鑑賞』淡交社、一九九八年、四二〜五一頁参照。

＊＊　木下長宏『新訳茶の本』明石選書、二〇一三は、漢文に造詣の深い訳者だけに訳註に『茶経』や『老子』、屈原『離騒』などの漢文を紹介している。英文の註も覚三が屈原の中国語読みを知らなかったから日本語のローマ字表記にしたという細部や、本文註で覚三が参考にしたであろう文献紹介もあるし、七章「花」には梅の木を守るために源義経が認めた立て札があるのは須磨寺であるという註などは親切である。けれども、註（二〇六頁）の解釈で「聖人はものに拘らない。世の中の動きとともに移り変わっておく」としながら、本文四三頁では「屈原は言っています——賢者たちは世界を動かす」、英文原本（二五頁）も Said Kuzugen,—"The Sages move the world." であり、with が補われた改定版を用いていないのは本質に関わるだけに残念である。

岡倉覚三（天心）略年譜

和暦	西暦	満年齢	事項	社会的出来事
文久 二	（一八六二）	0	十二月二十六日（西暦一八六三年二月十四日）、元福井藩士で貿易商石川屋を営む岡倉覚右衛門（当時四十二歳）の第二子として、横浜で誕生	尊皇攘夷運動活発化 生麦事件 薩英戦争
慶応 三	一八六七	4		パリ万国博覧会
明治 元	一八六八	5	二月、弟、由三郎誕生	一月、王政復古 九月、東京遷都
明治 二	一八六九	6	ジェームズ・バラの塾で英語を習い始める	
明治 三	一八七〇	7	妹、てふが誕生 母、この産褥熱で死去（三十七歳）	九月、平民に苗字使用を許可 九月、海軍操練所設立
明治 四	一八七一	8	父が再婚し、天心は母の菩提寺長延寺に預けられ玄導住職から漢籍を学ぶ	七月、廃藩置県 日清修好条規調印
明治 五	一八七二	9		新橋・横浜間に鉄道開通
明治 六	一八七三	10	父が石川屋を閉じ、日本橋蛎殻町（現人形町）で岡倉旅館を開業 官立東京外国語学校に入学	ウィーン万国博覧会 征韓論者が勝利 徴兵令発布
明治 七	一八七四	11		明六社発足　立志社創立

明治　八	一八七五	12	兄、港一郎没（十六歳） 東京開成学校入学、寄宿舎に入る	江華島事件
明治　九	一八七六	13	奥原晴湖に師事し、南画を学ぶ	フィラデルフィア万国博覧会 日朝修好条規締結
明治一〇	一八七七	14	四月、東京大学文学部に転入し、政治学、理財学を学ぶ この頃、欧米文学を耽読	四月、東京開成学校が東京医学校と合併して東京大学と改称 西南戦争
明治一一	一八七八	15	森春濤に師事し、漢詩を学ぶ 加藤桜老に琴を習う アーネスト・フェノロサ（当時二十五歳）東京大学文学部教師として来日	大久保利通暗殺される
明治一二	一八七九	16	大岡定雄の娘、元子（基子）と結婚 この頃、茶道を正阿弥に習う	沖縄県設置
明治一三	一八八〇	17	卒業論文「美術論」を書き東京大学を卒業（一期生）文学士となる 文部省御用掛・音楽取調掛となる（月給四五円）	国会開設上願書不受理
明治一四	一八八一	18	三月、長男、一雄誕生 十一月、文部省専門学務局勤務となり、音楽取調掛兼務	植木枝盛「日本国憲案」起草 立憲改進党結成 福島事件
明治一五	一八八二	19	夏、フェノロサやこの年来日したビゲロウと奈良の古社寺を見学（内記課勤務） 九鬼隆一、文部省少輔に従い古社寺調査	音楽取調掛編『小学唱歌集』初編刊 東京専門学校（早稲田大学の前身）開校

明治一六	一八八三	20	十一月、『大日本美術新報』が創刊され、編集を手伝う	仁川租界条約を朝鮮と締結
明治一七	一八八四	21	二月、フェノロサらと鑑画会を設立 三月、長女、高麗子（こまこ）誕生 京畿の古社寺の名宝調査、法隆寺夢殿秘仏救世観音開扉	秩父事件 自由党解党
明治一八	一八八五	22	九月、桜井敬徳阿闍梨から菩薩十善戒牒を受ける 文部省図画取調掛	町田久成東京帝国博物館初代館長となる 福沢諭吉『脱亜論』発表 第一次伊藤博文内閣
明治一九	一八八六	23	四月、「天心生」の号を用いる 五月、桜井敬徳より受戒、雪信の戒号を与えられる 九月、美術取調掛として約九ヶ月欧米出張を拝命 十月、シティ・オヴ・ペキン号で横浜出港	帝国大学令公布
明治二〇	一八八七	24	一月～七月、ヨーロッパの美術視察（フランス、スイス、オーストリア、イタリア、スペインなどを歴訪） 東京美術学校監事に任じられる	四月、東京美術学校設置公布
明治二一	一八八八	25	三月、第三回内国勧業博覧会審査官 五月、関西地方の古美術調査 六月、浄教寺講演 十月、帝国博物館学芸委員	政教社設立、『日本人』発行 十二月、上野に東京美術学校校舎完成

明治二二	一八八九	26	一月、東京美術学校開校 五月、帝国博物館理事兼美術部長となる 五月、東京美術学校副校長に就任 八月、坪内逍遙、高田早苗らと日本演芸協会設立 十月、高橋健三と美術雑誌『國華』創刊　創刊号に「円山応挙」、第二号に「狩野芳崖」を寄稿	二月、大日本帝国憲法発布 パリ万国博覧会
明治二三	一八九〇	27	九月、東京美術学校で「日本美術史」「泰西美術史」を担当、校長に就任	教育勅語発布 第一回帝国議会開会
明治二四	一八九一	28	二月、森鷗外を東京美術学校美術解剖学講師に招く 十月、中根岸に転居 十二月、正六位。臨時博覧会評議員	内村鑑三、不敬事件 大津事件
明治二五	一八九二	29	五月、シカゴ世界博覧会の事務局監査官 この頃、東京専門学校（現早稲田大学）で東洋美術史を講義 十一月、高等官四等	黒岩涙香『万朝報』創刊
明治二六	一八九三	30	三月、東京高等師範学校より奈良時代美術史の講義を委嘱される 六月、文部省に「美術教育施設ニ付意見」提出 七～十二月、宮内省の命で中国調査旅行	黒田清輝帰国、外光派を紹介 儀式用に「君が代」採用 シカゴ万国博覧会
明治二七	一八九四	31	三月、「支那南北の区別」を『國華』に掲載（『東洋の理想』の一部）	第一次条約改正 八月、日本、清国に宣戦布告
明治二八	一八九五	32	四～七月、第四回内国勧業博覧会審査官 大規模な古画模写事業を進める	四月、下関条約、日清戦争終結

明治二九	一八九六	33	五月、東京美術学校絵画部に西洋画部がおかれ、黒田清輝が教授に就任 古社寺保存会委員 七月、父、勘右衛門死す（七十六歳） 十一月、パリ万国博覧会評議員に任命される	進歩党結党
明治三〇	一八九七	34	九月、パリ万国博覧会編纂主任、美術学校内紛勃発	三陸大津波
明治三一	一八九八	35	三月、覚三批判の怪文書出廻る 帝国博物館理事兼美術部長、依願免官 美術学校長非職を命じられる 十月、日本美術院開院式、日本絵画協会と連合展	第一次大隈内閣（初の政党内閣）
明治三二	一八九九	36	二〜四月、地方巡回展開く 四月、美術院内に課題研究会を設ける フランス人の挿絵画家レガメと会う	木下尚江、幸徳秋水らが普通選挙期成同盟会を設立 坪内逍遙・高山樗牛の歴史画論争
明治三三	一九〇〇	37	日本美術院と青年絵画研究会の展覧会開催 堀至徳と会う	治安警察法公布 ジョセフィン・ハイド来日 パリ万国博覧会
明治三四	一九〇一	38	日本美術院財政苦境 一月、ニヴェディータと会う 七〜八月、国宝調査のため、京都・奈良に出張 十二月、インドに旅立つ	片山潜、幸徳秋水らが社会民主党結成 福沢諭吉没 『稿本日本美術略史』公刊 八月、マクラウド来日
明治三五	一九〇二	39	一〜三月、カルカッタでタゴール家の人々と新交 三月、東洋宗教会議開催を図るが失敗 五月、*The Ideals of the East* 脱稿	日英同盟 大谷探検隊中央アジアに派遣（〜一九〇四）

明治三六	一九〇三	40	一月、大観と春草をインドに送り出す 二月、最初の英語著作 *The Ideals of the East* をロンドンで出版 三〜四月、鳥取・島根・山口三県の古社寺保存調査 五月、茨城県五浦に静寂の地を求める 十一月、長女高麗子、米山辰夫に嫁す	対露強硬論（戸水寛人・頭山満ら） 『平民新聞』刊行
明治三七	一九〇四	41	二〜四月、大観、春草、紫水をつれて渡米、作品展をニューヨーク、ボストンなど各地で開き、成功 三月、ガードナー夫人のフェンウェイ・コート訪問 四月、ボストン美術館の東洋部に勤務 九月、セントルイス万国博覧会で学術講演 十一月、ニューヨークで二冊目の英文著書 *The Awakening of Japan* を出版	日韓議定書締結 日露戦争（〜一九〇五） 国債発行 第二回日英同盟協約調印
明治三八	一九〇五	42	五浦邸を改築、六角堂を建てる 二月、ボストンで年に六ヶ月執務する契約を結び、渡米	日露講話条約成立 桂・タフト覚書
明治三九	一九〇六	43	五月、第三の英文著書 *The Book of Tea* をニューヨークで出版 七月、アメリカよりウォーナー来日し、指導 八月、越後の赤倉に山荘を建てる 日本美術院を絵画部と仏像修造部の二部制にする 九月、日本美術院の正員（大観、春草、観山、武山ら）五浦に移住 十月、ボストン美術館の美術蒐集のために中国旅行（翌年二月帰国）	第一次西園寺内閣成立 南満州鉄道株式会社（満鉄）創立 日本社会党第一回大会

明治四〇	一九〇七	44	四月、『国宝帖』準備 八月、文部省美術展覧会（文展）第一部（日本画）審査委員（大観、観山も委員）（十月、文部省第一回美術展） 九月、国画玉成会会長 十一月、再渡米 この頃、ロジャー・フライと会う	足尾銅山での争議深刻化 日仏協定調印
明治四一	一九〇八	45	一月、橋本雅邦死去（七十三歳） 四月、ヨーロッパ美術館視察 六月、中国調査 七月、アメリカより、欧州、シベリア経由で帰国 九月二十一日、フェノロサ、ロンドンで客死	第二次桂内閣成立 第二回文展
明治四二	一九〇九	46	七月、日英博に出品する『国宝帖』英文解説執筆 十月、国画玉成会、文展に合流 ボストン美術館に「仏像の間」オープン	伊藤博文、安重根に射殺される
明治四三	一九一〇	47	四月、東京帝国大学文科講師を嘱託され、東洋美術史を講義する（泰東巧芸史） 同月、奈良にゆき、国宝修理の状況を視察 九月、渡米 十月、ボストン美術館中国・日本部の管理者に就任	『国宝帖』刊行 大逆事件 韓国併合
明治四四	一九一一	48	六月、ハーヴァード大学よりマスター・オヴ・アーツを授与される 八月、帰国	第二次条約改正 平塚らいてふ『青鞜』刊行

大正　元	一九一二	49	五月、ボストン美術館の美術品蒐集のために革命政権下の北京へ（六月帰国） 八月、ボストン美術館のためにインド美術品を購入すべく、土佐丸に乗船し、インドに出発 九月、カルカッタに入り、プリヤンバダ・デーヴィ・バネルジー女史と出会う 十一月、ボストン美術館に帰任 この年、長尾雨山をボストン美術館の監査委員に嘱託	明治天皇没 第一次護憲運動
大正　二	一九一三	50	二月、オペラ台本 *White Fox*（『白狐』）執筆 八月七日、文部省での古社寺保存会の会議に出席「法隆寺金堂壁画の保存計画に関する建議案」を執筆・提出 八月二十一日、プリヤンバダへの最後の手紙 九月二日、赤倉にて死去 九月五日、谷中斎場で葬儀執行、染井墓地に埋葬され、遺志により五浦に分骨	第三次桂内閣総辞職 日本政府、中華民国を商人

＊本略年譜作成には、斎藤隆三『岡倉天心』（吉川弘文館、一九六〇）、『岡倉天心全集』別巻（平凡社、一九八一）、色川大吉責任編集『岡倉天心』（中央公論社、一九八四）、木下長宏『岡倉天心』（ミネルヴァ書房、二〇〇五）の年譜と歴史学研究会『世界史年表』（岩波書店、一九九四）、『世界史小辞典』（山川出版社、二〇〇四）を主に参照した。

あとがき

私は門前の小僧で、幼少期から夏には五浦に出かけて覚三の娘高麗子と接し、六角堂や『亜細亜ハ一也』の碑のある旧天心邸で約一カ月を過ごした。中学時代には、覚三の船頭渡辺千代治爺から「天心先生」の話をいろいろと聞いた。教科書にも、「法隆寺の逸話」をはじめ歴史上の人物として覚三が登場していた。中学一年では、横浜開港記念館前に建立されたレリーフの除幕式に参加し、三溪園で富田幸次郎老からボストン美術館時代の話を伺った。明治大学入学後に西洋史の教授（美術院でないが覚三を尊敬していた小室翠雲のご子息）から「将来、岡倉天心について書きなさい」

大叔母高麗子を囲んで（1953年、五浦）
（高麗子の左が古志郎、その後ろが筆者）

タゴールと覚三の長男一雄一家（左から覚三の妻基子、基子の妹荒井芳、一雄の長男古志郎〔筆者の父〕、タゴール、一雄、一雄の妻孝子）（筆者蔵）

と言われたが、曾祖父のことを本にしようとは毛頭思わなかった。熟年期に差しかかると亡き父親古志郎の遺言もあり、二〇〇一年より「天心研究会鵬の会」を立ち上げた。そこでの地道な研究活動を続けてきた成果の一つとして本書を世に問う。

本書は、岡倉覚三生誕百五十周年、没後百周年に合わせた便乗出版ではなく、『五浦論叢』『東洋研究』『鵬』などで発表した論文・随想や、『世界史のなかの日本――岡倉天心とその時代』『岡倉天心 思想と行動』などの蓄積に裏打ちされたものである。

本のタイトルだが、天心記念美術館があるし、日本美術院、美術院、東京藝術大学でも、五浦研究所でも、海外でも研究者間では天心が一般的なので、清見陸郎の例に倣って「天心岡倉覚三」を考えたが、結局は『曾祖父覚三岡倉天心の実像』となった。祖父の『父岡倉天心』、父の『祖

岡倉家 系図

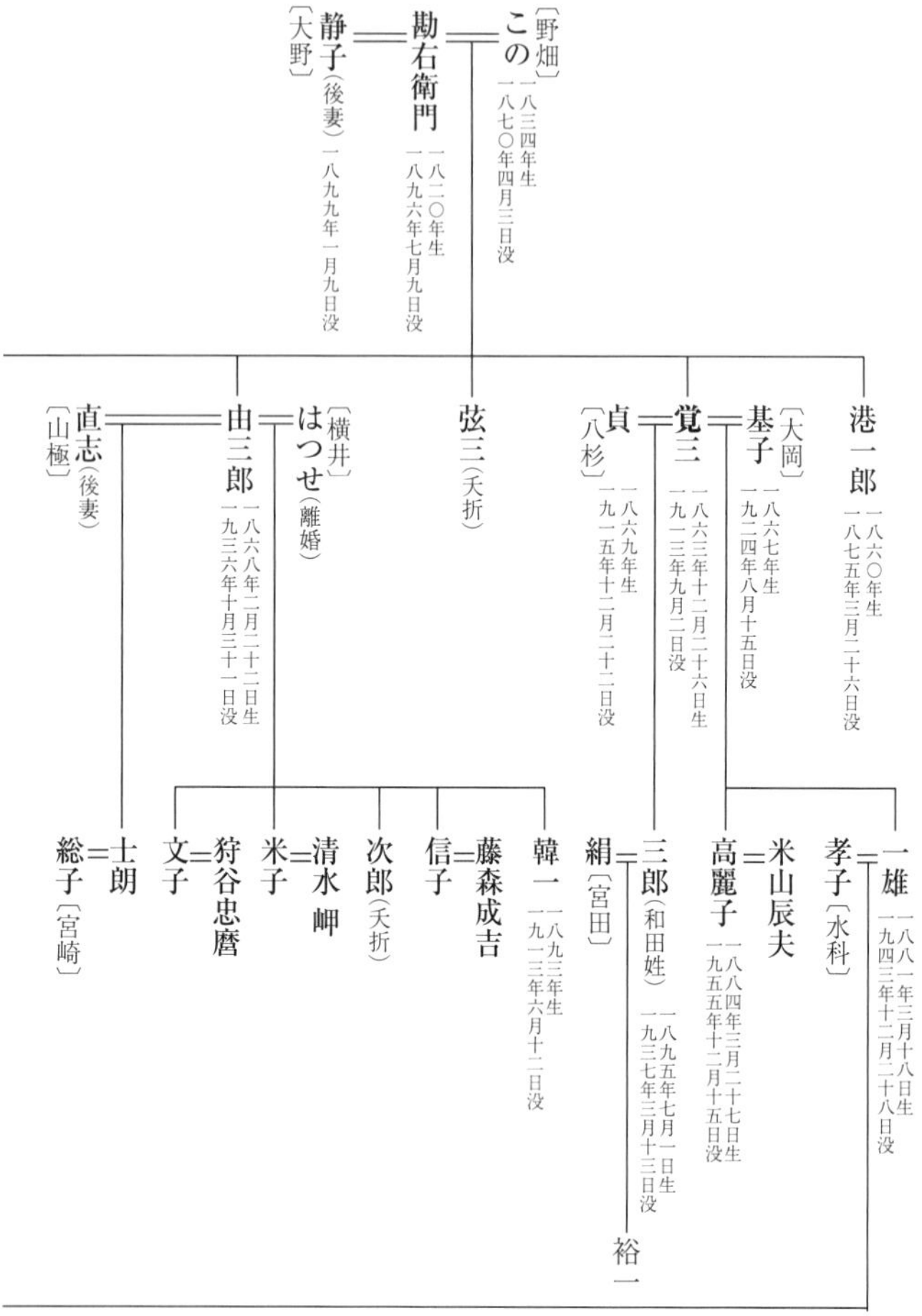

この〔野畑〕一八三四年生 一八七〇年四月二日没
勘右衛門 一八二〇年生 一八九六年七月九日没
静子（後妻）〔大野〕 一八九九年一月九日没
港一郎 一八六〇年生 一八七五年三月二十六日没
基子〔大岡〕 一八六七年生 一九二四年八月十五日没
覚三 一八六三年十二月二十六日生 一九一三年九月二日没
貞〔八杉〕 一八六九年生 一九一五年十二月二十二日没
弦三（夭折）
はつせ〔横井〕（離婚）
由三郎 一八六八年二月二十二日生 一九三六年十月三十一日没
直志（後妻）〔山極〕
一雄 一八八一年三月十八日生 一九四三年十二月二十八日没
孝子〔水科〕
米山辰夫
高麗子 一八八四年三月二十七日生 一九五五年十二月十五日没
三郎（和田姓） 一八九五年七月一日生 一九三七年三月十三日没
絹〔宮田〕
裕一
韓一 一八九三年生 一九一二年六月十二日没
藤森成吉
信子
次郎（夭折）
清水岬
米子
狩谷忠麿
文子
士朗
総子〔宮崎〕

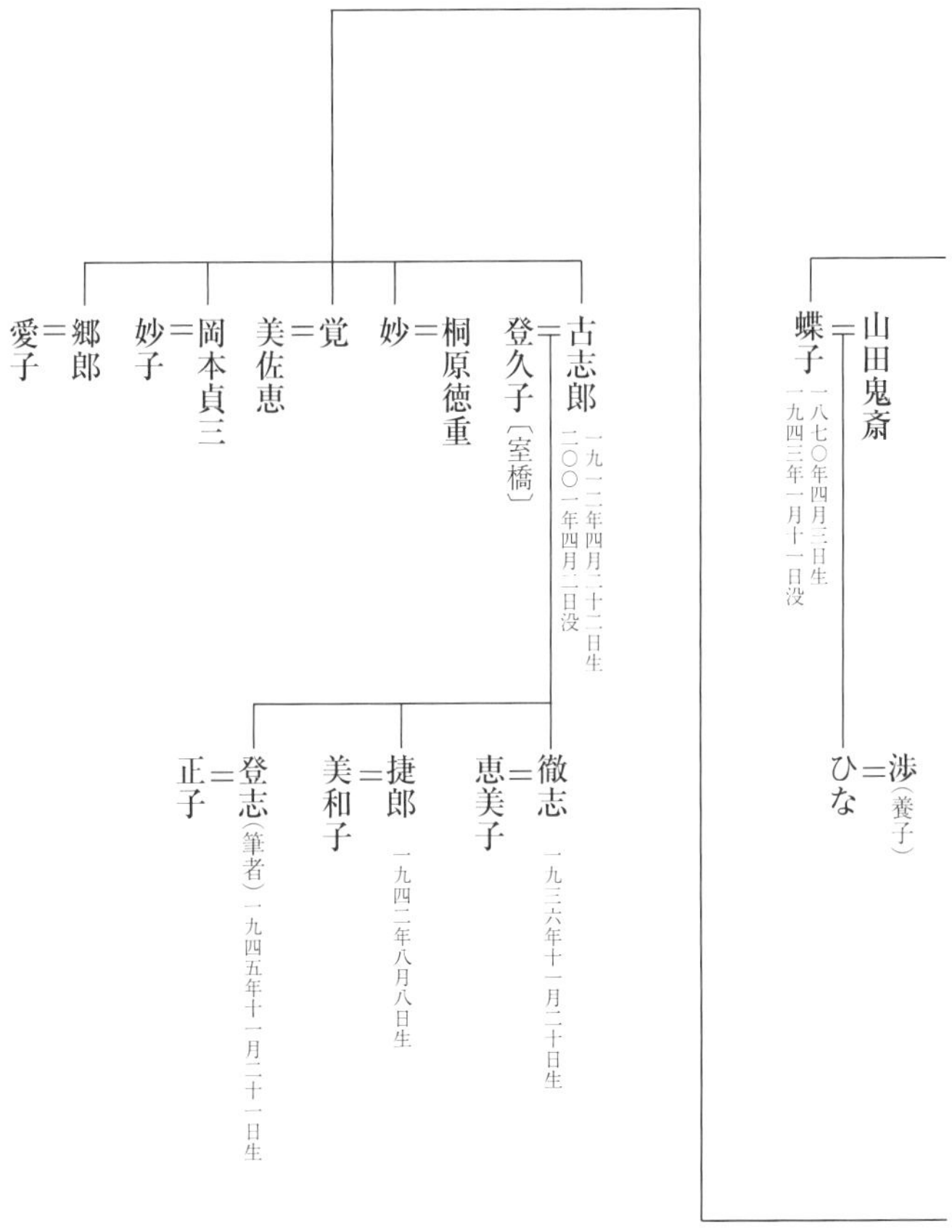
山田鬼斎 一八七〇年四月三日生 一九四三年一月十一日没
蝶子
渉（養子）
ひな
古志郎 一九一二年四月二十二日生 二〇〇一年四月二日没
登久子〔室橋〕
桐原徳重
妙
覚
美佐恵
岡本貞三
妙子
郷郎
愛子
徹志 一九三六年十一月二十日生
恵美子
捷郎 一九四二年八月八日生
美和子
登志（筆者）一九四五年十一月二十一日生
正子

父岡倉天心』に準ずれば、『曾祖父天心』となるが、本人も英文書名にはKakuso, Kakuzoを用い、Tenshinは用いていない。さらに天心には、創造されたカリスマ的イメージが付きまとい、人間覚三の実態が浮かび上がってこない。平凡社の『岡倉天心全集』の編纂に関わった古志郎は、一九三〇年代に創られ、利用された天心像と対極の立場にあったが、天心を用いることに疑念を持たなかった。

復興後の六角堂

父、祖父に次いで曾祖父とくると遺族の著書ということが強調されているようだが、岡倉の姓で遺族ということは隠せないものである。以前、明治美術史の青木茂氏が中村愿氏を相手に「『父岡倉天心』は、長男一雄が書いたもので一次資料的に扱われているが、横浜生まれも疑わしい。孫の本の方が信頼できる」と発言されていたが、一雄の本は由三郎の随想的回想録とともに、貴重な私生活に関する記録である。古志郎は、「入手可能になった資料に照らしてみると若干の記憶違いによる誤りや事実誤認がある」ことを認める一方で、「元社会部記者らしく突き放した客観的叙述になっている」としているが、筆者は一雄が小説家的資質を有していたと思っている。星崎初子(波津子)の生死とか大切な部分に誤りがあったことが明らかになってからも、比較文学が専門で自他ともに天心研究の専門家と認めている女子大教授が無批判に引用して広めてきた。祖父の誤りを正すことも、本書執筆の重要要因になっている。さらに社会科学者の孫の方がより客観的であるが、全集の解題解説や『祖父岡倉天心』は、インドに関する論文とか一部を除くと歯切れのよい文章に惑わされてしまうが、今からみると史料蒐集・資料批判で欠陥が目に付いたので、歴史研究者としてひ孫がほころびを繕う必要を感じた。

ところで、二〇一一年三月十一日、東日本を地震・津波が襲った。岡倉覚三が東京美術学校を追われた後に居を構えていた現在の北茨城市の五浦も被災し、一九〇五年に覚三が設計した六角堂も流失した。幸い、管理者である茨城大学の力添え、北茨城市民をはじめとする全国の皆様からの善意の寄付により、復興のシンボルとして翌年四月上旬に六角堂が甦った。それを機に、五浦時代の美術院にスポットライトを照てた映画「天心」の撮影が再開され、九月に公開されることは喜ばしいが、あくまでもフィクションであり、史実から逸れている映画の天心像が鵜呑みにされるのも困りものである。本書の出版を二〇一三年九月にと考えたのは、九月二日が覚三の百回目の命日にあたることもあるが、映画により覚三に関心をもった人々に、人間岡倉覚三の思想と行動を知ってもらいたいとの気持ちからである。そのために本書では、美術院関係者の話など以外では覚三を用いている。もっとも、第一章の「幻の国家論」のように、いわば仮説による論文の骨子を推測したという部分もある。

老若男女を問わず「岡倉天心は何をした人か」と聞くと、「絵描き」と答える人が多く、「美術コレクター」「茶道家」という回答も結構ある。二〇〇七年に開催された東京藝術大学創立百二十周年記念シンポジウムのタイトル「ルーツはみんな岡倉天心　日本美術院・美術院・東京国立博物館そして東京藝術大学」に示されているように、岡倉覚三の表の顔は、文字どおりの美術行政官で、明治二十三（一八九〇）年に二十八歳で東京藝大の前身である東京美術学校校長に就任したのをはじめ、帝国博物館（現在の東京国立博物館）の理事および美術部長も兼務していた。廃仏毀釈の荒波を乗り越えた現在の国宝、重要文化財クラスの仏像や絵画の修復は、美術学校の生徒たちによって行われた模造・模写の研鑽によって可能になった。仏像彫刻を例にとれば、彫刻家一期生の新納忠之介は、百済観音の模造を残しているが、新納を中心とする日本美術院二部（現在の美術院）は、文化財の保存事業を主に担った。一九〇四年に覚三がボストン美術館勤務になると、新納は運慶、快慶の像を修復するためボストンに招請されている。

古美術の庇護者と関連して、覚三が「国粋主義者」というイメージもかなり一般的である。筆者も高校で、「岡倉天心は国粋主義者である」と教えられた。中曽根康弘、安部晋三という政治家が天心を持ちあげるのは、この点からである。もっとも、ナショナリズムとしての国粋主義には、排他的で自国、すなわち日本のみを世界の最高峰とみなし、諸外国を見下すものと、外国の文化の長所、特徴を認めたうえで、日本の伝統文化に誇りを抱く『日本』刊行時の徳富蘇峰的な立場がある。もちろん、覚三は後者に属していた。

天心岡倉覚三は、太く短い生涯を大正二年（一九一三）九月二日に終えたが、多岐、多面な分野に足跡を残した。したがって、宗教とりわけ、仏教とヒンドゥー教については、独立した章を立てた方が良かったかもしれない。また、第六章の中国のように、今までデッサンもしていない対象を直接絵具で描写するような無茶な試みもしている。覚三の足跡は支離滅裂のものではなく、一本筋が通っていた。本書では、十分に描き切れていないであろうが、覚三の人生の一貫性に迫ったつもりである。これに関して、岡倉天心評伝を書いた大岡信氏が述べた次の言葉を肝に銘じている。

この本で私は、天心という人物を、複雑な要素をいっぱい抱え込みながらも、感じ、考え、行為する人間として強靭な一貫性、oneness を保ちつづけた人物としてとらえようとした。

最後に、本書の出版を引き受けてくれた宮帯出版社と、書きたいように執筆した原稿を整理され、何とか枠に収めてくれた編集の後藤美香子氏には末尾ながら謝意を表したい。

二〇一三（平成二十五）年八月吉日

岡倉登志

〔著者紹介〕
岡倉登志（Okakura Takashi）
1945年生まれ、明治大学文学部卒業。1979～2011年度まで大東文化大学勤務。同大学名誉教授。専門は19～20世紀のヨーロッパ-アフリカ関係。
主な著作に、『二つの黒人帝国』（東京大学出版会、1987、駿台史学会奨励賞）、『「野蛮」の発見――西欧近代の見たアフリカ』（講談社、1990）、『世界史の中の日本：岡倉天心とその時代』（明石書店、2006）、『岡倉天心――思想と行動』（共著、吉川弘文館、2013）など多数。

曾祖父 覚三 岡倉天心の実像

2013年10月20日 第1刷発行

著　者　岡倉登志
発行者　宮下玄覇
発行所　株式会社宮帯出版社
京都本社 〒602-8488
京都市上京区寺之内通下ル真倉町739-1
営業（075）441-7747　編集（075）441-7722
東京支社 〒102-0083
東京都千代田区麹町6-2 麹町6丁目ビル2階
電話（03）3265-5999
http://www.miyaobi.com/publishing/
振替口座 00960-7-279886

印刷所　モリモト印刷株式会社
定価はカバーに表示してあります。落丁・乱丁本はお取り替えいたします。

 ISBN978-4-86366-903-1 C0023

人名索引

あ行

アダムズ、ヘンリー（Henry Brooks Adams 1838–1918）57, 271
アダムズ、ウィリアム（William Adams 1564–1620）64
アダモフスキー　310
荒井寛方（1878–1945）240, 262
荒井甲子三郎　255
荒井　芳　377
有賀長雄（1860–1921）2, 33, 43, 81
有島武郎（1878–1923）23
アリストテレス＝アレストートル（BC. 384–322）39, 40
フラ-アンジェリコ（Fra Angelico 1387–1455）99, 102
アレクサンドル大王（BC. 356–323）222
ルビンシュテイン、アントン（Anton Rubinstein 1829–1894）76
アンドリュース、チャールズ（Charles Andrews 1871–1940）234
石川光明（1852–1913）112,137
石田為武（1837–没年不詳）172
板谷波山（1872–1963）106, 107, 108, 140, 146, 147, 148
市川団十郎（1838–1903）28
伊東忠太（1867–1954）145, 178, 184, 189, 191, 209, 210, 221-225, 276
井上哲次郎（1955–1944）37, 43, 47, 50, 212
今泉雄作（1850–1931）60, 93, 186, 187, 254
ヴァン・ダイク（Anthony Van Dyck 1599–1641）96
ヴィヴェカーナンダ、スワミ（Swami Vivekananda 1863–1902）210-212, 214-220, 226, 228-232, 234, 239, 290
ヴェロネーゼ（Paolo Veronese 1528–1588）97
ウォーナー、ラングドン（Langdon Warner 1881–1955）120, 145, 149, 152-162, 166, 247, 248, 294, 316, 336, 373
ウォーレン、サミュエル（Samuel Dennis Warren 1852–1910）293
ヴォルテール（Fransois Marie Arouet Voltaire 1694–1778）88
植村正久（1857–1925）23, 46
エリオット（Charles William Eliot 1834–1926）36

オーウェン、フィリップ（Philip Owen）173
大内青巒（1845–1918）212
大岡定雄　369
大沼枕山（1818–1891）29
大隈重信（1838–1922）171, 372
大村西崖（1868–1918）187, 188
大西興福寺管主　4
岡倉一雄（1881–1943）　2, 3, 5, 10, 38, 50, 51, 82, 136, 149, 150, 208, 213, 216, 220, 226, 255, 257, 260, 267, 274, 280, 283, 297, 298, 301, 359, 369, 377-379
岡倉古志郎（1912–2001）3, 30, 50, 204-206, 226, 227, 230, 241, 242, 257, 274, 345, 376, 377, 379, 380
岡倉士朗（1909–1959）74, 378
岡倉由三郎（1868–1936）19, 22-24, 26, 29, 50, 53, 120, 152, 154, 155, 160, 206, 284, 298, 330, 335, 350, 357, 368, 378, 380
大谷光瑞（1876–1948）208, 209, 372
大橋郁太郎 76
小川勝珉（1840–91）179
尾形光琳（1658–1716）109,132,150
岡部覚弥 271, 293
奥原晴湖（1837–1913）29, 30, 369
織田得能（1860–1911）211, 218-220
小野湖山（1814–1910）29
尾上菊五郎（1844–1903）28, 83
オリ・ブル夫人（Oli-Bull 1850–1911）286, 307
オールコック（Sir John Rutherford Alcock 1809–97）170

か 行

カヴール（Camillo Benso Cavour 1801–1861）25
香川鎌蔵 113
カーター、モリス　304
勝　海舟（1823–99）107, 167
ガッディ、タッデオ（Taddeo Gaddi 1300頃–1366）98
カーティス、フランシス・ガードナー（Francis Gardner Curtis 1878–1915）208, 276, 300, 301, 307, 313, 324, 334
ガードナー、イザベラ・スチュワート（Isabella Stewart Gardner 1840–1924）

168, 196, 198, 208, 270, 274, 300-312, 314, 316, 319, 322-324, 326, 332, 336, 344, 373
加藤桜老（1811–1884）31, 369
加藤弘之（1836–1916）27
加藤景雲（1874–1943）143
加藤長雄　226
カーネギー、アンドリュー（Andrew Carnegie 1835–1915）162, 297
金子堅太郎（1853–1942）282, 289, 297-299
狩野芳崖（1828–1888）62, 63, 101, 104, 121, 182, 193, 194, 371
狩野友信（1843–1912）182, 183
ガリバルディ（Giuseppe Garibaldi 1807–1882）25
河口慧海（1866–1945）209
川端玉章（1842–1913）107, 112, 146, 182
カント（Immanuel Kant 1724–1804）69
キオソーネ（Edoardo Chiossone 1832–98）350
北里柴三郎（1852–1931）195
北畠道龍（1820–1907）209
木戸孝允（1833–1877）29
木下順二（1914–2006）29, 323
木村武山（1876–1942）107, 116, 130, 133-140, 373
ギメ、エミール（Emile Guimet 1836–1918）93
ギルダー（Richard Watson Gilder 1844–1909）64, 66-69, 75, 290, 295, 296, 298
ギルマン（Gilman）270, 322, 323
金　玉均（1851–1894）251
陸　羯南（1857–1907）42
九鬼周造（1888–1941）337, 345
九鬼隆一（1850–1931）9, 63, 174, 176, 180, 185-190, 222, 248, 257, 258, 260, 245, 369
グーキン、フレドリック（Frederick William Gookin 1853–1936）339-342, 344
クチュール、トマ（Thomas Couture 1815–1897）55
クリヴェリ、カルロ（Carlo Crivelli 1430頃–1494）99
クーリッジ（John Calvin Coolidge 1872–1933）153-156, 257, 292, 294
黒田清輝（1866–1924）54, 91, 114, 186, 364, 371, 372
刑　　軻（生年不詳－ＢＣ 227）252
ケロッグ、クララ（Clara Louise Kellogg 1842–1916）65, 66, 68, 69, 74, 75, 77,

80, 83, 90, 91, 92, 104
小泉八雲　→　ハーン
コーエン（Coen）162, 234, 237, 248, 291
ゴーギャン、ポール（Paul Gauguin 1848–1903）59
幸田露伴（1867–1947）52, 78, 103, 114, 118
国府寺新作（1855–1929）37
小林古径（1883–1957）273
小山正太郎（1857–1916）89
コロー（Jean-Baptiste Camille Corot 1796–1875）60, 61, 123, 124
コンドル、ジョサイア（Josiah Conder 1852–1920）176

さ行

西郷隆盛（1828–1877）26, 31, 283, 284
西郷　規（号は孤月 1873–1912）183
桜井敬徳（1834–1885）213, 370
佐野常民（1822–1902）81, 171-173, 213
サージャント、ジョン・シンガー（John Singer Sargent 1856–1925）303-305, 308, 336
ザビエル、フランシスコ（Francisco Zavier 1506–1552）74
サルトル、ジャン・ポール（Jean-Paul Sartre 1905–1980）344
シェークスピア、ウィリアム（William Shakespeare 1564–1616）27, 28, 88, 355
司馬江漢（1747–1818）192
渋沢栄一（1840–1931）171
下村観山（晴三 1873–1930）107, 110-112, 116, 119-125, 130, 133-136, 139, 144, 150, 162, 182, 194, 200, 259, 292, 373, 374
島地黙雷（1838–1911）209
ジェームズ、ヘンリー（Henry James 1843–1916）316
定　　朝（？–1057）177, 189, 190, 191, 242
ジョット（Giotto di Bondone 1266頃–1337）88, 98
ジョンソン（Johnson）296, 330, 331
シュタイン、ロレンツ（Lorenz von Stein スタイン、1815–1890）79-81, 96
シラ―、ヨハン・クリスティン・フリードリッヒ（Johann Christoph Friedrich von Schiller 1759–1805）87
ジンギス・ハーン（成吉思汗 Chinggis Khan 1167頃–1227）74, 83
末松謙澄（1855–1920）74, 282, 283, 298

スコット（Walter Scott 1771–1832）27, 52, 296
鈴木松塘（1824–1898）29
鈴木大拙（1870–1966）342
スタイン博士（Mark Aurel Stein 1862–1943）162, 278
スミス、リンドン 174, 310, 311
関野　貞（1867–1935）190
雪　　舟（1420–1506）65, 109, 193
千　利休（1522–1591）340, 355, 356
孫　　文（孫中山 1866–1925）227, 274

た 行

ティントレット（Tintoretto 1518–1594）97
高田早苗（1860–1938）27, 28, 43, 50, 371
高橋　勇（号は烏谷）90, 260
高橋健三（1855–1898）174, 180, 371
高橋是清（1854–1936）22, 46
高嶺秀夫（1854–1910）186, 333
高村光雲（1852–1934）2, 112, 142-144, 181, 183
高山樗牛（1871–1902）139, 372
瀧　精一（1873–1945）113
滝沢馬琴（1767–1848）52
武石弘三郎（1877–1963）214
竹内保徳（1807–1867）171
竹内久一（1857–1916）112, 114
竹内栖鳳（1864–1942）114
タゴール、オボニンドラナート（Abanindranath Tagore 1871–1951）236, 240
タゴール、ガガネンドラナート（Gaganendranath Tagore 1867–1938）235-238, 240
タゴール、スレンドラナート（Surendranath Tagore 1872–1940）239
タゴール、ラビンドラナート（Rabindranath Tagore 1861–1941）103, 129, 204-206, 214, 226-228, 233-236, 239, 240, 268, 320, 321, 348, 372, 373, 377, 380
谷　文晁（1763–1841）148, 149
谷　干城（1837–1911）37
ダンテ、アリギエリ（Dante Alighieri 1265–1321）88, 98

チャルヒン、ポール　291, 312
千頭清臣（1856–1916）38
チャンドラ、モグル　240
塚本　靖（1869–1937）222
坪内逍遙（勇蔵 1859–1935）27, 28, 43, 50, 51, 74, 139, 371, 372
ティツィアーノ（Tiziano Vecellio 1490頃–1576）53, 66, 67, 96, 97
ティムール（Tīmūr1336–1405）83
手島精一（1849–1918）180, 258
ドイル、コナン（Arthur Conan Doyle 1859–1930）52
徳川家光（1604–1651）3
徳川昭武（1853–1910）171
徳川慶喜（1837–1918）26, 171
ドーデ、アルフォンス（Alphonse Daudet 1840–1897）84, 104
トーマス、セオドア（Theodore Thomas 1835–1905）75
ドラクロア、ユージーヌ（Eugène Delacroix 1798–1863）53, 54, 60
ドレッサー、クリストファー（Christopher Dresser 1834–1904）171-173
ドロイゼン、ヨハン・グスタヴ（Johann Gustav Droysen 1808–84）222

な行

内藤湖南（虎次郎 1866–1934）246
直林寛良（阿舎利敬円 1849–1922）213, 214
中川忠順（1873–1929）159, 161, 191
中隅敬蔵（造）38
中西正樹（1859–1923）251
南条文雄（1849–1927）209
新納忠之介（1869–1954、号は古拙）109, 110, 145, 148, 158, 161, 201, 301, 382
西　幸吉（1855–1931）31
ニヴェディータ（Nivedita 1867/64–1911）217, 219, 225-232, 239, 241, 242, 335, 372
ネルー（Jawaharlal Nehru 1889–1964）205
ノートン、チャールズ・エリオット（Charles E. Norton 1827–1908）36, 303, 304, 316
ノーブル、マーガレット（Margaret Elizabeth Noble）→ ニヴェディータ

は行

ハイヤーム、オマール（Khayyám Omar 1048–1122）319
ハイド、ヘレン（Helen Hyde 1868–1919）151, 290
ハイド、ジョセフィン（Josephine Hyde 生没年不詳）149-151, 372
ハイネ、ヨハネ（Heinrich Heine 1797–1856）68, 69
バイロン（George Gordon Byron 1788–1824）52, 319
橋本雅邦（1835–1908）2-4, 106, 112, 113, 127, 146, 150, 163, 182, 183, 186, 193, 374
橋本左内（1834–1859）26, 42
橋本秀邦（1881–1947）2-4
バッハ（Hohann Sebastian Bach 1685–1750）77, 79, 83
バネルジー、インディラ・デイヴィ（Indira Devi Banerjee）205
バネルジー、プリヤンバダ（Priyambada Devi Banerjee 1871–1935）7, 8, 30, 205, 206, 233, 234, 320-322, 324, 345,-349, 375
浜尾　新（1849–1925）2, 27, 81, 314
林　忠正（1853–1906）172, 188
早崎梗吉（1874–1956）4, 246, 248, 251, 254, 255, 270, 276
原　三渓（原／青木 富太郎 1868–1939）122, 271
原　坦山（1819–1892）212
バラ、ジェームズ（James Hamilton Ballagh 1832–1920）22, 23, 38, 46, 47, 75, 368
プラモトナート（Promoth Nath 1868–1946）347
プラマタ（Pramatha）→　プラモトナート
パルミジャニーノ、フランチェスコ（Francesco Parmigianino 1503–1540）95
ハーン、ラフカディオ（Lafcadio Hearn　1850–1904）43, 50, 169, 225, 227, 298, 335
ハント、ウイリアム・モレス（William M. Hunt 1839–1880）55
斑　固（32–92）253
ピアソン、ウィリアム（William Pierson 1881–1924）234
ビゲロウ、ウィリアム・スタージス（William Sturgis Bigelow 1850–1926）34, 44, 53, 55, 56, 59, 64, 75-77, 158, 168, 172, 176, 213, 214, 238, 275, 282, 287, 291, 292, 312, 332, 337, 369
久留正道（1855–1914）176
菱田春草（三男治 1874–1911）107, 111, 113, 116, 118, 119, 125-135, 149, 150, 163, 183, 186, 198, 239-241, 244, 274, 282, 286, 292, 329, 373

平子鐸嶺（1877–1911）159, 191, 221
平櫛田中（倬太郎 1872–1979）141-144
平福百穂（1877–1933）107
平山郁夫（1930–2009）3
ファーガソン、ジェイムズ（James Fargason 1808–1886）224
フェアバンクス（Charles Warren Fairbanks 1852–1918）275
フィッツジェラルド、エドワード（Edward FitzGerald 1809–1883）319
フィルマー、ロバート（Robert Filmer 1590頃–1653）40
フィルモア、ミラード（Millard Fillmore 1800–74）167
フェノロサ、アーネスト・フランシスコ（Ernest Francisco Fenollosa 1853–1908） 2, 24, 29, 32-36,38-41,43, 44, 47, 49, 50, 53, 55-59, 62-65, 70, 73, 77, 78, 80, 81, 88-92, 101-103, 150, 151, 168, 169, 172, 176, 180, 200, 212, 213, 221-223, 271, 275, 282, 292, 300, 316, 328, 333, 369, 370, 374
フォンタネージ（Antonio Fontanesi 1818–1882）109
福沢諭吉（1835–1901）171, 283, 370, 373
福地復一（1862–1909）127, 185-189, 242
福富孝季（1857–1891）27, 30, 37, 42, 44, 50
福原麟太郎（1894–1981）154, 160, 357
藤島武二（1867–1943）114
フライ、ロジャー（Roger Eliot Fry 1866–1934）302, 303, 308, 343-345, 374
プラトン＝プラトー（Platōn 前 427–347）39
プラモトナート（Promoth Nath / Pramatha 1868–1946）348
フリーア、チャールズ・ラング（Charles Lang Freer 1854–1919）275, 328
プリチャード、スチュアート（Prichard 1865–1936）293, 312, 313
古川緑波（ロッパ 1903–1981）2
ヘップバーン、ジェイムズ・カーティス（James Curtis Hepburn 1815–1911）22, 46, 47
ヘボン → ヘップバーン
ペリー、マーガレット（Margaret Perry 1839–1880）55
ペリー、マシュー・ガルブレイス（Matthew Calbraith Perry 1794–1858）20, 48, 55, 167, 168
ペルジーノ（Perugino 1445頃–1523）95, 99, 102
ヘルダー（Johann Gottfried von Herder 1744–1803）88
ベルクソン、アンリ（Henri Bergson 1859–1941）337, 344
ベレンソン、バーナード（Bernard Berenson 1863–1959）303-306, 332
ヘンデル（Georg Friedrich Händel 1685–1759）83

ホイッスラー、ジェイムズ・アボット（James Abbott Wcneill Whistler 1834–1903）244, 289
ボッティチェリ（Sandro Botticelli 1445–1510）98
ポー、エドガー・アラン（Edgar Allan Poe 1809–1849）28, 49
星崎波津子（1860–1931）63, 380
ホッブズ、トマス（Thomas Hobbes 1588–1679）40
穂積陳重（1856–1926）195
ホートン（1852–1917）29, 49
堀　至徳（1876–1903）205, 210, 214-216, 276, 372
ホルバイン、ハンス（Hans Holbein 1465頃–1524）68
ホルバイン、ハンス（Hans Holbein 1497–1543）68

ま 行

前田青邨（1885–1977）262
マイアーベーア（Giacomo Meyerbeer1791–1864）77
牧野伸顕（1861–1949）2, 43, 272, 282, 297, 330
マキャヴェリ（Niccolò di Bernardo Machiavelli1469–1527）40
マクラウド、ジョセフィン（Josephine MacLeod 1858–1949）150, 208, 214-217, 219, 229, 242, 290, 372
マクリーン（MacLean）334
松平春嶽（1828–1890）18, 19, 26
松平恒雄（1877–1949）341
マッツィーニ（Giuseppe Mazzini 1805–1872）25
マレー、デイヴィッド（David Murray 1830–1905）35, 36
松本清張（1909–1992）186
町田久成（1836–1897）212, 213, 370
マテオ・リッチ（Matteo Ricci 1552–1610）48
円山応挙（1733–1795）60, 114, 123, 193, 371
丸山貫長（1844–1927）70, 215, 216, 255
ミケランジェロ（Michelangelo Buonarroti 1475–1564）53, 67, 68, 88, 98, 99,102
箕作佳吉（1857–1909）195
ミトラ、ラジェンドラール（1823頃–1891）224
源　義経（1159–1189）83, 367
ミレー、ジャン・フランソワ（Jean-François Millet 1814–1875）53, 54, 60, 61, 68, 69, 90-92, 123, 124, 302

ミレー、ジョン・エヴァレット（John Everett Millais 1829–1896）69, 110
三輪高三郎 251
メーソン（Luthur Shiting Mason1828–1896）78, 104
メーテルリンク、モーリス（Maurice Maeterlinck 1862–1949）196
モーガン、ルイス・ヘンリー（Lewis Henry Morgan 1818–1881）40
モース、エドワード・シルヴェスター（Edward Sylvester Morse 1838–1925）32, 34-36, 49, 168, 277, 312, 316, 333
モラエス（Wenceslau de Sousa Moraes 1854–1929）335
森　有礼（1847–1889）259
森　鷗外（1862–1922）28, 37, 42, 106, 114, 115, 349, 371
森　春濤（1819–1889）30, 369
森　槐南（1863–1911）30, 253
森田思軒（1861–1897）28, 51, 114
モリス、ヒックス　316
モリス、ウィリアム（William Morris 1834–1896）339
モンテスキュー（Charles Louis de Secondat, Baron de Montesquieu 1689–1755）40
モンロー、ジェイムズ（James Monroe 1758–1831）166

や行

矢代幸雄（1890–1970）120,152,159
八杉　貞　239, 248, 378
八杉　直　150
安田靫彦（1884–1978）140, 273
山田美妙（1868–1910）28
山田鬼畜　112
山田鬼斎（ 1864–1901）378
結城泰明（1875–1957）107
横井小楠（1809–1869）18
横山大観（秀麿 1868–1958）2, 5, 6, 111, 116119, 121, 125, 126, 128-130,133-135, 144, 149, 150, 163, 182, 183, 188, 194, 198, 200, 207, 239, 240, 244, 259, 282, 286, 289, 292, 296, 343, 350, 362, 363, 373, 374
吉田　茂（1878–1967）2, 272
吉田松陰（1830–1859）41
米原雲海（1869–1925）143

ら行

ライト、フランク・ロイド（Frank Lloyd Wright 1867–1959）183, 341-343
ラスキン、ジョン（John Ruskin 1819–1900）54, 55, 59
ラファージ、ジョン（John La Farge 1835–1910）54-65, 67, 75, 76, 78, 90, 91, 129, 143, 144, 168, 195-197, 270, 290, 300, 303, 332, 352, 354
ラファエロ（Raffaello Sanzio 1483–1520）68, 89, 94, 95, 97-100, 102, 110
ラーマクリュナ（1835/6–86）228, 233, 239
リーチ、バーナード（Bernard Leach 1887–1979）151
李　公麟（1049頃–1106）102
李　鴻章（1823–1901）251
陸　　羽（Lu Wu 727頃–804頃）354, 355
劉　伯倫（本名は劉伶、221年頃–300年頃）252, 253
ルビンシュタイン、アーサー（Arthur Rubinstein 1887–1982）76
ルソー、Ｊ．Ｊ．（Jean Jacques Rousseau 1712–1778）40, 366
レッシング（Gotthold Ephraim Lessing 1729–1781）88
ルター、ルーテル（Martin Luther 1483–1546）49
レガメ、フェリックス（1844–1907）93, 129, 372
ロイス、ジョシア（Josiah Royce 1855–1916）316
ロス博士　235, 237
ローズヴェルト、セオドア（Theodore Roosevelt 1858–1919）158, 282, 286, 287, 289, 297-299, 337, 339
ロダン（François Auguste René Rodin 1840–1917）53, 59, 143, 144, 172, 308
ロッジ、カボット（Lodge, Cabot）319
ロッジ、Ｊ．Ｅ．（J. E. Lodge）235, 236, 237
六角紫水（1867–1950）195, 198, 271, 282, 290, 292, 293, 297, 319, 373
ロック、ジョン（John Locke 1632–1704）40
ローウェル、アボット・ローレンス（Abbott Lawrence Lowell 1856–1943）317
ロェフラー　310, 323, 324
ロラン、ロマン（Romain Rolland 1885–1972）205, 217, 234

わ行

ワグナー（Wilhelm Richard Wagner 1813–1883）77, 79
ワグネル　→　ヴァグナー

ヴァグナー、ゴットフィールド（Gottfried Wagner 1830–1892）172
ワーズワース、ウィリアム（William Wordsworth 1770–1850）52, 53
和田三郎（1895–1937）378
和田祐一（1928–2011）85
和田垣謙三（1860–1919）37, 38, 70
和辻哲郎（1889–1960）113, 317

参考文献

（1990年以降刊行の著作が中心）

主な引用文献

『岡倉天心全集』（全八巻、別巻）平凡社、1979–81
浅野　晃『岡倉天心論攷』永田書店、1989
ウォーレン・コーエン著、川嶌初穂訳『アメリカが見た東アジア美術』スカイドア、1999
大岡　信『岡倉天心』朝日新聞社、1975
岡倉一雄『父天心』（復刻版）中央公論社、1971
岡倉一雄『岡倉天心をめぐる人びと』（復刻版）中央公論美術出版社、2001
斎藤隆三『岡倉天心』（人物叢書・復刻版）吉川弘文館、1991
堀岡弥寿子『岡倉天心・アジア文化の宣揚の先駆者』吉川弘文館、1974
Bowie,Theodore ed., *Langdon Warner through his letters*, Indiana University Press,1966.
Nakamura, Sunao ed.,*Okakura Kakuzo collected English Writing*,vol.1–3,Heibonsya Published,1984.
Tharp, Louise Hall, *Mrs Jack A biography of Isabella Stewart Gardner*, Gardner Museam Press,1965.

訳　書

『日本の目覚め』入交雅道訳・解説、PHP 研究所、2004
『茶の本 新訳』石崎美香子・小栗千津子・小林佑吉・長谷川由布子訳／小林町子監訳、バベルプレス、2010
『新訳 茶の本』大久保喬樹訳、角川書店、2005
『茶の本』桶谷秀昭訳、講談社学術文庫（重版多数）
『新訳 茶の本』木下長宏訳、明石書店、2013
『茶の本』立木智子訳、淡交社、1994
『茶の本』村岡博訳、岩波書店（重版多数）
『茶の本』山口景史訳、文芸社、2009（新風舎、2005）
『東洋の理想』松本三之介解説、講談社学術文庫（重版多数）

評伝・研究書等関連書

新井恵美子『岡倉天心物語』神奈川新聞社、2004
大井一男『美術商・岡倉天心』文芸社、2008

大野　芳『白狐 岡倉天心・愛の彷徨』講談社、1994

岡倉古志郎『祖父岡倉天心』中央公論美術出版、1999

岡倉登志『世界史の中の日本 岡倉天心とその時代』明石書店、2006

「岡倉天心―芸術教育の歩み―」展実行委員会編『東京藝術大学創立 120 周年岡倉天心展記念シンポジウム いま天心を語る』東京藝術大学出版会、2010

金子敏也『宗教としての芸術―岡倉天心と近代日本の光と影』つなん出版、2007

川口葉子編／藤田一咲写真／三枝克之企画・原案『本のお茶―カフェスタイル・岡倉天心『茶の本』』角川書店、2007

河原澄子『『茶の本』を味わう』文芸社、2006

北　康利『九鬼と天心―明治のドン・ジュアンたち』PHP 研究所、2008

木下長宏『岡倉天心 物ニ観ズレバ竟ニ吾無シ』ミネルヴァ書房、2005

黒崎政男『岡倉天心 茶の本　何が〈和〉でないか』哲学書房、2006

木暮正夫『凛たれ！ 天を指して輝け 岡倉天心物語』新潟日報社、1993

小路田泰直『日本史の思想―アジア主義と日本主義の相克』柏書房、1997

児島　孝『近代日本画、産声のとき―岡倉天心と横山大観、菱田春草』思文閣出版、2004

財団法人三徳庵・ワタリウム美術館企画・監修『100 Years of “The Book of Tea” 岡倉天心 国際シンポジウム 茶の本の 100 年』小学館スクウェア、2007

塩出浩之『岡倉天心と大川周明―「アジア」を考えた知識人たち』(日本史リブレット 84) 山川出版社、2011

清水恵美子『岡倉天心の比較文明史的研究―ボストンでの活動と芸術思想』思文閣出版、2012

清水恵美子『五浦の岡倉天心と日本美術院』岩田書院、2013

清水多吉『岡倉天心―夢と裏切り』中央公論社、2013

高階絵里加『改訂版 異界の海―芳翠・清輝・天心における西洋』三好企画、2006

立木智子『岡倉天心『茶の本』鑑賞』淡交社、1998

田中秀隆『近代茶道の歴史社会学』思文閣出版、2008

多摩美術大学岡倉天心研究会編集『森林美学 岡倉天心 I』(筒井迪夫教授退職記念号) 多摩美術大学岡倉天心研究会、1996 年 4 月

坪内隆彦『岡倉天心の思想探訪―迷走するアジア主義』勁草書房、1998

東郷登志子『岡倉天心『茶の本』の思想と文体―*The Book of Tea* の象徴技法』慧文社、2006

中谷伸生『大坂画壇はなぜ忘れられたのか―岡倉天心から東アジア美術史の構想へ』醍醐書房、2010

中村　愿『美の復権 岡倉覚三伝』邑心文庫、1999
中村　愿『狩野芳崖 受胎観音への軌跡』山川出版社、2013
中村愿編・茨城大学美術文化研究所監修『岡倉天心アルバム』中央公論美術出版、2000
新潟日報事業社編『今なぜ天心か バルビゾンか』新潟日報社、2003
平山郁夫監修／草薙奈津子編著『院展100年の名画 天心ワールド—日本美術院』小学館、1998
古田亮監修『岡倉天心 近代美術の師』(別冊太陽 209) 平凡社、2013
堀岡弥寿子『岡倉天心との出会い』近代文芸社、2000
茂木光春『永遠の天心』文芸社、2002
森田義之・小泉晋也『岡倉天心と五浦』(五浦美術叢書) 中央公論美術出版、1998
吉田千鶴子『〈日本美術〉の発見—岡倉天心がめざしたもの』吉川弘文館、2011
ワタリウム美術館編『岡倉天心—日本文化と世界戦略』平凡社、2005
ワタリウム美術館編『ワタリウム美術館の岡倉天心・研究会』右文書院、2005

展覧会図録

『花ひらく近代日本画—岡倉天心の理想に挑んだ巨匠たち』(「日本美術院百年史」刊行記念展) 朝日新聞社〔1990年2月1日～2月13日　日本橋・高島屋ほか〕
『天心傘下の巨匠たち—初期作品を中心として』〔1991年10月8日～11月4日　飯田市美術博物館〕
『天心の時代と大観・観山・春草展 よみがえる美のドラマ—岡倉天心生誕130年記念展』愛媛新聞社〔1992年5月12日～17日　松山三越〕
『生誕百三十年記念　天心とアジアの理想』〔1992年4月17日～5月5日　福井県立美術館〕
『天心と五浦の作家たち—茨城県天心記念五浦美術館開館記念展』〔1997年11月8日～12月14日　茨城県天心記念五浦美術館〕
『天心傘下の巨匠たちⅡ—朦朧体期を中心として』〔1998年4月25日～5月24日　飯田市美術博物館〕
『開館一周年記念展 インドに魅せられた日本画家たち—天心とタゴールの出会いから』〔1998年10月10日～11月23日　茨城県天心記念五浦美術館〕
『岡倉天心とボストン美術館　図録』〔1999年10月23日～2000年3月26日　名古屋ボストン美術館〕
『下村観山・木村武山—新しい日本画の創造をめざして 岡倉天心来五浦100

年』〔2003年10月25日〜11月30日　茨城県天心記念五浦美術館〕
『フェノロサ・天心の見た近江―明治21年臨時全国宝物調査から』〔2004年10月9日〜11月14日　滋賀県立琵琶湖文化館〕
『模写・模造と日本美術―うつす・まなぶ・つたえる』〔2005年7月20日〜9月11日　東京国立博物館〕
『天心と日本美術院の俊英たち―日本美術院五浦移転100年』〔2006年10月21日〜11月26日　茨城県天心記念五浦美術館〕
『岡倉天心 芸術教育の歩み』〔2007年10月4日〜11月18日　東京藝術大学大学美術館〕
『岡倉天心と日本彫刻会―日本木彫の「伝統」と「革新」小平市平櫛田中彫刻美術館・井原市立田中美術館共同企画展』〔2010年9月10日〜10月17日　小平市平口田中彫刻美術館ほか〕
『五浦六角堂再建記念 五浦と岡倉天心の遺産』〔2012年4月18日〜4月30日　京都高島屋／2012年5月9日〜5月28日　日本橋高島屋〕